JN187713

Disney Music

谷口昭弘

Akihiro Taniguchi

The Magic of Disney Film Music

ディズニー・ミュージック

ディズニー映画 音楽の秘密

Stylenote

もくじ

第1章　短編映画の音楽

第2章　クラシックディズニー（1）

第3章　クラシックディズニー（2）

第4章 ウォルトの意志を引き継いだ時代

第5章　新生ディズニー映画の旗手たち

第6章　3D時代のディズニー

本書は、２００６年に弊社より刊行された『ディズニー映画音楽徹底分析』に大幅加筆修正をおこなったものです。

第1章

短編映画の音楽

はじめに

ディズニー映画における音楽の重要性には揺るぎようのない評価がされていると思いますが、その基礎は、短編時代から着々と作られてきているといえます。この章では、『白雪姫』以前の短編作品、特にミッキーマウスのシリーズと「シリー・シンフォニー」を中心に、どんな音楽が使われていて、どんな風に作品の一部になっていたかを検証します。

短編アニメの音楽

初期の短編アニメは、メインとなる長編の映画が上映される前に、予告編やニュース映画、そのほかの短編映画とともに上映されていました。そして「漫画（カートゥーン、cartoon）」という言葉がかつて当てられていたように、短編アニメは人気の登場人物によるギャグを中心に展開するものでした。ディズニーの初期短編アニメもこの慣習に従い、音楽もその性格を表現することになりました。そして、7分あまりという、極めて限られていた時間のほとんどが、歌と音楽で満ちあふれていました。

トーキー映画とトーキー・アニメ

ディズニーがミッキーマウスのアニメをスタートさせようとしていた時期、ハリウッドでは、トーキー映画、つまり音の出る映画というのが技術的な大革命として認知されはじめていました。その「有声映画」第1作として知られる『ジャズ・シンガー』(1927年10月6日封切り)では、セリフは一部のみが録音されていたにすぎなかったそうですが、音楽シーンはすべて録音されていたため、そのインパクトは絶大であったと想像されます。(1)

ウォルトがトーキー・アニメーションの製作を提案したのは、1928年5月29日、スタッフとおこなったギャグ・ミーティングの席上であったと考えられています。(2) トーキーに関しては、当時すでにレコードとフィルムを同時に再生するヴァイタフォン方式も実用化されていたのですが、2つのメディアのシンクロ技術が難しく、ウォルトも難色を示していました。その後、リー・ディ・フォレストを中心に、光学式録音方式が開発されます。これはフィルムの左側に音のトラックがつくもので、広く使われるようになっていきます。(3) ウォルトはトーキー・アニメを「究極のノヴェルティ」と呼んだそうですが(4)、一方でアニメーションにおける幻想的世界が、音を伴っていても同じように実現できるかについては、考慮しなければならなかったようです(チャップリンがサイレント映画の表現にこだわったことは、みなさんご存じのことでしょう)。ハリウッド映画界全体においても、映画に音が入るとリアルさが加わるため、空想世界の表現が壊れてしまうのではないかと恐れる意見もありました。

(1) Michael Schickel, *The Disney Version* (New York: Avon, 1968), 97.
(2) Michael Barrier, *Hollywood Cartoon: American Animation in Its Golden Age* (Oxford University Press, 1999), 50.
(3) Schickel, 97.
(4) 前掲資料, 50.

音と映像のシンクロ

ウォルト・ディズニーが世に問うたトーキーのアニメにおいて、画像と音がぴったりシンクロしたことは、当時、技術的に画期的で、それが彼とミッキーマウスを一躍有名にした要因の1つでした。またトーキーによるアニメーションが商業的に十分成り立つことを証明することにもなりました。

そういったトーキー・アニメのシンクロを使った表現には、人間が登場する普通の映画とは違った魅力があるように思います。ミッキーマウスを中心にした漫画映画がこれほどまでに人気を博したのは、おそらく音や音楽が単にシンクロしただけでなく、矢継ぎ早に見せつけられるギャグが、ときには音を出発点としていること、あるいはギャグが音といっしょになって力強い表現になることなどがあったからこそなのではないかと思われます。たとえば画面上に暴れ回る、この世に存在するはずのない空想のキャラクターや設定が、まるで身近にいるように、リアルに語りかけてくるということは、それだけでも十分魅力になるでしょう。また、音によってユーモアが誇張されたり、幻想世界に独特の味つけをしたりすることも可能でしょう。ディズニーがはじめてリリースしたミッキーマウスの映画（ミッキーマウスの第3作目）『蒸気船ウィリー』も、コミカルな筋書きに音楽が乗せられ、音と音楽が映像と渾然一体として迫ってくる面白さがあり、初期アニメのパワフルさを象徴しています。このように音と映像のシンクロによって、アニメにおいて音楽が多くの聴衆を惹きつけることを、ディズニーは早くから確信していたに違いありません。

アニメーションのコマ数は1秒間に24ですが、このアニメーション映画における音楽を考えるときにもコマ数を基本に考えます。たとえば ♩（4分音符）＝60 は1分間に4分音符が60回鳴らされることを指しますが、これは1秒に1拍が刻まれる速さということになります。このように24コマで♩が1つというのが♩=60なのですが、たとえば24コマを2つに分け、12コマで♩を1つという速さを設定することもあるでしょう。これは24コマで♩1つよりも速度は倍になり、♩=120ということになります。24コマの3分の1、8コマならば♩=180ですね。

実際のアニメ製作ではこれほど単純な速度やリズムにならないと思われますが、いずれにせよアニメにおけるテンポはコマ数で考えられるということです。

そして、アニメにおける音楽と絵のタイミングを撮影前に決めておく手段として、ディズニーではバー・シートあるいはドープ・シートというものが開発されることになります。バー・シートというのは、横長の長方形に小節線（バー）のような縦線がいくつか入ったものです。たとえば、次の図1のようなものを考えるといいでしょう。

横長の長方形で、左から右へと進むのですが、それぞれの空白に、画面上に起こる出来事や挿入される効果音、音楽の内容が書き込まれます。これによって、おおまかな音・音楽の入る場所と長さ、それに対応したギャグや動作などをあらかじめまとめることができるということです（詳しくは、フランク・トーマス著、スタジオ・ジブリ訳『生命を吹き込む魔法』の292〜293ページ参照）。

そのほか、制作の手順を考えると、ディズニー音楽の特徴としては、次の2つが上げられます。

【1】映像に合わせて歌を作るのは困難なので、歌は製作の初期段階から考え、録音される。

【2】セリフやアンダースコア（24ページ参照）も先に作られることがあった。セリフの声、声優の風貌（ふうぼう）や話し方に影響されてキャラクターが描かれることもあった。

12コマ	12コマ	12コマ	12コマ
1小節		2小節	

図1 バー・シートの例

※1小節が 12 コマ分の速さで打たれる2つの拍でできている場合。

ウォルト・ディズニーと音楽

ディズニー映画における音楽の重要性は今日でも広く知られていると思いますが、そもそもミッキーマウスによるトーキー・アニメーションをはじめたときから、ウォルトは音楽の重要性を認めていました。初期のアニメーション制作では、監督と作曲家は同一の部屋――のちに「音楽室」と呼ばれるようになる――でいっしょに作品のアイデアを練っていたことがその証拠でしょう。(5) この部屋はもともと監督たちの部屋として作られたものだったようですが、ピアノも置いてあり、作曲家がその場で音楽を試奏・披露することも可能でした。作曲家と監督はこの部屋で作品全体のアウトラインを考え、バー・シート（第1章「音と映像のシンクロ」の項を参照）を作ります。

音と絵がシンクロした初のトーキー・アニメ

『蒸気船ウィリー』

『蒸気船ウィリー』をトーキー第1作としてリリースさせようというとき、ウォルト・ディズニー自身をはじめとして、スタジオのスタッフのほとんどは音楽の知識を持ち合わせていませんでした。ウォルト自身は少年時代にヴァイオリンをかじった程度で、正式な音楽教育は受けていません。ただ彼は映画における音楽の効果、あるいは音や音楽を使って多数の観客にアピールする方

（5） Neil Strauss, "Tunes for Toons: A Cartoon Primer," Daniel Goldmark and Yuval Taylor eds., *The Cartoon Music Book* (Chicago, IL: Chicago Review Press, 2002), 7.

法について直感的に鋭い感覚を持っていたことが多くの伝記に記されています。そもそもディズニーは自らアニメを描くことよりも監督業としての成功のほうが大きいともいえるので、音楽の使用についても彼の映画監督としての才能が遺憾なく発揮されたと考えるべきなのかもしれません。アニメーターとミュージシャンが同じオフィスで、常にプロダクションの初期段階から積極的に関わっていたという背景もそこにあるでしょう。(6) ただ、ディズニーの初代音楽監督カール・ストーリングが述べるように、ウォルトが専門的な音楽知識を持ち合わせていなかったゆえに、ときには彼の欲する音楽を言葉で表現するのには苦労することもあったということです。(7)

結局そういった手探りの状態でなんとか作品を完成させたのですが、その中でも1928年に入社したアニメーター、ウィルフレッド・ジャクソン(1906-1988)が主導的役割を担ったといわれています。ジャクソンは母親が音楽教師だったこともあって楽譜が読めた数少ないスタッフの1人で、自らハーモニカをたしなんだそうです。その音楽知識は極めて初歩的だったそうですが、小節や拍子、五線譜や各種の音楽記号についての知識は持ち合わせていました。(8) その後は専属の作曲家がスタジオに雇われるようになりますが、『蒸気船ウィリー』以降も、ジャクソンは音楽を題材とした短編を監督することがあり、『ミッキーの大音楽会』(1935)、『ミッキーのグランド・オペラ』(1936)、「シリー・シンフォニー」の『音楽の国』(1935)、『森の舞踊会』(1937)も彼による作品でした。(9)

さて、トーキーによる「ミッキー」シリーズ第1弾の『蒸気船ウィリー』においては、音楽が作品に占める割合が大きいといえます。というのも、このアニメには、セリフがほとんどないからです。ですから、この作品を、シンクロしたスコアと効果音のついたサイレント・コメディと位置づ

(6) *Walt Disney's Music Cavalcade: From Mickey Mouse to Sleeping Beauty*, Disneyland STER-4021 (LP) のライナーノーツ, ページ番号なし.
(7) ストーリングの発言. Mike Barrier, "An Interview with Carl Stalling," in Goldmark and Taylor, 42.
(8) Frank Thomas and Ollie Johnson, *The Illusion of Life: Disney Animation* (New York: Disney Editions, 1981), 287.
(9) 伴野孝司, 望月信夫共著, 森卓也監修, 並木孝編集『世界アニメーション映画史』(ぱるぷ, 1986年), 34.
(10) Peter Sanderson "Comics in Context #109: Maestro Mouse," *IGN* http://comics.ign.com/articles/664/664648p.3, accessed on 23 September 2006.

ける人がいてもおかしくはありません。[10] おそらくまだトーキーの歴史がはじまって間もないころ、トーキー独自のアニメ映画の表現が確立するのは、もっとあとのことだったのでしょう。

『蒸気船ウィリー』の音楽を初代音楽監督のカール・ストーリング自身がおこなったという記述もあります。[11] しかしマーク・バリアーによるストーリングのインタビューによると、ウォルト・ディズニーは、スタジオにいた仲間たちとすでにスコアを仕上げ、ニューヨークに録音にいく途上でカンザス・シティに立ち寄ったそうですが、ストーリングはその後ニューヨークには同行しなかったと言っています。このときウォルトはウィルフレッド・ジャクソンの書いたスコアを見せたそうですが、それを見たストーリングは「こいつは音楽家じゃないね」と言ったそうです。[12] ロス・ケアという初期ディズニー音楽の研究をしている人によると、『蒸気船ウィリー』のスコアは、基本的にウォルト・ディズニーとウィルフレッド・ジャクソンによって作られたそうです。[13] ただ別の資料によると、「ストーリングは『蒸気船ウィリー』のスコアにはまったく関わっていないと主張しているが、ジャクソンが試作したものを改良しようとした跡もある」と記されています。[14]

常識的に考えれば、音楽教師を母親に持つジャクソンがハーモニカをたしなみ、メトロノームについて知っていて、バー・シート（ドープ・シート）を開発できたとしても、『蒸気船ウィリー』のように既成曲をアレンジできたかというと、確かに疑問が残ります。楽器法やスコア（総譜）の書き方を知っている誰かが関わったと推測するのが妥当でしょう。ジャクソンにはどのくらい音楽的「素養」があったのか、気になるところです。

(11) マーク・エリオット著，古賀林幸訳『闇の王子ディズニー（上）』（草思社），84；エイドリアン・ベイリー著，玉置悦子訳『ウォルト・ディズニー　ファンタジーの世界』（講談社），64；Leonard Maltin, *Of Mice and Magic: A History of American Animated Cartoons*, Rev. ed. (New York: Plume, 1987), 35.
(12) Mike Barrier, "An Interview with Carl Stalling," in Goldmark and Taylor, 56-57.
(13) Ross Care, "Symphonists for the Sillies: The Composers for Disney's Shorts," *Funnyworld* 18 (Summer 1978), 38.
(14) Tietyen, 15.

初期短編に使われた音楽ジャンル

ディズニーの短編アニメーションは、その長さがわずか7~8分とはいえ、映画の立派な1ジャンルということがいえます。ではそんなディズニー短編映画において、どんな音楽が使われていたのでしょう。

実は先ほど触れた『蒸気船ウィリー』を除き、ディズニーにはスタジオ所属の音楽監督／作曲家というのがいたのですが（この章の最後にまとめて紹介してあります）、ミッキーマウスの短編映画には、既成の曲をそのまま持ち込んでアレンジしてしまうことも少なくなかったようです。表1−1を見てください。これはミッキーマウスの短編映画において使われた既成の楽曲をわかる範囲で書き出したものです。次の表のように、南北戦争の歌、愛国歌、民謡、子どもの歌、クラシックがかなり多く使われていることがわかります。

表1−1：「ミッキーマウス」シリーズの映画に引用された既成曲

曲名	音楽が使用された短編のタイトル
(1) 南北戦争の歌、愛国歌	
《コロンビア・大洋の宝》	ミッキーの船大工
《ジョニーが凱旋するとき》	ミッキーのキャンプ騒動
《ディキシー》	プレーン・クレージー 裏庭の闘い ミッキーの鴨猟 ミッキーの脱線芝居

	曲名	音楽が使用された短編のタイトル
（1）南北戦争の歌、愛国歌	《ヤンキー・ドゥードル》	プレーン・クレイジー ジャングルのリズム ミッキーの鴨猟、ミッキーの犬泥棒
	《自由の喊声》	裏庭の闘い
	《忘れえぬ乙女》	ミッキーの幌馬車時代 ミッキー一座 ミッキーのウーピー・パーティー ミッキーのお化け退治 ミッキーの犬泥棒 ミッキーの子沢山 プルートの化け猫裁判
	《大統領万歳》	プレーン・クレイジー
（2）民謡、子どもの歌など	《アニー・ローリー》	プレーン・クレイジー
	《ヴェニスの謝肉祭》	カーニバル・キッド
	《ヴォルガの舟歌》	ミッキーの陽気な囚人
	《オー・ソレ・ミオ》	ミッキーのフォーリーズ
	《かわいいオーガスティン》	猫の居ぬ間のタップダンス
	《寂しい草原に埋めないでくれ》	ミッキーの二挺拳銃
	《蒸気船ビル》	蒸気船ウィリー
	《水夫のホーンパイプ》	ミッキーの造船技師 ミッキーの移動住宅 ミッキーのお化け退治 ドナルドの磁石騒動
	《線路は続くよ、どこまでも》	ミッキーの汽車旅行

曲名	音楽が使用された短編のタイトル
（2）民謡、子どもの歌など	
《茶色の小瓶》	猫の居ぬ間のタップダンス
《ライ麦畑で出逢うとき》（《故郷の空》）	ミッキーの畑仕事 ミッキーの陽気な農夫 ミッキーの愛犬プルート
《メリーさんの羊》	ミッキーの浮かれ音楽団 ミッキーの移動住宅 ミッキーの芝居小屋［朗唱］
《ルーベン、ルーベン》	ギャロッピン・ガウチョ
《ロンドン橋》	ミッキーの浮かれ音楽団
《藁の中の七面鳥》	蒸気船ウィリー ジャングルのリズム ミッキーの陽気な農夫
《奴をぶちのめせ》	ミッキーの船長さん
《キャンプがやってくる》	ミッキーの陽気な農夫
《小さな谷の農夫》	猫の居ぬ間のタップダンス ミッキーのダンスパーティー ミッキーの鴨猟 ミッキーの害虫退治
《ハッピー・バースデー》	プルートの誕生祝
《ハッピー・ランド》	ミッキーの無人島漂流
《桑の木の周りを回ろう》	ミッキーのオペラ見物
《王国の到来（ジュビロの年）》	猫の居ぬ間のタップダンス
《モッキン・バード》	猫の居ぬ間のタップダンス
《いとしのネリー・グレイ》	ミッキーの幌馬車時代

曲名	音楽が使用された短編のタイトル
（2）民謡、子どもの歌など	
《ゼア・ウィル・ビー・ホット・タイム》	ミッキーのアマチュア合戦
《年老いた母リアリー》	ミッキーの青春手帳
《ポン、いたちはいなくなった》	ミッキーのダンスパーティー
《彼女が山にやってくる》	ミッキーの楽器配達 ミッキーの猟銃 ミッキーの二挺拳銃 ミッキーの移動住宅
《スウィート・ロージー・オーグレーディー》	ミッキーのウーピーパーティー
《わが家が一番》	猫の居ぬ間のタップダンス
《三匹の盲目のネズミ》	ドナルドダックの遠足騒動
（3）クラシック	
ヴェルディ：《トロヴァトーレ》より〈鍛冶屋の合唱〉	裏庭の闘い
ヴェルディ：《リゴレット》から五重唱	ミッキーのグランド・オペラ
エロルド：《ザンパ》序曲	ミッキーの鴨猟 ミッキーの大演奏会［オープニング］
ケテルビー：《ペルシャの市場にて》	ミッキーのアラビア探検
サラサーテ：《チゴイネルワイゼン》	ミッキーのバイオリニスト
シャブリエ：狂詩曲《スペイン》	カクタス・キッド
ヨハン・シュトラウス2世：《美しく青きドナウ》	ジャングルのリズム
シューベルト：《軍隊行進曲》	ミッキーの夢物語
シューベルト：《魔王》	ミッキーのお化け屋敷
シューマン：《トロイメライ》	ミッキーのバイオリニスト
ショパン：《葬送行進曲》	ミッキーの化け猫裁判 ミッキーの猟は楽し

曲名	音楽が使用された短編のタイトル
（3）クラシック	
ショパン：《葬送行進曲》	ミッキーの引っ越し騒動
スーザ：《星条旗よ永遠なれ》	ミッキーの楽器配達 ミッキーのオリンピック ミッキーの無人島漂流
スッペ：《ウィーンの朝昼晩》	ミッキーのバイオリニスト
スッペ：《軽騎兵》序曲	ミッキーの脱線芝居 ミッキーのオーケストラ ミッキーのシャボン玉騒動 ミッキーの不思議な薬 ミッキーの御用聞き
スッペ：《詩人と農夫》序曲	名指揮者ミッキー ミッキーの脱線芝居
ドヴォルザーク：《ユモレスク》	ミッキーの汽車旅行
ピエルネ：《鉛の兵隊》	ミッキーのオペラ見物
ビゼー：《カルメン》抜粋	ミッキーのオペラ見物
フォスター：《おお、スザンナ》［替え歌］	ミッキーの幌馬車時代
フォスター：《ケンタッキーのわが家》	ミッキーの浮かれ音楽団
ブラームス：《ハンガリー舞曲》第5番	ミッキーのダンスパーティー ミッキーの青春手帳
ベートーヴェン：《エリーゼのために》	ミッキーの子沢山
ベートーヴェン：《メヌエット》	プルートの魔法のランプ
メンデルスゾーン：《結婚行進曲》	ミッキーの騎士道
メンデルスゾーン：《春の歌》	ミッキーの陽気な囚人 ミッキーの無人島漂流

	曲名	音楽が使用された短編のタイトル
（3）クラシック	メンデルスゾーン：《春の歌》	バーン・ダンス ミッキー一座 ミッキーの大時計
	リスト：《ハンガリー狂詩曲》第2番	ミッキーのオペラ見物 ミッキーの空の英雄
	ラフマニノフ：《前奏曲》嬰ハ短調作品3の2	ミッキーのオペラ見物
	ローサス：《波濤を越えて》	ミッキーの無人島漂流 ミッキーマウスのがんばれサーカス
	ロッシーニ：《ウィリアム・テル》序曲	ミッキーの大音楽会 ミッキーの脱線芝居 ミッキーのつむじ風
	ワーグナー：《ローエングリン》より 第3幕への前奏曲	ミッキーのグランド・オペラ
	ワルトトイフェル：ワルツ《女学生》	カクタス・キッド
	ワルトトイフェル：《スケーターズ・ワルツ》	ミッキー一座 ミッキーのアイス・スケート
(4)クリスマス・ソング	《神の御子は今宵しも》（賛美歌111番）	ミッキーの街の哀話 プルートのクリスマス・ツリー
	《きよしこの夜》	ミッキーの子沢山
	《ジングルベル》	ミッキーの子沢山
	《ひいらぎかざろう》（賛美歌129番）	プルートのクリスマス・ツリー
（5）	《セント・ルイス・ブルース》	ミッキーとミニーの音楽隊
	《メイプルリーフ・ラグ》	ミッキーのウーピーパーティー

曲名	音楽が使用された短編のタイトル
（5）ポピュラー	
《ラ・パロマ》	ギャロッピン・ガウチョ ミッキーのライバル大騒動
《ダークタウン・ストラッターズ・ボール》	ミッキーのバースデー・パーティー ミッキーのトレーダー・ホーン
《捧ぐるは愛のみ》	ミッキーのバースデー・パーティー
《イン・ザ・グッド・オールド・サマータイム》	ミッキーのピクニック
《ラスト・ダンスは私に》	カーニバル・キッド
《スウィート・ジョージ・ブラウン》	ミッキーの恋人訪問
（6）エキゾティシズム	
《ヘビ使いの歌》	ミッキーのオペラ見物 カーニバル・キッド［替え歌］ ミッキーの陽気な囚人 ミッキーの幌馬車時代 ミッキーの楽器配達 ミッキーの恋人訪問 ミッキーの大音楽会 ミッキーとミニーの音楽隊
ケテルビー：《ペルシャの市場にて》	ミッキーのアラビア探検

この中で特に際立っているのは、やはりクラシック音楽の作品を多く使っているということでしょう。ディズニー初のスタジオ・コンポーザーであったカール・ストーリングも、ディズニー映画においては、こういったジャンルの曲が多く使われていたという証言を残しています。

以下は、アメリカのアニメ研究家マイケル・バリアーのインタビューからの一幕です。(15)

(15) Barrier, in Goldmark and Taylor, 49.

マイケル・バリアー：あなたの音楽はディズニーとアイワークスのスタジオのものとワーナー・スタジオのものでかなり違っていましたか?

ストーリング：はい。なぜならワーナーにおいては、ポピュラー音楽を使うことができたからです。ディズニーでは19世紀へ、クラシック音楽へ、《ケンタッキーのわが家》へ戻らねばなりませんでしたから。

では、なぜウォルトはこのような古めかしい音楽を使ったのでしょう? その理由の1つには、ウォルト・ディズニーの初期アニメーションの舞台設定が関係しているようです。たとえば1929年の『ミッキーの畑仕事』、『裏庭の闘い』、1930年の『ミッキーの幌馬車時代』など、これらは都会ではなく片田舎の風景、あるいは古き良きアメリカに対するノスタルジックな回顧という主題を多く扱っています。きっとそういう場所を表現するのに、古めかしい音楽の響きがマッチしたということなのでしょう。

もっと実利的な問題には、著作権使用料というのがありました。これは特定の曲を演奏したり印刷したり映画の音楽として使うときに、作曲家に支払われるお金のことです。作曲家はそうして自分の書いた作品の使用料を生活の糧(かて)にしているのです。しかし19世紀のクラシックのほとんどは、すでにこの著作権が切れていたために、曲を使うに当たって使用料を払う必要がなかったのです。実は上記に発言を引用したストーリングは、その後ワーナー・ブラザーズ社に移ってからはポピュラー音楽を頻繁に使うようになるのですが、それにはワーナーがポピュラー音楽についてかなり多くの曲を自社の財産として持っていたため、コストについて心配しなくてもよかったという

理由があったのです。(16)

ウォルトがクラシックを使う理由のもう1つには、ディズニー独自の色が出るということがありました。つまりワーナーなど他の会社では、このあと、観客の嗜好(しこう)に敏感に応えて多くのポピュラー音楽を惜しげもなく使い短編アニメを作るようになったのを逆手にとって、ディズニーはわざわざクラシックっぽい音楽を多用することにより、少なくとも見せ掛け上「高尚さ」を自社製品の「売り」とすることができたということが考えられます。そのもっとも顕著な例が1940年封切りの長編『ファンタジア』だったのでしょう。ちなみにウォルト・ディズニーはこの『ファンタジア』製作最中に、自分のクラシックに対する知識が足りないことを感じ取り、わざわざハリウッド・ボールという、ロサンゼルス郊外で野外コンサートをおこなう場所のボックス・シートの会員になったほどでした。ただ、ほとんどのコンサートでは寝ていたということでもあったようではありますが。(17)

一方、表1－1をもう一度見てみると、愛唱歌やクラシックが多いといっても（5）に分類したポピュラー音楽も確かに使われています。この中には《セント・ルイス・ブルース》、《メイプルリーフ・ラグ》など、ブルースやラグタイムもありますね。

さて白黒「ミッキーマウス」シリーズに使われた曲のリストの中に、1つ変わったカテゴリーがあります。(6)のエキゾティシズムです。使われた曲は2つしかないのですが、このうちの最初の《ヘビ使いの歌》というのが、7つもの映画に登場し、当時かなり流行していたことを感じさせるので、あえて別項目にしてみました。『ミッキーの幌馬車時代』に至っては、なんと、今日アメリカ先住民と呼ばれるインディアンまでがこの曲といっしょに踊っている場面があるのです。中近東のステレオタイプとアメリカ先住民というのは、奇妙な組み合わせですね。ちょっと調べてみたところ、

(16) Neil Strauss, "Tunes for Toons: A Cartoon Music Primer," in Goldmark and Taylor, 7.
(17) Schickel, 103.

この曲はアメリカでは19世紀ごろから知られているそうです。(18)

この曲に加えて、やはり当時のポピュラー音楽の流行を反映してか、タップダンスもやたら多くの映画に現れるので、音楽のジャンルかどうかは別として、やはり注目すべき特徴だと思います。

 初期短編における音楽の使われ方

次に、これらの既成曲を含め、ディズニー・カートゥーンで音楽がどのように使われていたのかを考えます。

まずはバックグラウンド・ミュージック。専門用語では「アンダースコア」あるいは「スコア」などと呼んでいます。これは特定のムードを醸(かも)し出したり、状況設定をサポートしたりする音楽で、あらゆる映画で幅広く使われています。次は「ミッキーマウジング」。これはおそらく現在でも通用する専門用語です。たとえば『トムとジェリー』で追いかけっこする場面を想像していただくとわかりやすいと思うのですが、たとえば手が上がると音もスライドして「ニュー」っという感じで上がる、あるいは階段から転げ落ちるのに合わせて音がボンボンボンと下がっていく、そういった、細かい動作にすべて音をつけるスタイルのことを「ミッキーマウジング」といいます。実はこういう、いかにも漫画らしい音のつけ方をはじめたのはミッキーマウスのシリーズだったのです。

アンダースコアリングとミッキーマウジングは初期アニメの基礎でした。初期の「ミッキーマウス」と「シリー・シンフォニー」のシリーズには、ほかにもさらに特有のフォーマットがありま

(18) Shira, “That ‘Snake Charmer’ Song,” http://www.shira.net/streets-of-cairo.htm, accessed on 21 November 2006.

した。それが次に挙げた分類、すなわちコンサート・ミュージック、ダンス・ミュージック、オペレッタの３つになります。コンサート形式として取り上げたのは『ミッキーのオペラ見物』という１９２９年の映画です。ダンス・ミュージックの例には１９３２年の『ミッキーのウーピー・パーティー』があります。このような音楽演奏の風景、踊りの風景をメインにした短編映画の多いのも初期ディズニーの特徴です。演奏される場所もステージだけでなく、ミッキーやミニーの家だったりします。表１－２に代表的な演奏場所をまとめてみました。

表１－２：音楽の演奏されている主な場所

※「ミッキーマウス」シリーズで、演奏風景が画面に現れているもの。

場所	作品
（１）ステージ（屋内／屋外）	ミッキーのオペラ見物、ミッキーのフォーリーズ、ミッキーの浮かれ音楽団、ミッキーのダンスパーティー、ミッキーの大音楽会、ミッキーのグランド・オペラ、ミッキーとミニーの音楽隊、ミッキー一座、ミッキーの脱線芝居
（２）ステージ以外の屋内	バーン・ダンス、猫の居ぬ間のタップダンス、ミッキーのゴリラ騒動、ミッキーのバースデー・パーティー、ミッキーのウーピー・パーティー
（３）ステージ以外の屋外	名指揮者ミッキー、ミッキーの幌馬車時代
（４）ラジオ・スタジオ	ミッキーのオーケストラ

これを見ると、ステージ上の演奏会形式の作品が多いこと、そしてオペラを扱った作品が２つあるということがいえます。ミッキーマウスが活躍した１９３０年代は、ラジオやレコードを通じてクラシックが広く浸透した時期でもあり、オペラのアリアやクラシックの名曲も、こういった短編映画を見る観衆にとって、それほど縁遠いものではありませんでした。１９４０年の長編

『ファンタジア』に解説役として登場するディームズ・テイラーは、すでに長い間、メトロポリタン歌劇場からのライブ放送の案内役であったこと、そして１９３７年からは、イタリア人指揮者アルトゥーロ・トスカニーニがＮＢＣ交響楽団とともに、オーケストラのラジオ放送をおこなっていたことも、ミッキーマウスで使われた音楽の歴史的文脈を考える上で参考となるでしょう。

『ミッキーのオーケストラ』などは、クラシックを有名にした時代のラジオを彷彿とさせる短編作品です。原題を『Symphony Hour』といい、これは『オーケストラの時間』といった意味になりそうです。『ミッキーのオーケストラ』は、ミッキー率いるオーケストラのすばらしい演奏を聴いたある企業のお偉いさんが、自分の会社がスポンサーとなる音楽番組にミッキーのオーケストラを出演させます。ところが本番直前に楽器がペチャンコになってしまい、さて、どうなるか、という短編です。そして、この作品のギャグは、ラジオが生放送だったからこそ生きてくるものといえます。楽器がペチャンコになったとしても、すでにちゃんとした演奏の録音があれば、困らないわけですから。この作品の後半ではスパイク・ジョーンズの冗談音楽のような楽器法でスッペの《軽騎兵》序曲を演奏し、思わぬ大喝采を浴びることになります。こういったクラシックなりセミクラシックの音楽作品のスポンサーとなるマカロニ氏がエンターテイメント王としてひと儲けできるというのも、当時の時代を反映しているのかもしれません（当時アメリカのラジオ放送は、すべて民放局でした）。

ディズニー映画には、このほかクラシック音楽を素材にギャグを織り交ぜながら劇的に展開させた傑作があります。たとえば１９３５年の『ミッキーの大音楽会』です。原題は『The Band Concert』で、演奏するのがオーケストラではなく吹奏楽団であることがわかります。ここでいう吹奏楽団は、南北戦争後にポピュラーになった、野外コンサートで演奏する楽隊のことです。(19)

(19) David Wondrich, "I Love to Hear a Minstrel Band: Walt Disney,s The Band Concert," in Goldmark and Taylor, 67.

クラシック音楽を幅広い人たちに楽しく聴かせ、愛国歌などを演奏することが多く、ここで登場するのも、そういう役割を持った軍楽隊かコミュニティ・バンドのようなものでしょう。ミッキーもオーケストラの「指揮者」ではなく吹奏楽団の「バンド・マスター」なので、えんび服は着ていません。この吹奏楽団が演奏する《ウィリアム・テル》序曲は、アニメのギャグと筋書きのために、かなり編曲が加えられていますが（リー・ハーリーンによる）、それゆえに、大変効果的に仕上がっています。なお、この作品には、イタリアの名指揮者アルトゥーロ・トスカニーニがミッキーの指揮姿に感動したというエピソードがあるそうです。[20]

もっとストーリー性のある作品もあります。1930年の『ミッキーのゴリラ騒動』は、動物園から抜け出したゴリラがミニーを襲うという短編映画なのですが、その作品の前半では、ミニーがピアノを弾きながら、電話でそれを聴くミッキーに長々と歌を歌うシーンがあり、やはりこれまでのコンサートやダンス・タイプの流れを完全に脱していないということがわかります。しかもミニーの歌というのは、ゴリラが襲ってくるのとは何も関係がなく、せいぜいミッキーとミニーは仲良し、というくらいのもので、つまりこれはミッキーとミニーが人気キャラクターであるがゆえに成り立つ場面でしょう。

一方で、1933／34年あたりになると、こういった、割合に単純な筋のアニメーションに限界が見えはじめてきます。ミッキーマウスはまだまだ人気のキャラクターでしたが、このキャラクターが実際の映画の中ではあまり強い個性を発揮することができず、物語を支えるキャラクターとしては弱いという指摘が評論家たちから出るようになってきたのです。プルートやグーフィー、ドナルドダックというキャラクターがミッキーとともに活躍するようになったのには、そのような

(20) 柳生すみまろ「ディズニー新世紀 Vol. 1：ミッキーを極める75項目　人物編」『ディズニーファン』第15巻第10号（通巻112号，2004年7月），47.

背景があります。またドタバタギャクだけで短編の7～8分をつなぐというのにも限界が見えてきたようで、ミッキーの登場するアニメには、より多彩な感情表現の含まれたアニメーションも登場するようになります。そのような例に1933年の『ミッキーの愛犬プルート』があります。この短編で使われた音楽は、ギャグの面白さはミッキーマウジング、つまりアクションと音の精密なシンクロでできている一方、コンサートでの演奏やダンスというよりは、ムードや感情に重点を置いたアンダースコア型になっています。ミニーは子守歌を歌うのですが、これは『ゴリラ騒動』のとは違って物語的にも意味のある引用になっています。マイケル・バリアーという人の調査によると、このころ、ウォルト・ディズニー自身、単に面白おかしさだけでなく、登場するキャラクターの性格・感情表現をもっとするようにというメモを残しているのだそうです。(21)

音楽的にも手の込んだものが作られるようになってきました。その1つはオペレッタ形式のものです。オペレッタ形式の特徴は、歌が既成曲でなく、物語に強く結びついたオリジナルの楽曲であること、また登場人物に応じて合唱・独唱を交えること、オーケストラ音楽と歌の滑らかな継続など、作曲技法の冴え（さ）も要求されてきます。またレチタティーヴォ風の箇所もあります。

たとえば『ミッキーの騎士道』は、短編という短い時間の中にオペレッタの要素が凝縮された作品です。行進曲のタイトルシーンはコーラスによって盛り上げられ、颯爽（さっそう）とロバに乗ったミッキーは吟遊詩人としてリュートを弾きながら歌います。やがて場面はディッピー・ダウグ（グーフィー）とミニーマウスの結婚式になりますが、王様の結婚命令やミニーの意思表示もオーケストラ伴奏に乗せて、リズミカルにおこなわれます。王様は“She acts like a fanatic. Lock her in attic！（彼女は気が狂ってる。屋根裏部屋に閉じ込めろ！）”と韻を踏みながらも、ミニーを牢屋に閉じ込める

(21) Barrier, 116.

命令を出します。オーケストラは3拍子に変わりクラランベル・カウとミニーが悲しんでいると、ミニーがセレナーデを奏で、2人に希望を持たせます。後半はミッキーとディッピー・ダウグの決闘になるのですが、チャールストン風のオケに合わせて合唱となり、コミカルな戦いの音楽になります。そして、最後は冒頭の合唱が戻ってきてエンディングとなります。

この『ミッキーの騎士道』では、まず、合唱と独唱、リズムに合わせた朗唱とセリフ、ミニーの悲しみの音楽と明るい決闘の合唱と、声の表現が多彩であることが特徴です。またオペレッタといいながら、チャールストンも現れたりと、ジャンル的な幅広さも感じられます。

シリー・シンフォニー

ここまで述べてきたとおり、ミッキーマウスの短編をずっと観るだけでもディズニー・アニメにおける音楽的な発展がわかりますが、こういった音楽的発展の背景には、ミッキーマウス以外のもう1つの短編シリーズがありました。1929年から39年にかけて制作された「シリー・シンフォニー」と呼ばれるシリーズの短編映画です。このシリーズで、ディズニー社はアニメーション映像と音楽による新しい可能性を追求し、音楽の持つ力についての認識も高めることになりました。

「シリー・シンフォニー」のシリーズが作られた要因の1つは、ウォルトの判断でした。彼は、ミッキーマウスを中心としたキャラクターアニメのみでは、アニメーターたちも物足りなくなるだろうと考えていたからです。また、このシリーズを提案したのは初代音楽監督のカール・ストーリング

（彼やそのほかのディズニー作曲家については、この章の最後に紹介します）に言わせると、最初期の「ミッキーマウス」シリーズでは、音楽と映像のバランスがよくなかったらしく、画面上の動きよりも、もっと音楽を出発点にしたシリーズを作りたいと主張したのでした。(22) そして「骸骨や花といった、もともと動かない物体が生命を持ち、踊ったり、いきいきといろんな動作をし、それがユーモラスでリズミカルなムードに合わせられる」ようなアニメ作品が作れないかとウォルトに提案します。(23)

ウォルトがこのシリーズのことをはじめて言及したのは1928年9月1日に兄ロイ・ディズニーに宛てて書いた手紙の中だそうですが、このときはまだ漠然と「ミュージカル・ノヴェルティ」をやりたいと書いただけだったそうです。(24) この「ノヴェルティ」というのは、珍しいもの、珍奇なものといった意味で、目新しさを売り物にしたエンターテイメントといっても差し支えないでしょう。この3日後に、ディズニーは「カールの『骸骨の踊り』をミュージカル・ノヴェルティにするアイデアはずっと膨らんできている。面白い可能性があると思う」という手紙をしたためており、すでにストーリングから、このシリーズに関する詳細が提案されたことを示唆しています。

ストーリングのアイデアは「シリー・シンフォニー」の第1弾、『骸骨の踊り』という作品になりました。彼はこの作品において、墓場で繰り広げられる骸骨たちの踊りにフォックストロット風の音楽を書き、中間部にはグリーグの《叙情小組曲》第1集・第4曲〈妖精の踊り〉を引用しています。今日のディズニーのイメージからすると、なんともグロテスクで印象深い作品です。

『小さなハイアワサ』（1937）のような例外はあるものの、「シリー・シンフォニー」の基本的なフォーマットは、ナレーションやセリフなしに音楽と動画のみで進めていくものです。そして、

(22) Tietyen, 24.
(23) Care, "Symphonists for the Sillies," 39.
(24) Russell Merritt and J. B. Kaufman, "The Birth of Silly Symphonies," *The Walt Disney Family Museum, Special Exhibits Artices*, http://disney.go.com/disneyatoz/familymuseum/exhibits/articles/sillysymphonies/, accessed on 19 September 2006.

「ミッキーマウス」のシリーズと同じように、音楽の使い方によって作品を分類することができます。まずはこの『骸骨の踊り』のような「ミュージカル・ノヴェルティ」と呼ばれるもの。これは音楽とぴったりあった映像が純粋に面白くアピールするような作品で、『エジプトの夢』(1931)や『森の音楽会』(1937)などがあります。

「シリー」の場合、「ミッキー」シリーズのようなコンサート形式というのはないのですが、オムニバス・バラエティと呼べるものはあります。『童話行進曲』(1931)がその例です。メイン・キャラクターでもある王様が歌いはじめるため、オペレッタ的な要素も持ってはいるのですが、中身はマザーグースで有名なキャラクターによる歌や踊りが次々と続くもので、「ミュージカル・ノヴェルティ」よりも多少進化したものといえるのかもしれません。

これに対し『森の妖精』(1930)の場合には、作品に物語性がつけ加えられているため、音楽のほうも単なる「ミュージカル・ノヴェルティ」以上に、劇的になります。前半こそ、のどかに楽しく、音楽に合わせて動物たちの楽しいしぐさが続くのですが、落雷によって森が火事になっていくと、音楽がドラマチックになります。また、アライグマが呼んだ妖精が楽器を吹いて炎を水へと導いていく場面は、音楽の催眠的効果を物語の展開に積極的に使っているようでもあります(注:『森の妖精』におけるドラマチックな音楽の使い方、音楽の催眠的効果は『花と木』(1932)や『ハーメルンの笛吹き』(1933)にも使われています)。こういった内容のため、『森の妖精』は、音楽にもドラマチックなものが求められていて、すでに映像と音がシンクロする新奇さで見せるだけでは、このシリーズが続かなかったと考えられます。それに加えてこのシリーズにはミッキーなどの人気キャラクターが登場しないので、子どもたち(そして映画館にくる、おそらく母親たち)

のために、その後、おとぎ話などが持ち込まれていったのではないかと考えられます。このようにシリーズの短編が作られ続ける中で、音楽の役割は、通常の映画のように物語を進めるアンダースコアのようになっていきます。

「ミッキー」シリーズ同様、「オペレッタ形式」の作品も出てきます。「シリー」の場合も、やはりレチタティーヴォとアリア（歌詞が韻を踏むことが多い）から成り立っていて、例としては『海の王ネプチューン』（1932、バート・ルイス＝作曲）、『ハーメルンの笛吹き』（1933、リー・ハーリーン＝作曲）、『ノアの箱船』（1933、ハーリーン＝作曲）、『コック・ロビンは誰が殺した』（1935、チャーチル＝作曲）などがあります。年代的には、これらオペレッタ形式の「シリー」は「ミッキー」シリーズのオペレッタ作品よりも早く作られていたことになりますが、やはりこれは、製作者たちの、音楽に対する関心の高さを示すものと考えていいでしょう。

そういったオペレッタ形式の作品の中で、もっともよく知られているのは『三匹の子ぶた』（1933）ではないでしょうか。この『三匹の子ぶた』では、セリフがほとんどリズムに合わせて話されており、音楽も最初から最後まで、途切れることがありません。またこの短編作品からは、大ヒットソング《狼なんかこわくない》が生まれます。ディズニー・アニメはじまって以来の快挙でした。作曲者フランク・チャーチルはこの曲を5分で作ったと豪語しているのですが、そんな彼のインスピレーションは幼いころの体験によるものだったとされています。彼の父親はカリフォルニア州のサン・ルイ・オビスポ周辺に牧場を持っていたそうで、3匹のぶたも飼っていたのですが、ある日、狼が襲ってぶたを食い殺してしまったというのです。映画ではさすがにそこまで現実的な絵は出てきませんが、子ども向けの寓話（ぐうわ）をかわいく表現しています。(25)

(25)「ディズニー・ミュージックソング：狼なんかこわくない」『ディズニーファン』第2巻第2号（通巻5号，1991年初夏），92.

《狼なんかこわくない》は全米でも大ヒットしました。それは、この歌が当時アメリカを席巻していた大恐慌の暗い闇に光をもたらすものとして考えられたからです。オオカミがやっつけるべき恐慌に例えられたのです。この曲がラジオで流れると大きな話題となり、多くのミュージシャンがカバーを録音しました。(26) たとえばシカゴのドン・ベスター楽団は、3人の歌手といっしょにRCAビクターにこの曲を録音し、これが1933年秋には全米ヒットチャートで第2位を獲得します。これに続き、のちに映画音楽の録音も多く手掛けるようになるヴィクター・ヤング楽団も、ダンス・バンドのベン・バーニー楽団も、この曲のレコードをリリースしました。ただ、《狼なんかこわくない》という歌ですが、実際の映画では「狼なんかこわくない」という1節が繰返されるだけで、歌詞のつかないメロディ（2匹のぶたがフィドルとフルートで演奏）によってメロディが完結するという、いささか変則的な形を取っています。このため最後に〈He's a great big sissy〉という歌詞をつけたバージョンも『赤ずきんちゃん』（1934）のために作られました。

主人公の子ぶたたちは、それぞれにヴァイオリン（フィドル）、フルート、ピアノを演奏します（このうちピアノを演奏しているのはディズニー社の初代音楽監督であるストーリングです）。この子ぶたたちに楽器を持たせるアイデアは、他の誰でもないウォルト・ディズニーによるものでした。このアニメーションでは3匹の子ぶたそれぞれに個性を持たせるのが難しいのですが、それぞれの子ぶたの性格を動作を通して描き分けるという高度な技をアニメーターが披露する絶好のチャンスといえます。その一方で見た目が明らかに違う楽器を持たせると、違いがより際立つと考えられます。音楽的にもフィドルとフルートは旋律楽器としてうまく混ざり合い、ピアノはその2つと明らかに違います。お気楽な2匹のぶたと慎重な1匹のぶたの違いが出ているようでもあります。

(26) 前掲資料 (25), 93.

ここまで見てきた「シリー・シンフォニー」、その音楽の使われ方に関しては、「ミッキーマウス」と平行して発展してきたことがうかがえます。しかし「シリー・シンフォニー」は音楽を重視するシリーズとしてはじまったわけで、それ独自の表現力を獲得した作品も登場します。その代表作には『音楽の国』(1935)と『風車小屋のシンフォニー』(1937)があります。

『音楽の国』は、音楽にちなんだ2つの国の物語です。そのうち1つはクラシック音楽を重んじるシンフォニーの国、もう1つはジャズを重んずるジャズの島ということになっています。シンフォニーというのは交響曲といって、オーケストラが演奏するクラシックの音楽ジャンルの1つなのですが、ここではそのシンフォニーという言葉にクラシック全体を代表させていて、オルガン、弦楽器、ハープなどが登場します。オルガンなどは、教会音楽との結びつきが強いですね。一方ジャズの島のほうは、金管楽器やサキソフォンやクラリネット、ドラムス、スイングするリズムなどによって代表されています。

このクラシックとジャズという2つの音楽ジャンルは、当時、評論家や文化人たちの間で論争の種となっていました。クラシックは独特の教養主義やスノビズムと結びつき、アメリカ人のマジョリティー(多数民族)の祖先であるヨーロッパの伝統に根ざします。一方ジャズは黒人たちが生み出したアメリカ特有の音楽で、若い世代のメッセージを乗せて新しい時代を切り開き、大衆の多大な支持を得ていました。1920年代や30年代の書物を読むと、たとえば全米的な影響力を持ったネットワーク・ラジオ局にどんな音楽がふさわしいかということが、しばしば議論されています。日曜の午後にはジャズを演奏しないでくれといった団体があって、大きな運動を起こし、裁判沙汰にまでなったことがあったほどです。(27) ただ『音楽の国』が製作された1935年ごろには、おそらくジャズという音楽についての抵抗は静まりつつあったと考えられます。というのも、ジャ

(27) Akihiro Taniguchi, "Music for the Microphone: Network Broadcasts and the Creation of American Compositions in the Golden Age of Radio." Ph. D. diss., The Florida State University, 2003.

ズとクラシックという、当時2つに分けられて考えられていた音楽ジャンルのそれぞれの要素を融合させた音楽が少しずつ作られ、頑なにジャズを拒んできた人たちも、少しずつそれを受け入れられるようになっていったからです。『音楽の国』は、クラシックの国とジャズの国をロミオとジュリエット風に例え、最後は両者が互いを尊重し合うことを提唱しています。これを画面に即していえば、不協和音の海にハーモニーの橋をかけるということになるのでしょうか。

実は、ジャズとクラシックを融合するという試みを積極的におこなったミュージシャンがいました。ポール・ホワイトマンという人です。今日彼の楽団はジャズ・バンドというよりもダンス・バンドとして考えられることが多いのですが、ともかく、彼はジャズとクラシックの「架け橋」となり、当時絶大なる人気を博しました。そして、『音楽の国』に登場するジャズの島の王の顔は、ポール・ホワイトマンをモデルにして考えられています。

そのほか『音楽の国』では、セリフがすべて楽器によって演奏されているのがユニークです。言葉を発することができないので、正確にどういうセリフが交わされているかはわかりませんが、キャラクターのしぐさや物語の文脈からおおよその流れはわかりますし、楽器によるセリフの物真似自体が面白さにつながっているといえるでしょう。この作品を監督したウィルフレッド・ジャクソンは次のように言っています:「私が若かったころ、楽器による話し言葉の模倣はヴォードヴィルの見せ物として見慣れないものではありませんでした。そして、ディズニーのミュージシャンたちがいっしょにウォーム・アップし、レコーディング・セッションのために楽器をチューニングするときにも、楽器の音でお互いに話し合ったりして茶化すことがあります。チューバ奏者が突然ヴァイオリン奏者に対して、乱暴な、うなるような音を鳴らしたり、ヴァイオリン奏者が自分のフィ

ドルで怖がっているようなキィーっという音で悲鳴を返すことがあります。」(28)

また、クラシックとジャズの世界が戦う場面では、オルガン演奏によるワーグナーの《ワルキューレの騎行》がスイング・バンドの音楽といっしょに鳴らされる部分があり、音楽を担当したリー・ハーリーンの腕の確かさを見せつけることにもなっています。画面に登場する楽器の使い方も、音楽好きにはたまらないものでしょう。フリューゲル・ホーンとタンバリンをボートの部品にしたり、牢屋をメトロノームにしたりしています。また、クラシック王国の牢屋に投獄されてしまったジャズの島の王子が、どうか助けてほしいという救援メッセージを楽譜にして書いたりする場面もあります(あとに述べるように、これは《投獄者の歌》という曲です)。ほかにも、いろいろなアイデアが盛り込まれているので、注意して観てください。

もう1つの作品、『風車小屋のシンフォニー』は「シリー・シンフォニー」シリーズの中でも、洗練された表現の感じられる作品です。もちろんそれは、絵の美しさやマルチプレーン・カメラの使用など、技術的な進歩による表現のすばらしさに由来するものでしょう。しかし、一言のセリフもなく音楽だけですべてを進める優れた作品で、アカデミー賞を受賞しています。なんといっても、シンフォニックなオーケストラを最大限に利用し、シリアスさを前面に押し出した音楽になっています。

全体は4つの部分に分かれています(注:クラシックでは、交響曲が4つの楽章を持っていて、それを連想させるために、邦題に「シンフォニー(交響曲)」という言葉が入った可能性もありそうです)。最初はマルチプレーン・カメラを使って風車小屋がクローズアップされ、鳥のさえずりとともに、この作品のテーマ音楽(3拍子)が提示される第1の部分です。一度このテーマによる音楽は終止し、次にカエルの鳴き声を動機とした第2の部分が続きます。やがてこのスケルツォ

(28) Tietyen, 30に引用されたジャクソンの発言.

風の音楽は女声合唱を伴い、シリアスな嵐を扱う第3の部分へとつながっていきます。少しずつ音楽は緊張感を増し、風車に落雷した瞬間がピークとなり、その後、テンションが下がっていきます。最後の部分では冒頭で演奏された3拍子のテーマが戻ってきて、感動的にこの短編を閉じます。

このように『風車小屋のシンフォニー』は、アニメ特有のユーモアを保ちながら、音楽とともにシリアスなドラマを表現した傑作となっています。リー・ハーリーンは、当時のスタジオ専属の作曲家の中で、もっともしっかりとしたクラシックのトレーニングを積んできているので、こういった構造感を感じさせる曲になったのではないでしょうか。

以上見てきたとおり、「シリー・シンフォニー」においては、音楽の充実度が求められ、ストーリング、ルイス、チャーチル、マロッテ、ハーリーンといったスタジオ専属作曲家たちが優れた挿入歌やスコアを残しました。ただ、「ミッキーマウス」シリーズのように、既製曲を使ったこともあったようです。『三匹の子ぶた』以来、新しいオリジナル・ソングに力が入れられていたのですが、1935年以降は、再び既製曲の使用が増えてきます。次の表は、筆者が突き止めた限りですが、「シリー・シンフォニー」に使われた既成曲・オリジナル曲のリストになります。

表1－3：「シリー・シンフォニー」に引用された既成曲とオリジナル・ソング

※この本を執筆する時点でDVDで確認できたものと、J. B. Kaufman, "Who's Afraid of ASCAP: Popular Songs in the Silly Symphonies," *Animation World Magazine* 2.1 (April 1997) *The Disney Song Encyclopedia*. で言及されていたものを参照しました。

※（1）クラシック

	曲名	音楽が使用された短編タイトル
（1）	ヴェルディ《リゴレット》から〈女心の歌〉と五重唱	田園交響楽

	曲名	音楽が使用された短編タイトル
（1）クラシック	オッフェンバック《ホフマン物語》から〈ホフマンの舟歌〉	共同作戦異常なし
	グリーグ《叙情組曲》から〈小人の踊り〉	骸骨の踊り
	ケテルビー《中国の寺院にて》	桃源の夢
	ゴセック《ガヴォット》	音楽の国
	シューベルト《魔王》	花と木
	ショパン《葬送行進曲》	花と木
	ベートーヴェン　交響曲第3番《英雄》	音楽の国
	ベートーヴェン　交響曲第6番《田園》	田園交響楽
	ベートーヴェン《メヌエット》	音楽の国
	メンデルスゾーン《結婚行進曲》	花と木
	メンデルスゾーン《春の歌》	田園交響楽
	ロッシーニ《ウィリアム・テル》序曲	みにくいあひるの子［1931年版］ 花と木 田園交響楽
	リスト　交響詩《前奏曲》	海の王ネプチューン
	リスト《ハンガリー狂詩曲》第2番	田園交響楽
	J. F. ワーグナー《双頭の鷲の旗の下に》	童話行進曲（マザーグース・メロディ）
	ワーグナー《タンホイザー》序曲	田園交響楽
	ワーグナー《ワルキューレの騎行》	音楽の国
（2）	《かわいいオーガスティン》	真夜中の舞踏会
	《きらきら星》	童話行進曲 子どもの夢

	曲名	音楽が使用された短編タイトル
(2) 愛唱歌	《水夫のホーンパイプ》	捨てられた人形
	《メリーさんの羊》	童話行進曲 おとぎ王国
	《ローレライ》	海の王ネプチューン
	《ロンドン橋》	マザーグース ハリウッドへ行く
	《小さな農夫》	コック・ロビンは誰が殺した
	《忘れえぬ乙女》	捨てられた人形
	《三匹の盲目のネズミ》	童話行進曲
	《10人のインディアン》	おとぎ王国
(3) ポピュラー・ソング	ゼズ・コンフリー《鍵盤の上の子猫》	三匹の親なし子ねこ
	ヨーマンス《キャリオカ》	踊るニワトリ
	《メキシカン・ハット・ダンス》	うさぎとかめの花火合戦 モスの消防隊
	《トラッキン》	森の音楽会
	《囚人の歌》	音楽の国
	《アバ・ダバ・ハネムーン》	モンキーメロディ
(4)	《ヘビ使いの歌》	うさぎとかめの花火合戦
(5)	《きよしこの夜》	サンタのプレゼント
	《ジングルベル》	サンタのプレゼント
(6)	《狼なんかこわくない》(チャーチル作曲)	三匹の子ぶた 赤ずきんちゃん
	《どこにもない子守歌の国》(チャーチル作曲)	子守歌

※(4)エキゾティシズム、(5)クリスマスの曲、(6)オリジナル曲

曲名	音楽が使用された短編タイトル
（6）オリジナル曲	
《ダティー・ビル》（チャーチル作曲、ビリー・ブレッチャー＝歌）	子猫の武勇伝
《とうもろこしの種まきを手伝って》（ハーリーン作曲、フローレンス・ギル＝歌）	かしこいメンドリ
《ペンギンって楽しい奴だね》（ハーリーン作曲、ディズニー・スタジオ・シンガーズ＝歌）	フグとペンギン
《ゆっくりだけど着実に》（ラリー・モリー作詞、チャーチル作曲）	うさぎとかめ 蓮池の赤ん坊たち
《誰かが私のロビンをさらった》	コック・ロビンは誰が殺した
《一番スウィートな奴》	クッキーのカーニバル
《ユーアー・ナッシン・バット・ナッシン》	空飛ぶネズミ
《ゴミ捨て場から抜け出そう》	捨てられた人形
《世界が回っているのはぼくのおかげ》（ハーリーン作曲、ピント・コルヴィク作詞）	ありときりぎりす
《ウィンケン・ブリンケンとノッド》（ハーリーン作曲）	子どもの夢

この表を見ると、既製曲として使われているのは、やはり著作権料を払わなくてもよい、クラシックや愛唱歌に集中していることがわかります。J・B・カウフマンの調査によると、同時代のポピュラー・ソングでは、『モンキーメロディ』に《アバ・ダバ・ハネムーン》（1930）が使われているのが初期の例になるそうです。(29) また『ワンちゃん放浪記』では、保健所のオリに入れられた犬たちの画面に、ヴァーノン・ダルハートの1924年のヒット・ソング《囚人の歌》が流れ、曲を知っ

(29) J. B. Kaufman, "Who's Afraid of ASCAP?: Popular Songs in the Silly Symphonies," *Animation World Magazine* 2.1 (April 1997) http://www.awn.com/mag/issue2.1/articles/kaufman2.1.html, accessed on 17 October 2005.

ている人にはユーモアとして伝わったと考えられます。[30] この曲は、先ほども触れた『音楽の国』において、ジャズの島の王子が牢屋から救ってくれとしたためる、メッセージ・メロディとしても使われています。[31]

また、「シリー・シンフォニー」では、有名なポピュラー・ソングに似せたオリジナル曲を書かせることもあったようです。たとえば『うさぎとかめ』において、うさぎが1人で野球をする場面があるのですが、ここでジャック・ノーワースの《私を野球に連れてって》に似せたスタイルの曲が聞こえてきます。クレジット上はディズニー社所属のフランク・チャーチル作曲による《ボールを打ちまくる》という曲になっているのですが、これは明らかにノーワースの曲を模倣して作ったものと考えていいのではないでしょうか。[32]

前述したように、《狼なんかこわくない》がヒットし、これに影響されたのか、ディズニー社は、オリジナル・ソングを積極的に作るようになります。その中で《世界が回っているのはぼくのおかげ》は、グーフィーの声を担当したピント・コルヴィクが歌い、その後、グーフィーのキャラクター・ソングにもなりました。『ミッキーのアイス・スケート』（1935）、『ミッキーの引っ越し騒動』（1936）のほか、『グーフィーの昼寝騒動』（1951）まで登場します。[33] また『空飛ぶネズミ』で歌われた《ユーアー・ナッシン・バット・ナッシン》は楽譜が発売され、当時のダンス・バンドによって録音もされています。[34]

そのほか「シリー」には、音楽に関連したエンターテイナーが多く現れる作品があります。『マザーグース ハリウッドへ行く』がそれで、ファッツ・ウォーラー、フレッド・アステア、キャブ・キャロウェイなどが登場します。[35]

(30) レコードはVictor 19427-Bです.
(31) Kaufman.
(32) 前掲資料.
(33) 前掲資料.
(34) "The Flying Mouse," *The Encyclopedia of Disney Animated Shorts*, http://www.disneyshorts.org/shorts.aspx?shortID=209, accessed on 26 February 2016; Kaufman, "The Birth of Silly Symphonies."
(35) 詳細は以下のサイトをご参照ください. "Mother Goose Goes Hollywood," *The Encyclopedia of Disney Animated Shorts*, http://www.disneyshorts.org/shorts.aspx?shortID=282, accessed on 26 February 2016.

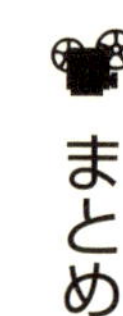

まとめ

ディズニー社は、クラシックや愛唱歌の既成曲を素材にしながら、楽しいギャグ満載の短編作品を作ってきました。そして、次第に多彩な表現が1つの作品に求められるようになると、音楽構成も込み入ったようになり、やがては物語に直結するような歌の必要性にも迫られてきます。ウォルト・ディズニーが長編アニメの製作を考えはじめたのは1935年ごろですが、その中には、短編映画の音楽から引き継がれてきた要素もたくさんあります。アンダースコアは、どの映画にもあるような映画音楽の基本ですし、ミッキーマウジングにしても、たとえば『白雪姫』の中の、小人たちが2階に寝ている不審な人物を見にいく場面で使われています。オペレッタ／ミュージカル形式は、周知のとおりです。

そして、長編アニメでは、「シリー・シンフォニー」に触発されて、オリジナル・ソングを積極的に作りました。ディズニー・アニメにおいては歌は物語の根幹となっており、その後、長編を作るにしても、まずは挿入歌を作曲したというのですから、歌の重要性、そしてミュージカルのフォーマットは短編の時代から今日まで続く、ディズニーの伝統（あるいは「型」）になったといえるでしょう。

初期短編映画における音楽監督・作曲家たち

では最後に、この章で扱った作品の音楽を担当した音楽監督・作曲家のみなさんを紹介するこ

とにしましょう。(36)

♪カール・ストーリング（1891〜1972）

『蒸気船ウィリー』は、スタジオに居合わせた人が、とにかく音楽を入れる方向でなんとか作った作品といえますが、その後の短編アニメーションでは、音楽監督という専門の役職を作ってプロダクションに従事してもらうことになりました。そんな中、ストーリングはディズニー社に音楽監督として雇われた最初の作曲家でした。(37)　1891年11月10日、ミズーリ州レキシントン生まれの彼はカンザス・シティのアイシス劇場の音楽監督を務めており、ここでオルガンを弾き、オーケストラを指揮していました。ウォルトはストーリングをカンザス・シティ時代から知っていて、自分のプロダクションにも参加してもらいました。

ストーリングがディズニー社に入った1928年ごろ（バリアーによると、この年の10月26日が正式な入社日になるそうです）、スタジオには8人から12人のミュージシャンがいたといいます。まだテープ録音やマルチトラックによるミキシングという技術が到来する前であるがために、ストーリング時代のディズニー音楽はすべて最初から最後まで1つのテイクで録音されています。(38)　ストーリングが好んで使った楽器にはファゴット、トロンボーン（特にスライド奏法）、ヴァイオリン（特にグリッサンド）などがあり、これらはすべては笑いの要素として効果的として使えると考えられていました。

ストーリングはディズニー・アニメにおける最初のオリジナル・ソングもウォルトといっしょに作っています。ミッキー短編の『ミッキーのフォーリーズ』（1929）で歌われた《ミニーのユー・フー》です。

(36)　Ross Care, “Make Walt,s Music: Music for Disney Animation in Goldmark and Taylor, 21-36; Barrier,“An Interview with Carl Stalling,”21-36 and 37-60.
(37)　ストーリングの情報は，Goldmark and Taylor, 23, 37から入手しました.
(38)　Tietyen, 14.

その後ストーリングはディズニーから離れ、ワーナー・ブラザーズ社へと移籍しますが、ウォルト・ディズニーのために編曲とピアノ演奏をおこなっています。たとえば1933年の『三匹の子ぶた』のほかに10ほどの短編の仕事をしています。(39) なおワーナー社に移籍した彼は『ルーニー・トゥーンズ』の音楽を手掛け、現在ではこのアニメ短編シリーズにつけた独特の音楽スタイルが高く評価されるようになりました。

♪バート・ルイス

アニメーション音楽の基礎を築いたストーリングがワーナー・ブラザーズに移籍後、バート・ルイスは1930年から35年の間に、25の短編作品のための音楽を書きました。(40) 不思議と彼の詳細に関しての記述というのは少なく、ディズニー公式の『ディズニー百科事典』にも彼の名前は載っていません。

♪フランク・チャーチル（1901〜1942）(41)

チャーチルはメイン州ラムフォード生まれ。UCLAで音楽を学び、ダンス・バンド、ラジオ（ロサンゼルス）、ハリウッド・スタジオ（RKO）でピアノを演奏。メキシコでホンキー・トンク・ピアノを弾いた経験もあるそうで、ディズニーに入社したのは1931年です。ディズニー・スタジオがハイペリオンに移り、映画制作と録音作業が同時におこなえるスタジオ設備「サウンド・ステージ」が完成したころでした。

チャーチルは才能のあるメロディ・メーカーでピアニストだったといいます。もっとも有名なの

(39) Goldmark and Taylor, 47-48, and 51; Barrier, 43; Tietyen 16.
(40) Care "Symphonists for Sillies", 40.
(41) チャーチルの情報は以下の文献を参照しました. Tietyen, 25-26; Ross B. Care, "Threads of Melody: The Evolution of a Major Film Score—Walt Disney's Bambi, in Iris Newson ed., *Wonderful Inventions: Motions Pictures, Broadcasting, and Recorded Sound at the Library of Congress* (Washington, D. C.: Library of Congress, 1985), 84 ; 柳生すみまろ監修『ディズニーのミュージック・オブ・ドリームス』, ポニー・キャニオン DMW 92401 〜 10, 解説書, 10.

は『三匹の子ぶた』で歌われた《狼なんかこわくない》でしょう。『白雪姫』の《ハイ・ホー》や《いつか王子様が》も彼の作曲でした。しかし精神的ストレスやアルコール依存症により、１９４２年5月14日、カリフォルニア州ニューヒル近くの牧場にて自らの命を絶ってしまいました。実に残念なことです。

♪アル（アルバート・ヘイ）・マロッテ（１８９５〜１９６４）(42)

マロッテは１９３５年から３９年までスタジオで働き、15の短編映画音楽を作曲しています。その中には『ミッキーの巨人退治』、『ミッキーの引っ越し騒動』、『牡牛のフェルディナンド』や『みにくいあひるの子』（１９３１年、１９３９年版）、「シリー・シンフォニー」では、『小さなハイアワサ』、『モスの消防隊』などがありました。また彼はキリスト教の礼拝でよく歌われる《主の祈り》や芸術歌曲を作曲したことでも有名です。

♪リー・ハーリーン（１９０７〜１９６９）(43)

ハーリーン（日本では「ハーライン」と記されることが多いのですが、正式にはハーリーンです）は１９０７年、ユタ州ソルトレイク・シティ生まれ。ユタ大学にて音楽を専攻し、ピアノとオルガンをモーモン・タバナクル合唱団の音楽監督であるＪ・スペンサー・コーンウェルに学びました。１９２８年カリフォルニアに移住し、ロサンゼルスとサンフランシスコのラジオ局にて作曲家、指揮者、編曲者、器楽奏者、歌手、アナウンサーとして働き、音楽家としてのキャリアを築きます。そして彼のラジオでの仕事がウォルトの目にとまります。

(42) マロッテの情報は以下を参照しました. Care, "Symphonists for Sillies," 40; Dave Smith, *Disney A to Z: The Updated Official Encyclopedia* (New York: Hyperion), 348; *Internet Movie Database*, http://www.imdb.com/

(43) ハーリーンの情報は以下を参照しました. Care, "Symphonists for Sillies," 42; Care, "Make Walt,s Music," in Goldmark and Taylor, 27; Ross Care, "The Film Music of Leigh Harline," *Filmmusic Notebook* 3/2 (1977), 36; Smith, *Disney A to Z*, 256.

その後ハーリーンは1932年から41年までディズニーに所属。『ノアの箱船』（1933）でデビューし、その後も『ハーメルンの笛吹き』（1933）、『音楽の国』（1933）、『風車小屋のシンフォニー』など、音楽的に凝った作品に従事するようになります。『白雪姫』においても、高い作曲技法の要求される箇所を担当し、次の『ピノキオ』では、名曲《星に願いを》のほか、スコアの大半を作曲します。しかしその後ディズニーを離れフリーランスとなり、実写映画の世界で活躍することになりました。

♪ ポール・J・スミス（1906〜1985）(44)

スミスは1906年ミシガン州キャルメット生まれで、アイダホ州コードウェルにて育ちました。父親が当地のアイダホ・カレッジでピアノを教えていたためか（叔父さんの一家も音楽に携わっていたそうです）、彼も4歳でピアノをはじめ、7歳でヴァイオリンもはじめます。その後トランペットやヴィオラにも手を伸ばし、12歳までに地元の楽隊で大太鼓を担当するようになります。高校時代には学生指揮者として信頼され、1925年には正式な教育を受けるためブッシュ音楽院に入学します。さらに音楽理論を学ぶ奨学金を得てジュリアード音楽院で教育を受け、修士号を獲得。卒業後はエルムハースト・カレッジ、ヨーク高校で2年間金管楽器を教え、1932年にはUCLAにて英語を専攻し、音楽喜劇を4つ作曲しています。

その後スミスは1934年から62年までディズニーに所属。短編映画を70ほど引き受け、『白雪姫』や『ピノキオ』、『南部の歌』、『空軍力の勝利』、『三人の騎士』、『シンデレラ』などのプロダクションに参加しています。また作曲以外にもオーケストレーションや音楽監督なども引き受け、

(44) スミスの情報は以下を参照しました．柳生『ディズニーのミュージック・オブ・ドリームズ』解説書, 19 ; Smith, *Disney A to Z*, 507; "Disney Legends: Paul Smith" http://legends.disney.go.com/legends/detail?key=Paul+Smith ; R. Michael Murray, "Music Composers for Disney Films—Filmography," in *The Golden Age of Walt Disney Records 1933-1988* (Dubuque, IA: Antique Trader Books, 1997), 226. なお, Care, "Threads of Melody," 85では，彼の入社時期を1930年代後半としています．

才能を遺憾(いかん)なく発揮しました。

♪オリヴァー・ウォレス（1887～1963）

ウォレスは1887年8月6日、ロンドンに生まれました。アメリカへ1904年に渡るまでは、イギリスで個人的に音楽を習っています。アメリカではシカゴ芸術学校に学び、プロとしてのキャリアはヴォードヴィル・ショーやサイレント映画のためのピアノ弾きからスタートします。その後、コロンビアやユニバーサルといった2つの映画スタジオで音楽制作に関わったあと、1938年2月7日から亡くなる1963年までディズニー社で作曲者・指揮者として働きました。(45) 150近くの短編映画を手掛け、その中には、『ドナルドのアリの王国』（1948）を含めたドナルド・ダック・シリーズや、太平洋戦争期のプロパガンダ映画（『総統の顔』（1943）のタイトル・ソングはヒット）がありました。このほか『ダンボ』の2つの挿入歌、『イカボードとトード氏』における首なし騎士のシーンも彼による音楽でした。さらに『ふしぎの国のアリス』では「イモムシのエピソード」や「タルギーの森」のシーン、そのほかのアンダースコアを担当。『ピーター・パン』や『わんわん物語』のスコアも担当しています。

♪ジョセフ・S・デュビン（1900～1961）

1950年から53年の短編アニメを担当し、『シンデレラ』など長編にも携わっていますが、彼の詳細については、ほとんどわかっていません。

(45) ウォレスの情報は以下を参照しました. Smith, *Disney A to Z*, 591; Care, “Symphonists for Sillies”, 40; Care, “Make Walt.s Music,” 31; Ross Care, “Oliver Wallace (Essay: Salute to Oliver Wallace), “SaveDisney.com, http://www.savedisney.com/news/essays/re031704./.asp, accessed on 30 January 2005; 柳生『ディズニーのミュージック・オブ・ドリームズ』解説書, 19.

♪エド（エドワード・H）・プラム（1907〜1958）

『バンビ』以降、『ラテン・アメリカの旅』、『三人の騎士』、『ピーター・パン』など、数多くの作品にオーケストレーターまたはアレンジャーとして参加し、短編作品についても、デュビンのあとを継いで担当するようになります。

コラム
もっと短編映画を楽しみたい

ディズニー映画といえば『白雪姫』などのおとぎ話の長編アニメが有名だと思うのですが、ウォルト・ディズニーに言わせれば、「すべてはネズミからはじまった」のですから、やっぱりミッキーマウスを忘れてはいけないと思います。

ところがミッキーはキャラクターとしては有名なのに、案外映画について語られることが少ないように思えます。ディズニー・チャンネルに加入していないとディズニー作品を観る機会も限られているし、レンタル・ショップに行っても、やっぱり長編のほうに目がいきがちですよね。それに長編映画の特典として短編が2、3入っているだけでは、ミッキーの影も薄くなってしまいます。

かくいう私も、ディズニーの映画音楽について本を書く提案をいただいたとき、最初は『リトル・マーメイド』以降の資料から集めはじめて、ミッキーが活躍する映画をあまり観ていなかったのです。

そもそも短編といっても何作品あるのか、何かまとまった形で観られるDVDはないのか、不安がいっぱいでした。

そんな状況が変わったのは、「ウォルト・ディズニー・トレジャーズ」というシリーズのDVDがあるという情報を知ったときです。このシリーズでは、これまでなかなかまとめて観る機会がなかった短編映画がキャラクター別に集められ、さらに時代順、タイトルのアルファベット順のインデックスもついていて、大変便利です。ミッキー、ドナルド、プルート、グーフィーのそれぞれのシリーズがあり、2004年には、カラーの時代のミッキーやドナルドのシリーズ、「シリー・シンフォニー」をまとめたものが日本でも発売されました。ただ限定発売で数が少なく、あっという間に店頭から消えました。その後、2008年から2009年にかけては、白黒短編映画作品を集めた『ミッキーマウス／B&Wエピソード Vol.1、2』が発売され、この章で扱った白黒ミッキーも、気軽に観られるようになりました。

短編映画はドタバタ・コメディでワイルドなところがありますが（最初期にはミッキーがビールを飲むシーンも！）、傑作もたくさんあります。残念ながら上記「トレジャーズ」シリーズはセル専用なのですが、レンタル店でも、いつもの長編の棚からちょっと違うコーナーを見ると、短編を集めたDVDがあるかもしれません。注意して見てください。

第2章

クラシックディズニー（1）

『白雪姫』（1937）

1937年に封切りされた『白雪姫』は、世界初の長編アニメーションといわれています。巨額の経費と労力を費やして制作された83分の映画は、アニメーション史上のみならず、世界の映画史にも残る記念碑的作品といえるでしょう。

ウォルト・ディズニーは前章で述べたとおり、ミッキーマウスや「シリー・シンフォニー」といった短編アニメーションにおいて、単純なドタバタ・コメディからシリアスな路線で作品を作ることを経験しました。しかし、ウォルト・ディズニーにとって長編作品は、「短編アニメの尺が長くなっただけのもの」ではありませんでした。すてきなシーンが次々と流れ、コミカルな音楽が空虚な詰め物のようにしか見えないようなものは作りたくなかったのです。(1)

そんなディズニーの長編アニメ映画の第1作目、『白雪姫』の音楽に関わったのは、それまで短編映画の仕事をしてきたフランク・チャーチル、リー・ハーリーン、ポール・J・スミスという3人の作曲家でした。

このうち主題歌・挿入歌はすべてチャーチルが曲を書き、歌詞はラリー・モーリーが作りました。モーリーはもともと台本作家でしたが、「シリー・シンフォニー」の『空飛ぶネズミ』（1934）の主題歌《ユー・アー・ナッシン・バット・ナッシン》で注目され、『白雪姫』の挿入歌も担当することになります（注：彼は『白雪姫』のシークエンス・ディレクターでもありました(2)）。

ウォルト・ディズニーは歌の選別について、とても厳しかったといいます。ディズニー映画にはたくさんの挿入歌があるため「突然歌い出すアニメ」といった先入観を持たれることも多いのです

（1） Leonard Martin, *Of Mice and Magic: A History of American Animated Cartoons*, Rev. ed (New York: Plume, 1987), 53.
（2） 柳生すみまろ「ディズニーの世紀　第6回　ディズニー・ヒットソングの数々」,『ディズニーファン』第5巻第1号（通巻21号, 1994年2～3月）, 41.

が、ウォルト自身は「ぼくらは新しいパターンを作らなきゃ。音楽の新しい使い方をね。物語の中に音楽を織り込むんだよ。登場人物が突如として歌いはじめるっていうんじゃだめだ」と、安易な歌の使用には反対でした。そのため、どんなに歌が音楽的に優れていても、物語に不必要と判断された歌は容赦（ようしゃ）なくカットされることになります。『白雪姫』の場合、歌は25曲も作曲されたのですが、採用されたのは、そのうち、たったの8曲でした。[3] 採用された8曲は《私の願い》（白雪姫）、《ワン・ソング》（王子）、《歌とほほえみと》（白雪姫）、《口笛吹いて働こう》（白雪姫）、《ハイ・ホー》（小人たち）、《ブラドル・アドル・アム・ダム》（小人たち）、《小人達のヨーデル》（小人たち）、《いつか王子様が》（白雪姫）です。主人公の白雪姫3曲、小人たちが3曲、王子様は1曲で、王子様は登場する時間が短いだけでなく、歌う曲も少ないのです。

では次に、それぞれの曲を紹介しましょう。《私の願い》と《ワン・ソング》はセットになった曲で、城の掃除をやらされていた白雪姫が、願いがかなうという井戸に向かって、すてきな王子様と出会う日を夢見て歌うのが《私の願い》です。おとぎ話の中にラブ・ロマンスが盛り込まれる瞬間といえます。そしてそばを偶然通りかかった王子がその美しい声に魅了され、彼女の願いに答える形で歌うのが《ワン・ソング》です。この《ワン・ソング》は、オーケストラによるインストゥルメンタル・ナンバーとしてオープニング・クレジットにも聴かれます。

続いて女王の魔の手より命からがら逃げ延びて、森の中で動物たちと出会った白雪姫が歌うのが、《歌とほほえみと》という曲です。これに続いて、誰もいない小人の家の中がひどく汚れているのを見て、自ら掃除をしようと言いながら歌になるのが《口笛吹いて働こう》です。どちらも小鳥の鳴き声を真似（まね）る水笛のうまさが堪能できる曲です。スタイル的には、《口笛》のほうにはド

（3）『ディズニーのミュージック・オブ・ドリームズ』ポニーキャニオン（Walt Disney Records）DMW924, 解説書, 9.

ラムセットなどが加わっている分、オペレッタよりもポピュラー色が強くなっています。

やがて小人が登場するときに歌われるのは、有名な《ハイ・ホー》です。この「ハイ・ホー」は「やれやれ」というような意味で、光るダイヤモンドを発掘する小人たちが1日の仕事を終えて家に帰る場面で聴かれます。歌の本体に入る前には、鉱山で作業をする様子が描かれていますが、音楽のほうも、「掘る」という単語である"dig"を何度も連続して使うことにより、作業の様子がうまく表現されています。また、テノールやバリトン、バスによる独唱と男声合唱との対比にもつながり、これが面白い効果につながっています。(4) 音楽の使われ方としては、小人を紹介するという1点に限られているように思われますが、歌が大変魅力的であり、小人たちの表情も豊かで、そういった映画における歌の機能上の問題は気になりません。さらに、ここで王子以外の男声が聴けますし、オープニングを除けば合唱もここではじめて使われており、音楽的なバラエティにも富むことになりました。

小人たちによる歌は、このあと、2つ続きます。1つ目は、白雪姫が作ってくれた食事をする前に、小人たちが手を洗うときに歌われる《ブラドル・アドル・アム・ダム》、もう1つは夕食後の楽しみに踊る場面で歌われる《小人達のヨーデル》です。この《ヨーデル》(曲想はポルカにも近いという指摘もあります)は、すぐに体が動きそうな曲です。ここではグランピー(おこりんぼ)が、トーテムポールのいっぱいついたオルガンを弾く場面も出てくるのですが、その音は本物のオルガンではないようです。アニメーターのフランク・トーマスとオリー・ジョンストンの回顧によると、実はこれ、スタジオのスタッフ30人あまりが瓶や壷、自家製の楽器などを吹いて作り出した音なのだそうです。効果音担当のジム・マクドナルドのアイデアで、彼も一番低い音を担当します。(5)

(4) 『ディズニーファン』第4巻第1号(通巻15号, 1993年2月), 61.
(5) David Tietyen, *The Musical World of Walt Disney* (Milwaukee, WI: Hal Leonard, 1990), 41に引用された両者の発言.

もちろんこれらに加えてアコーディオン、フルート、サキソフォン、ファゴットも旋律を演奏していますし、リズム・セクションにはバンジョー、ダブルベース、ドラムスも参加しています。特にドービー（おとぼけ）は、さまざまなドラムセットの楽器でギャグを振りまいており、音楽にアメリカ色を加えることにもなりました。

パーティー気分がひと段落し、今度は小人たちが白雪姫にお話を頼むことになり、それに答えて、姫は《いつか王子様が》を歌います。物語の冒頭部分で出会った王子への愛を優しいメロディで明らかにするナンバーでもあります。形式的には、音楽なしの素のセリフ→オーケストラ伴奏に合わせたセリフ→アリオーゾ的導入部→アリアという手順を踏まえ、自然に歌につながっていく名曲でもあります。

ディズニーは『白雪姫』を「長編映画のシンフォニー（feature symphony）」と考えており、短編のシリーズ「シリー・シンフォニー」を、その実験台と考えていたところがありました。(6) このシリーズは、ギャグ満載の「ミッキーマウス」シリーズとは一線を画しており、笑いだけでない喜怒哀楽の劇的表現が求められ、ジャンル的にも、よりクラシック寄りな音楽が使われています。『白雪姫』も「シリー・シンフォニー」の流れを引き継いだところがあり、喜怒哀楽といった情感の広さに加え、響きがノスタルジックで古典的です。たとえば白雪姫と王子は、大オーケストラをバックに、オペレッタのアリアのように歌います。白雪姫はコロラトゥーラ・ソプラノ、王子はバリトンでしょうか。当時ハリウッドではさまざまなミュージカル映画が上映されていましたが、ウォルト・ディズニーは、その中でも古風なものに共感し、最初から主人公となる2人にはオペラ的な声を、と考えていたようです。(7)

（6） Martin Krause and Linda Witkowski, *Walt Disney's Snow White and the Seven Dwarfs: An Art in Making* (New York: Hyperion, 1994), 15; and Christpher Finch, *The Art of Walt Disney* (New York: Abrams, 1973), 15.
（7） 『白雪姫』, ブエナ・ビスタ・ホーム・エンターテイメント VWDS4466 (DVD), 1枚目, 音声解説.

そして、ディズニーが白雪姫の声優に求めていたのは「この世のものではない現実離れした声の持ち主で、歌のうまい人」でした。(8) スタッフは全米中から、これと思われる声の人を見つけてはディズニー社に連れていき、ウォルトによるオーディションを受けさせます。このときウォルトは、外見に左右されず声だけで判断をしたかったため、サウンド・ステージ（サウンドトラックを録音する場所）のマイクで拾った声を隣にあった自分のスタジオのスピーカーを通して聴いて判断をしました。毎日2〜3人がこのオーディションを受け、その中には、のちにオペラ歌手として高名になるディアナ・ダービンという14歳の少女もいました。彼女の声は大変美しかったのですが、「20歳くらいに聞こえる」「もっと細く若い声でないと」と、ディズニーは彼女を採用しませんでした。おそらく彼にとっては、声が美しいだけではなく、頭に描いているキャラクターにふさわしい声でなければ不満だったということなのでしょう。(9)

そして、およそ150人の白雪姫候補から、最終的に白雪姫の声優に選ばれたのはエイドリアーナ・カセロッティ（1916－1997）という人でした。彼女の父親はハリウッドで声楽の先生をしており、お姉さんも有名な歌手だったそうです。(10) 映画のプロダクションが進んでいた当時、カセロッティは19歳を迎えようとしていました。原作の白雪姫が7歳ということもあってか、ウォルト自身はもっと若い人を探していたようですが、カセロッティの子どものような声が強くアピールし、結局それは、ディズニー版白雪姫のキャラクター作りにも影響したようです。ただ彼女の声はあまりにも小さかったので、スタジオで音の編集に携わっていたサム・フィールドは録音セッションの際に苦労したというエピソードが残っています。彼に言わせるとカセロッティの声は「3フィート（約90センチ）も離れるとほとんど聞こえなくなる」ほどだったそうです。(11)

(8) 前掲資料.
(9) 前掲資料.
(10) 前掲資料.
(11) Michael Barrier, *Hollywood Cartoon: American Animation in Its Golden Age* (Oxford University Press, 1999), 200.

王子の歌と声を担当したのはハリー・ストックウェル（１９０２－１９８４）という人でした。彼は１９３５年に『楽隊がやってきた』、『ブロードウェイ１９３５年のメロディ』という映画に出演した歌手／俳優でした。(12) ストックウェルの歌い方も、やはりオペレッタ風というべきでしょうか。ちなみに、彼の子どもたち、ガイ・ストックウェル、ディーン・ストックウェルも俳優なんだそうです。

さて、次は『白雪姫』の背景音楽、スコアについて考えてみましょう。前述したとおりスコアは、歌を作ったチャーチルのほか、ハーリーン、スミスも加わり、３人のチームワークによって作られました。一般的に、映画のスコアでは「動機」の扱い方が大切です。ここでいう動機とは、ひとかたまりの旋律やその断片のことを指します。そしてディズニー映画のように歌が物語進行上大きなウエイトを占めるような映画では、その歌の一部も積極的にスコアに動機となって現れます。

『白雪姫』の歌の旋律がスコアの動機として使われる面白い例に、映画の冒頭部分で王子が歌う《ワン・ソング》の旋律の使われ方があります。実は白雪姫が願いごとをしながら女王の作った毒リンゴを食べてしまおうという瞬間に王子の歌《ワン・ソング》のメロディが、オーケストラによって演奏されます。老婆に化けた女王は「リンゴを食べれば願いがかなう」と白雪姫に言います。白雪姫の願いは王子と結ばれること。彼女はそれをセリフで明らかにせず、心の中でそっと祈っているのです。そのため、リンゴを食べようとするとき、ここに王子の歌《ワン・ソング》の動機が現れるのでしょう。白雪姫の王子に対する思いがさり気なく音楽によって表現されているということです。一方、この場面には小人たちが鹿に乗って白雪姫を助けようと急ぐ場面も挟まれています。彼らが白雪姫のもとへと急ぐ場面には、やはり《ハイ・ホー》の動機（A－G♯－F♯、B－A－G♯）が現れます。仕事から家へ向かうとき、楽しそうに歌っていた小人たちの歌が、ここでは緊急の事

(12) Dave Smith, *Disney A to Z: The Updated Official Encyclopedia*（New York: Hyperion, 1998）, 526, "Harry Stockwell - Filmography - Movies," *The New York Times*（オンライン版） http://movies2.nytimes.com/gst/movies/filmography.html?p_id=68387.

態で切迫したリズムに乗せてオーケストラによって演奏されています。つまり王子に関連したことは《ワン・ソング》で、小人に関連したことは《ハイ・ホー》で表現されているということになります。

動機による、さらに凝った演出は、王子が、深い眠りについたと思われる白雪姫のもとにやってくる場面からエンディングまでのスコアでしょう。まず「E♭－D－C－B」（両端の音程が減4度です）という下降するモチーフが現れます。これは映画の冒頭で魔法の鏡と女王が対話する場面の直前、お城の全体が映し出される場面で聴かれる動機と似ています（F－E－D－C－Bという減5度が特徴的です）。おそらくこの「女王」や彼女が白雪姫にかけた「魔法」と関連したモチーフと思われます。ところが王子様がキスをした瞬間にこの魔法のモチーフは消え、コーラスのハミングによって《いつか王子様が》のメロディが美しく幻想的に聞こえてきます。さらに白雪姫が目を覚ますと、この歌の歌詞「彼のお城を2人離れて、永遠の幸せを手に入れるの」に変わります。まさに白雪姫の願いが（皮肉にも老婆に化けた女王が作った「願いのかなうリンゴ」によって）現実のものになるという仕掛けです。この歌の旋律はキーを何度も変えながら、「ディズニー・ハッピー・エンディング」の典型となった盛大な合唱へとつながっていきます（画面にはお城も見えます）。合唱のメロディが終わったところで、今度は畳み掛けるように《ワン・ソング》もファンファーレ風に金管によって奏されるという心憎い演出さえおこなわれています。

動機以外で『白雪姫』のスコアで際立っているのは、シリアスで恐ろしい場面における、緊張度の高い音楽でしょう。たとえば狩人が白雪姫を殺そうとする場面です。白雪姫は動物たちと戯れ（たわむ）ていますが、その背後では、狩人が斧（おの）をいつ振り下ろそうかと目論んでいます。知らぬ白雪姫をよそに、オーケストラは不協和音を鳴り響かせ、狩人の影を見る聴衆は、白雪姫の身に迫る危機を体感するといった具合です。「白雪姫が危ない！」とわれわれが実感するのには、こういった音楽の力も作用しています。

短編映画のスコアに使われた技法で、そのままこの長編作品にも使われたものもあります。それは、画の細かな動きと音楽とをぴったりシンクロするミッキーマウジングです。たとえば2階に眠る白雪姫を見にいくまでの小人たちの場面に注目してみてください。歩くたびに、くしゃみに合わせて、音楽が書かれています。またびっくりしてあわてると、音楽もバタバタしたものになります。『白雪姫』の物語はそれほど複雑ではなく、そのため、これを長編映画にする場合は、主人公以外のキャラクターの存在が物語を膨らます上で重要な役割を果たしています。かわいいイメージに仕立て上げた7人の小人たち、そして白雪姫に常に同伴する森の動物たちも、この物語には欠かせない存在です。こういったキャラクターが頻繁に動くため、この映画は「絵が動く」という印象をより強くしていますが、音楽も、それに合わせて、実に細かくつけられています。

ここまで見たとおり、『白雪姫』のスコアの特徴としては、まず、（1）長編映画ではよく使われる、動機を使ったスコアの作曲法、そして、（2）主題・挿入歌からスコアの動機への転用、（3）場面場面に応じた大胆なオーケストレーションによるカラフルなスコア、（4）短編映画のノウハウを活かしたミッキーマウジングの4つが挙げられると思います。

『白雪姫』の音楽におけるノスタルジア感は、オペレッタのような歌唱法に由来すると説明しましたが、オーケストラが演奏するスコアにも、ノスタルジア感を醸し出す要因があります。というのも、このスコアには、同時代のブロードウェイで歌われ演奏されていたジョージ・ガーシュウィンのスイング感あふれるジャズの感覚はあまりなく、やや時代遅れなヨーロッパ風だからです。ただそのことによって、子どもをおとぎ話の映画に連れていく当時の大人には、『白雪姫』の音楽が安心して受け入れられたということもあったでしょうし、現在も『白雪姫』がことさら「クラシック」な作品と感じられるのには、オペレッタの唱法やクラシックっぽいオーケストラ使用といった、音楽スタイルも影響しているに違いありません。(13)

なおRCAビクターからは『白雪姫』のレコードが発売されました。映画のサウンドトラックをそのまま収録したもので、《口笛吹いて働こう》が1938年の全米第2位となり、《ハイ・ホー》も第3位となりました。またアーティー・ショーは《ワン・ソング》を録音しましたし、《私の願い》、《歌とほほえみと》、《いつか王子様が》も、ヒットとなりました。《いつか王子様が》に至っては、その後ジャズのスタンダードにもなり、デイヴ・ブルーベック、バディー・リッチ、オスカー・ピーターソン、マイルス・デイヴィスといった大物アーティストによって演奏されています。(14)

『ピノキオ』(1940)

ディズニー長編アニメの第2作目である『ピノキオ』は、『白雪姫』の3年後である1940年に封切りされました。音楽を担当したのはリー・ハーリーンで(注:リー・ハーリーンの経歴については、前章の最後のほうで説明しました)、彼は歌をネッド・ワシントン(作詞。『白雪姫』でもチャーチルと名曲の数々を残した人です)とともに作り、スコアも、そのほとんどを手掛けました。このように

(13) Care, "Make Walt's Music," 26.
(14) 柳生「ディズニー・ヒットソングの数々」, 41; *The Disney Song Encyclopedia*, 179 "Snow White and the Seven Dwarfs (1937 film)," http://en.wikipedia.org/wiki/Snow_White_and_the_Seven_Dwarfs_(1937_film), *Wikipedia*, accessed on 16 September, 2006.

長編アニメ作品における音楽の仕事のほとんどを1人の作曲家がこなすというのは、おそらく『リトル・マーメイド』を担当したアラン・メンケンが出現するまではなかったのではないかと考えられます。そしてハーリーンの音楽は、評論家たちからの評価も高く、スコアはアカデミー賞も受賞しました。

『ピノキオ』というと、なんといっても主題歌《星に願いを》が有名です。ディズニー初のアカデミー主題歌賞を獲得し、全米ヒットパレード第1位に輝き、1950年代のテレビ・シリーズ『ディズニーランド』のテーマ音楽として使われ、今日ではディズニー社のテーマソングという感じさえします。しかしウォルト・ディズニーは、当初、この歌のことがあまり気に入らなかったといわれていますから、音楽の運命というのはわからないものです。この名曲を歌ったコオロギのジミニー・クリケットの声を担当したのはクリフ・エドワードという人でした。彼はヴォードヴィルというアメリカの大衆舞台芸能の出身で、1920年代から活躍し、ウクレレを持って歌うミュージシャンとしても有名だったため「ウクレレ・アイク」という愛称で親しまれていました。1930年代は大恐慌のあおりを受け仕事もめっきり減ってしまったようですが、ウォルトとは個人的に親しかったため、ジミニー役に抜擢（ばってき）されたそうです。(15)

《困ったときには口笛を》は、良心役のジミニー・クリケットが、ピノキオに、「ものごとの善悪を判断するのに困ったときには、口笛を吹いてぼくに知らせて」という感じの歌で、スイング感の強い伴奏がついています。マイケル・バリアーが指摘するように、ジミニーは、このヨーロッパ原作の映画の中で、アメリカ風のキャラクターであり、それが歌に反映しているといえるのかもしれません。(16)

《ハイ・ディドゥル・ディー・ディー》は、ゼペットおじさんに見送られたピノキオが学校に向か

(15)「ディズニー・ミュージックソング：困った時には口笛を」,『ディズニーファン』第3巻第3号（通巻11号, 1992年6月), 50.
(16) Barrier, *Hollywood Cartoon*, 240.

う途中で悪賢いキツネのオーネスト・ジョン（皮肉にも、正直者のジョンという意味です）とJ・ワシントン・ファウルフェローが「悪の道」へ誘い込むべく歌うものです。[17] タイトルの「ディドゥル（diddle）」という言葉には「人をペテンにかける」「オモチャ扱いする」という意味があります。[18]《もう糸なんていらない》は、ストロンボーリの人形芝居でピノキオをはじめ、操り人形が歌うという曲。ピノキオ役のディック・ジョーンズが歌います。歌のあとには、さまざまな民族的なステレオタイプを使ったダンスが続きますし、ストロンボーリ自身もイタリア系丸出しの英語で、今日ではこういった点は批判されるかもしれません。なお、ピノキオの声を担当したジョーンズはテキサス生まれで、4歳のとき出場した地元のロデオ大会での腕前が見込まれ、ハリウッドの西部劇映画に子役として出演してほしいという依頼がきます。『ピノキオ』の声を担当したのは、11歳のころでしたが、俳優として5年間のキャリアを、すでに積んでいました。[19]

以上見てきたように、『ピノキオ』で使われた歌の数は4曲で、『白雪姫』の8曲に比べると少なくなりました。また、歌は映画の前半に集中して使われています。後半は怖くてシリアスなシーンが多く、歌はそういった場面にはふさわしくないという判断になったと思われます。

次は『ピノキオ』のスコアについて考えてみます。『白雪姫』でも触れましたが、映画のスコアでは動機の操作が非常に重要視されます。これはクラシックの世界、特にオペラにおいておこなわれてきた習慣をハリウッド作曲家が引き継いだものと思われます。たとえば19世紀ドイツの作曲家リヒャルト・ワーグナーは、オペラ（より専門的には「楽劇」などともいいます）の登場人物1人ひとりに特定の旋律を持たせ、その人が舞台に登場するときは旋律もいっしょにやってくるといったことをおこないました。ハーリーンは『ピノキオ』でも同じことを試みました。彼はディズ

(17) 「ディズニー・ミュージックソング：ハイ・ディドゥル・ディー・ディー」,『ディズニーファン』第6巻第4号（通巻30号, 1995年8～9月), 40.
(18) 前掲資料, 40.
(19) 浮田文子「Disney Music Song：困った時には口笛を」,『ディズニーファン』第14巻9号（通巻119号, 2003年8月), 56.

ニー作曲家の中でもクラシックの作曲法をしっかり学んだ1人でしたから、劇映画ではすでにおこなわれていたこういった凝った作曲法を長編アニメ作品にも取り入れたかったのでしょう。

たとえば物語の一番はじめに出てくるのはジミニー・クリケットのテーマです。彼がゼペットじいさんの家に忍び込み、悠々と歩くときに、ミュートをつけたトランペットによって演奏されます。シンコペーションの多用も手伝って、作品にアメリカ的な趣（おもむき）を与えます。またゼペットが登場するときには、弦楽器によるゼペットのテーマが優しく演奏されます。ゼペットもこの背景音楽に合わせて鼻歌を歌ったり、彼の作ったおもちゃが、いっせいに動き出すときも、この旋律が奏でられます。このゼペットの旋律は、映画の終盤、ゼペットを助けるために自らの命を犠牲にしたピノキオを悲しむ場面にもチェロで演奏されています。しかも、もともとは長調だった旋律が短調にされています。しかしピノキオに生命が再び宿った瞬間、ゼペットのテーマを短調にした悲しみの旋律は消え去り、今度はヴァイオリンが《星に願いを》の旋律を歌い上げます。さらに、あとに紹介する「妖精の動機」が続き、魔法の瞬間があって、ピノキオが人間になるのです。

その妖精の動機は、ジミニーやゼペットのようなメロディではなく、和音と独特な音色に特徴があります。その基本要素は4つです。まず（a）不思議なムードを作る、ノヴァコードと呼ばれる電子オルガン、（b）ヴァイオリンなどによる、寄せては返すような旋律、（c）チェレスタとハープによる、魔法の光を表現するような、きらきらした分散和音（アルペジオ）です。妖精が魔法を使うときもこのアルペジオが鳴らされ、画面には輝かしい光が現れるという仕掛けになっています。この基本動機3つに、もう1つ付け加えられるならば、（d）《星に願いを》があるでしょう。映画を通して、妖精が登場するたびにこの歌の旋律がセリフの背景に流れています。妖精が「願いをかなえる」役であるからかもしれません。なお、ジムニー・クリケット、ゼペット、妖精のためにはテーマが作曲されていますが、なぜか主人公のピノキオのためのテーマというのは作られていないようです。

『ピノキオ』では、細かい動機を使った、凝ったスコアが作曲されましたが、ウォルト・ディズニーはハーリーンの音楽があまり気に入らなかったようで、彼の音楽がアカデミー賞を受賞したあとも、「自分が思っていたほどには悪くなかったのかもしれないな」という素っ気ないコメントを残しています。[20] 結局ハーリーンは、『ピノキオ』の完成後、１９４１年にディズニーを離れ、フリーランスになり、ＲＫＯ、20世紀、ＭＧＭの各スタジオで仕事をし、ディズニーとプロジェクトをすることは二度とありませんでした。

『ファンタジア』（１９４０）

ディズニーのアーカイヴィスト（資料室の担当者）のデイヴ・スミスによりますと、『ファンタジア』は、「シリー・シンフォニー」を、より高いレベルにしたいというウォルトの願いから生まれたといいます。[21] より具体的には、ミッキーマウスを登場させて、フランスの作曲家デュカスの《魔法使いの弟子》を使った「シリー・シンフォニー」のような短編を作ることでした。音楽に関しても、さらに力を入れることにして、当時『オーケストラの少女』などの映画で知られていた指揮者レオポルト・ストコフスキーに、特別に加わってもらうことが、当初から考えられていました。そして、

(20) Ross B. Care, "Threads of Melody: The Evolution of a Major Film Score—Walt Disney's Bambi," in Iris Newson ed., *Wonderful Inventions: Motions Pictures, Broadcasting, and Recorded Sound at the Library of Congress* (Washington, D. C.: Library of Congress, 1985), 115.

(21) James A. Pegolotti, *Deems Talor: A Biography* (Boston: Northwestern University Press, 2003), 234.

1938年1月10日、ロサンゼルスにて、ストコフスキーはハリウッドのフリーランスの音楽家たちと《魔法使い…》を録音します。(22) このクラシックの名曲をまるごと使ったアニメーションは「ミッキーマウス」や「シリー・シンフォニー」とは別格のスペシャル短編として考えられていたようで、ロスでの録音後、ストコフスキーが、これを1曲として、他の数曲を組み合わせたオムニバス形式の長編を作ろうと提案したと思われます。(23) 年代的には、まず、1938年の初頭の『リバティー』誌に「よく知られたさまざまな音楽作品をアニメ化する」とウォルトは話しており、春にはドビュッシーの《牧神の午後への前奏曲》について、何らかの動きがあった形跡が残っていて、夏の終わりには《魔法使い…》のアニメーション製作がほぼ終わり、同年9月のはじめに、ディズニーとストコフスキー、そのほか数人がレコードを聴き、どの曲を『ファンタジア』（当初は「コンサートの長編（concert feature）」と呼ばれていました）に乗せるべきか、議論がはじめられたそうです。ここですでに、ディズニーは「バッハのフーガにもとづいた何か抽象的なものをやりたい」と発言しています。(24)

そして、最終的にはクラシックの作品8曲によって、7つのアニメーション作品が組み合わされることになります。採用されたのは、次の8曲です。なお8曲のうち、（7）と（8）の2曲は1つのアニメ作品の中で使われます。

表2－1 『ファンタジア』で使用された曲

	作曲家	曲目
1	J・Sバッハ（ストコフスキー編曲）	《トッカータとフーガ》ニ短調 BWV565
2	チャイコフスキー	バレエ組曲《くるみ割り人形》作品71Aより

(22) Maltin, *Disney Films* 39; Barrier, *Hollywood Cartoons*, 243.
(23) Barrier, *Hollywood Cartoons*, 243.
(24) 前掲資料, 246.

	作曲家	曲目
3	デュカス	交響詩《魔法使いの弟子》
4	ストラヴィンスキー	バレエ音楽《春の祭典》
5	ベートーヴェン	交響曲第6番《田園》ヘ長調作品68
6	ポンキエルリ	歌劇《ジョコンダ》から〈時の踊り〉
7	ムソルグスキー	交響詩《はげ山の一夜》
8	シューベルト	《アヴェ・マリア》D839

これらのほか、アニメーションまで完成されながら公開されなかったものにドビュッシーの《月の光》があり、考えられたのに実現しなかったコンセプトにはロッシーニの《セビリアの理髪師》、モーツァルトの《フィガロの結婚》、ドヴォルザークの交響曲第9番《新世界より》、プロコフィエフの《ピーターとオオカミ》などがありました。(25) これら発表されなかった作品のうち《月の光》についてですが、ドビュッシーの曲に合わせて作られたアニメーションがすでに作られていました。結局このアニメーションには《青いさざなみ》という別の曲がつけられ、『メイク・マイン・ミュージック』というオムニバス作品の一部として発表されています。また、アメリカで発売された『ファンタジア・レガシー』(『ファンタジア・アンソロジー』特典DVD)には、《月の光》の音楽とアニメ映像を復刻した版が収録されています。また《ピーターとオオカミ》については、『メイク・マイン・ミュージック』の中で作られることとなり、現在完成されたものを観ることができます。

さらにウォルト・ディズニーは『ファンタジア』の案内役としてディームズ・テイラーという人を選びます。彼を「音楽学者」と記述してある本もありますが(26)、テイラーは研究者ではありま

(25) Tietyen, 54.
(26) Schickel, 202.

せんでした。もともと彼は作曲家であり、1930年代の前半までは、彼のオペラ《ピーター・イベットソン》、《王の従者》がメトロポリタン歌劇場で頻繁に演奏され、話題になっていました。その後はNBC、CBSラジオ放送で音楽アドバイザーを務め、クラシック音楽の解説者としても有名になり、1937年の夏に発行された啓蒙書『人間と音楽』は1930年代の音楽書としてベストセラーにもなりました。(27)（なお、日本でも彼の著作が発売されたことがあります。ディームズ・テイラー著、堀内敬三訳『音楽の上手な聴き方』〔音楽之友社、1954年〕）。そんなテイラーの経歴に注目していたウォルトからアニメのキャラクターといっしょに映画に出演してみないかという電話があったのは、1938年のことでした。(28)

映画は、ディームズ・テイラーの解説のあと、さっそく演奏に入ります。

1曲目の《トッカータとフーガ》は教会のオルガンで演奏するために作られた曲でしたが、『ファンタジア』で使われたのはレオポルド・ストコフスキーによるオーケストラ編曲版でした。クラシックの世界では、彼のオーケストラ編曲が「際物（きわもの）」扱いされているところもあってあまり聴かれていなかったり、バッハのオリジナルを愛好するファンや評論家からは必ずしも喜ばれたわけではありませんが、ウォルトはこの作品に興味を持ち、バッハに関する本を読み、この作曲家が「想像力のほとばしるまま即興で作曲した」ことを知ったそうです。(29)

この《トッカータとフーガ》に合わせた映像は抽象的と一般的にいわれています。トッカータの部分は指揮者とオーケストラの楽団員のシルエットになっていますから、真に抽象的な部分はフーガの部分のみです。また、この映像も、厳密にいうと、完全に抽象的になっていないところがあります。たとえばヴァイオリンの弓、夜空、オーロラ、星の輝きといった、何かしら日常に存在する

(27) Pegolotti, 226-227 ; Schickel, 202.
(28) Pegolotti, 231.
(29) ボブ・トマス, 175.

もの、実在するものから出発したイメージもここには多く現れるからです。それでも映画が初公開された当時の観客にとっては、かなり実験的・前衛的に見えたことは容易に想像できます。この部分はいくつものパートに旋律が現れ、複雑に絡み合っていくのですが、ディズニーをはじめ、アニメーターたちも、このことを強く意識していたと伝えられています。

　2曲目のチャイコフスキー作曲《くるみ割り人形》では、通常冒頭に演奏される〈小序曲〉と〈行進曲〉を除き、6つの曲が使われています。チャイコフスキーの原曲のタイトルと『ファンタジア』で使われたタイトルを挙げておきましょう。

表2－2

チャイコフスキー	ディズニー
Ⅰ．こんぺい糖の踊り	露の精の幻想
Ⅱ．中国の踊り	きのこの踊り
Ⅲ．あし笛の踊り	開花の踊り
Ⅳ．アラビアの踊り	水のバレエ
Ⅴ．トレパーク（ロシアの踊り）	アザミの少年と蘭の少女
Ⅵ．花のワルツ	秋の精　ヒメハギ（姫萩）のバレエ　霜の精　雪の精

　この表の上側を見るとわかるように、『ファンタジア』で使われるチャイコフスキーのバレエ組曲《くるみ割り人形》は、演奏会で演奏されるのとは順番が違っています（注：通常、演奏会で演奏される組曲の構成は次のとおりです。①小序曲、②行進曲、③こんぺい糖の踊り、④トレパーク、

⑤アラビアの踊り、⑥中国の踊り、⑦あし笛の踊り、⑧花のワルツ）。また、ストコフスキーの演奏では〈こんぺい糖〉におけるクラリネットの下降音型に独特のルバートがかかっていたり、次の〈中国…〉へいくのにハープのブリッジ音型が入っていたり、〈トレパーク〉にトロンボーンのグリッサンドが付加されたりと、曲にも手が加えられています。

3曲目の、デュカスの《魔法使いの弟子》のアニメは、前にも書いたように、一番早く制作がはじめられた作品です。この部分だけ、フィラデルフィア管弦楽団の演奏ではありませんが、オーケストラの違いはちょっとわからないでしょう。

4曲目は、20世紀ロシアの作曲家イーゴリ・ストラヴィンスキーのバレエ音楽《春の祭典》の抜粋です。もともとはロシアの民族宗教を題材にしたバレエで、不協和音と変拍子にあふれたその音楽は、初演時には大変な騒ぎになりました。ですから作品そのものは、ディームズ・テイラーが解説するような進化論や恐竜とはまったく関係はありません。しかしアメリカでは『ファンタジア』で《春の祭典》をはじめて聴いたという人も少なくないようで、そういう人は、《春の祭典》の音楽を聴くと恐竜の姿が目に浮かぶようです。

しかし1938年9月13日の会議では、同じストラヴィンスキー作曲による、より伝統的な響きのする《火の鳥》を使うことが提案されていました。同年の4月12日、ディズニー社のエージェントがストラヴィンスキーの出版社に《火の鳥》を使う許可を申し込んでいたのです。(30) ところがウォルト・ディズニーは会議で「前史時代をテーマにした何かをするための曲が書かれていないだろうか」と尋ねます。会議には指揮者のレオポルド・ストコフスキーとディームズ・テイラーが出席していましたが、このうちテイラーが「《春の祭典》というのがそういうのにぴったりです」

(30) John Culhane, *Walt Disney's Fantasia* (New York: Abrams, 1999), 110.

と答えます。ウォルトはこの曲をレコードで聴き、「これはすばらしい。前史時代の動物にはぴったりだ」と喜びました。テイラーの伝記を書いたペゴロッティによりますと、テイラーは１９２４年におこなわれた《春の祭典》のニューヨーク初演に立ち会い、この作品を「穴居人の壁画のように、その輪郭は荒涼として原始的だ」批評しています。(31)

ここに記したのは会議の記録から導き出されたことですが、一方のストラヴィンスキーは、《春の祭典》を提案したのは「間違いなくストコフスキー」だと発言しているそうです。(32) ストコフスキーも1927年には、すでに《春の祭典》のスコアを研究し録音したいという提案をストラヴィンスキーに申し出ていたそうですので、ストラヴィンスキーの発言も、完全には否定できません。

さてストラヴィンスキーは１９３９年のクリスマスに、ハリウッドのスタジオにてジョージ・バランシンといっしょに《春の祭典》の部分を観ましたが、あまり満足できなかったようです。ストラヴィンスキーはそのときの様子を次のように言っています。「誰かがスコアを差し出したのを覚えていますが、私は自分のは持っているよといったら、その人は『でもすべて改変されているよ』と言うのです。確かにそうでした。たとえば〈大地の踊り〉のオーケストレーションで、ホルンのグリッサンドが、1オクターブ高くなるような曲芸によって変えられていました。曲の順序もめちゃくちゃになっていて、一番難しい部分はカットされていました。それによって、あの実にひどい演奏が救われたわけではありませんが。映像に関する不満は何も言いますまい。絶えられない愚考

(31) Taylor, "Music," *New York World* 1 February 1924, quoted in Pegolotti, 236.
(32) *Stravinsky in Pictures and Documents*, quoted in Culhane, *Walt Disney's Fantasia*, 108.

について批判をしたくはありませんので」[33]

《春の祭典》のあとは休憩になり続いて第2部になりますが、ここで、オーケストラがチューニングに乗じて、ジャズっぽいフレーズを弾いて楽しむシーンがあります。ヴァイオリン奏者2人が同じ旋律を弾くということは完全な即興ではありえないので、事前にある程度打ち合わせをしていることはわかりますが、おそらく楽譜には書かれていないのだろうな、と私は思います。なおこの短いジャズのセクションに映っているミュージシャンたちは、フィラデルフィア管弦楽団の団員たちではなく、ディズニー社の社員である可能性が高いそうで、ヴァイオリンを弾いているのも、スタジオ専属の作曲家ポール・J・スミスであり、打楽器奏者は効果音を（そして、のちにミッキーマウスの声も）担当したジミー・マクドナルドなんだそうです。[34]

続いて「サウンドトラック」についてディームズ・テイラーが説明する場面になります。1940年のプログラム冊子には、ディズニー社作曲の「Meet the Soundtrack」と記されています。[35] テイラーも、このサウンドトラックを人格を持つ"somebody"として紹介。ハープ、ヴァイオリン、フルート、トランペット、ファゴット、大太鼓、シンバル、ドラムセットなどの音が聴かれます。アニメーションは音の波形をもとに自由な発想で作られ、最後のトライアングルなどは、楽器の形そのままの三角形になったりします。

『ファンタジア』も後半に入り、第5曲目は、ベートーヴェンの《田園》交響曲です。交響曲のレパートリーの中でもひときわ有名な作品で、5つの楽章それぞれにもタイトルがあり、標題性の強い作品としても知られています。『ファンタジア』の場合は、（1）オリンポス山、（2）一角獣、（3）バッカナール、（4）嵐、（5）日没、という風になっています。[36] このアニメ作品、当初はガブリエル・

(33) Stravinsky, quoted in Schikel, *The Disney Version*, 206.
(34) *Fantasia: Special 60th Anniversary Edition*, Disney DVD 18268, 音声解説.
(35) Mark Clague, "Playing in Toon: Walt Disney's *FANTASIA* (1940) and Imagineering of Classical Music," *American Music* 22/1 (Spring 2004), 93.
(36) Culhane, 133.

ピエルネというフランスの作曲家によるバレエ音楽《シダリーズと牧羊神》という曲が考えられていました。ところが、さまざまな絵のアイデアを実際に作品として作り上げていく過程で音楽が合わないということになり、1938年11月2日のストーリー会議にて、ウォルトはピエルネ作品を使わない決定を下します。《田園》の使用を勧めたのは、脚本を担当したディック・ヒューマーでした。実はヒューマーはストラヴィンスキーかピエルネにオリジナル作品を書いてもらったらどうかということも提案していますが、アニメーション映画における画面と音楽のタイミングの問題に、これらの作曲家が慣れてないだろうという理由で、実現しませんでした。(37) 結果的に、この《田園》の部分、評論家の間ではあまりよい評価を得ていないようなのですが、ベートーヴェンという大作曲家がもともと描いていた風景なり物語と『ファンタジア』で描かれた世界との差も、そういった評価に大きく影響したのでしょう。登場キャラクターについては、前述したとおり、ピエルネの作品から出発したことが、その要因になっています。

第6曲目は、ポンキエルリの《時の踊り》です。もともと《ジョコンダ》というオペラの一部に使われているバレエ・シーンの音楽ですが、オペラ本体のほうは、ほとんど演奏されなくなり、このバレエの音楽だけが、コンサート用の小品として演奏されるようになりました。アニメは（1）ダチョウの踊り：朝、（2）カバの踊り：午後、（3）象の踊り：夕方、（4）ワニの踊り：夜、と、4つの場面に分けられています。登場キャラクターとなる動物と、全員によるフィナーレという構想は、最初のストーリー会議でウォルト自身が提案したもので、細かなところはいろいろと変更があったようですが、全体の構成は変わりませんでした。(38) 多数のステップで構成されるバレエにもとづきリアルに出発しながら、それを「踊る」というイメージからは遠い大きなカバに託したユー

(37) 前掲資料, 135.
(38) 前掲資料, 162.

モラスな映像に仕立てました。

『ファンタジア』の最後は、２つの曲を使っています。《はげ山の一夜》と《アヴェ・マリア》で、前者が邪教的、後者がキリスト教的な趣（おもむき）を持っています。前者はリムスキー＝コルサコフの編曲による版が有名ですが、ここではやはりストコフスキーによるオーケストレーションの変更がおこなわれています。彼の編曲版はＬＰとしても発売されていて、そのジャケットには、『ファンタジア』の絵も使われています。(39)

『ファンタジア』は、ナレーションなしにクラシック作品を流し、それに絵をつけていくという提示法も斬新でしたが、今でいうサラウンド方式による映画の音響ということも、時代に先駆けていたといってよいでしょう。ウォルト・ディズニーは、このステレオ・サラウンド方式のことを、ファンタサウンドと呼んでいました。このファンタサウンドを使った初上演時には、90個のスピーカーが使われたそうで、そのうち36個は背後に置かれ、残りは劇場のオーケストラ席とバルコニーに置かれることになっていたそうです。(40)

ウォルトの構想は、ファンタサウンドを完備した施設を全米のいくつかの劇場に設置し、システムが作られてから、都市単位で封切りをする予定でした。しかし戦時体制に入り、ＲＣＡのスピーカー生産が切り詰められ、結局あまり広く上映されることはありませんでした。制作費を少しでも取り戻すため、ディズニー社はフィルムの長さをカットし、ファンタサウンドではないモノラル音声のトラックで上映したりもしました。１９４２年の上演では、43分もカットがなされ、バッハの《トッカータとフーガ》は全部なくなってしまいました。(41)

このようにさまざまな経緯があって興行的成功に結びつかなかった『ファンタジア』でしたが、

(39) レコード番号は RCA Victor LM-1816です.
(40) Tietyen, 53.
(41) 前掲資料, 54.

70年代に入り、当時の10代から20代過ぎの若者にとっては、映像がサイケデリックに映ったそうで、そういった世代から人気につながりました。その後、90年代に入って『ファンタジア』のビデオが発売されると、これまた大変な人気となりました。ウォルト・ディズニーは、自分の没後もこの映画が何度も上映されると大きな期待をしていたのですが、結果的に、それは現実となったと考えてよいのではないでしょうか。(42)

『ダンボ』(1941)

『ダンボ』はディズニー社が財政的な苦しさにあえいでいたときに短い期間に作られ、物語の長さも64分という短い作品です。全体的なトーンも、前2作に比較して明るく軽いのが特徴でしょう。この映画ではフランク・チャーチルとネッド・ワシントンが2人で大半の歌を担当し、スコアはすべてオリヴァー・ウォレスが担当しました。(43) このうちネッド・ワシントンは、1940年代から50年代のハリウッドにおいて、ディミトリ・ティオムキンやヴィクター・ヤングらと組んで《ハイ・ヌーン》や《星影のステラ》などの名ナンバーを残しています。ウォレスは、スコアのほかに2曲の挿入歌、《ピンク・エレファンツ・オン・パレード》や《もしも象が空を飛べたら》をネッド・ワシントンと作曲しています。挿入歌は『白雪姫』や『ピノキオ』の歌ほどのヒットソングにはならなかったようですが、《私の赤ちゃん》はアカデミー賞にノミネートされ、チャーチルとウォレスによる音楽はアカデミー賞のベスト・スコア賞を受賞しました。(44)

(42) 前掲資料, 53-54.
(43) Care Ross, "Oliver Wallace" *The Cue Sheet: The Journal of the Film Music Society* 18/3-4 (July-October 2003) : 28-33. Online ed. at SaveDisney.com (titled as "Essay: Salute to Oliver Wallace"). http://www.savedisney.com/news/essays/rc031704.asp, accessed on 30 January 2005.
(44) Tietyen, 62.

この映画には男声コーラスが多く使われているのが特徴の1つといえます。映画で最初に聴かれる《こうのとりにご用心》以外にも、《ケイシー・ジュニア》、《テント張りの歌》、《道化の歌》、《ピンク・エレファンツ・オン・パレード》、《もしも象が空を飛べたら》が男声コーラスの曲です。また、登場キャラクターの歌う曲が少ないことも特徴で、画面上のキャラクターが歌うのは、こうのとりの《ハッピー・バースデー》、《もしも…》のみです（主人公のダンボとそのお母さんはほとんど一言も話さないキャラクターです。《私の赤ちゃん》はミセス・ジャンボの歌と考えられているかもしれませんが、このお母さん象が口を開いて歌うわけではありません）。

《こうのとりにご用心》の次に登場する歌はサーカス列車の名前をタイトルにした《ケイシー・ジュニア》で、サーカスのわくわくする感覚をうまく表現した楽曲です。ウォルト・ディズニーが幼年時代を過ごしたミズーリ州マーセリンにはサンタフェ鉄道が停車したということもあって、汽車というものにことさら愛着を感じていたことが、この挿入歌を入れるきっかけになったともいわれています。[45]

このサーカス列車、擬人化された機関車なのでしゃべるのは当然かもしれませんが、蒸気の音と声をミックスしているのは面白い試みです。出発するときは〝All aboard! Let's go!（全員乗車ずみ、出発進行！）〟、山の峠を上り下りするところでは〝I think I can. I thought I could（やればできる、やっぱりできた）〟というケイシーの声が聞かれます。実はこの声はソノボックス（sonovox）という装置を使って作られました。ギルバーグ・ライトという人によって開発されたこの装置、効果音素材となる音（ダンボの場合は蒸気機関車の音）はアンプを通ったあと、小さな茶筒のような器具に通され、これを人間の喉の側面に押しつけます。そして押しつけたまま、実際に話し声を

(45) 「ディズニー・ミュージックソング：ケイシー・ジュニア」『ディズニーファン』第3巻第2号（通巻10号，1992年4月），83.

立てないように口を動かすと効果音がさも話すかのような音が作られるのだそうです。音と声を混ぜる機械にはヴォコーダーというのが現在はありますが、このソノボックスというのは、原理こそ違えども、ヴォコーダーのご先祖さまのような存在になるようです。そのほか、この機関車が蒸気を吐く音に合わせて曲のテンポが作られていたり、火をくべる（夕闇を走る機関車が明るくなる）タイミングもビートに乗っておこなわれているので、注意して観てください。(46) なお、ソノボックスを使った録音風景は、『魔法の王国／ディズニー・スタジオ探訪記』（１９４１）という映画で観ることができます。(47)

さて、この映画の中でおそらく多くの人が感動した挿入歌は、先ほどちょっと触れた《私の赤ちゃん》ではないでしょうか。「凶暴な象」と烙印を押され、ダンボと面会することもできないお母さん象は、オリの中からせめてダンボに触れたいと、その長い鼻でわが子を探すのでした。歌っているのはベティ・ノイエスという人で、のちにミュージカル映画『雨に唄えば』や『掠奪された７人の花嫁』でも吹き替えで歌っています。「ここに母親の歌を入れよう！ 泣きべそをかいたダンボがやってくる」という指示を出したのは、ウォルト・ディズニーだったといわれています。(48)

《ピンク・エレファンツ・オン・パレード》は歌と音楽による長いシーンで、独立した作品としても上映できるほど完結しています。このシーンは１９３６年制作の『田舎のネズミ』という短編に登場した「ほろ酔い気分のネズミ」がヒントになったといわれており、担当アニメーターたちも楽しんでこのシーンを作り上げたようです。(49) 英語圏では酔っぱらうとピンクの象が見えるともいわれるそうで、シャンパンが投げ込まれた桶から水を飲んだダンボとティモシーが酔っぱらったために、ピンクの象を幻覚として見るところから、このシーンがはじまります。ウォレス作曲・

(46) Kurt B. Reighley "Vocoder Questions," *Official Wendy Carlos Online Information Source* http://www.wendycarlos.com/vocoders.html, accessed on 25 December 2005.
(47) *Walt Disney Treasures: Behind the Scenes of the Walt Disney Studio*, Disney DVD 28070に収録.
(48) 「ディズニー・ミュージックソング：私の赤ちゃん」『ディズニーファン』第７巻第７号（通巻39号, 1996年12月～1997年１月), 44.
(49) エイドリアン・ベイリー著, 玉置悦子訳『ウォルト・ディズニー：ファンタジーの世界』(講談社, 1985年), 165.

ワシントン作詞による8分の6拍子のマーチは基本的に短調ですが、和声的・旋律的なひねりが利いていて、インパクトのある画面を見事にサポートします。途中からはエジプトのピラミッド風の絵に乗せてエキゾチックになり（「ミッキーマウス」シリーズによく現れる「腹踊り」がここにも登場します）、象のファンファーレとともに場面転換します。すると今度はオペラ・ハウスを象徴するデザインの緞帳（どんちょう）（これも『ミッキーのグランド・オペラ』に使われているものがヒントになっているのでしょうか?）が現れ、これが上がると、優雅なワルツがはじまります。やがて気分が高揚するとルンバになり、踊りが熱狂的になるとクラッシュしながら朝の場面へとつながります。

よくもまあ、これだけの音・映像のスペクタクルを作り上げたものです。この歌は厳密に考えると台本や物語の設定と密接に関わるようなものではないのかもしれません。しかしこの想像力の豊かさには圧倒されますし、夜から朝への場面転換は極めてスムーズなのが印象的です。ウォルト・ディズニーがこういうシーンを許したというだけでも興味深いものがありますね。

このあとでカラスたちによって歌われる《もしも象が飛べるなら》は、挿入歌の中でも、もっともジャズ的要素が強いナンバーです。ベイリーが指摘するように、この歌唱法はキャブ・キャロウェイなど、当時人気のあった黒人スキャット・シンガーをモデルにして考えられていたからかもしれません。[50] サウンドトラックのライナーノーツを見ますと、これを歌ったのは Crow Quintet、つまりカラス・クインテットということになるのですが、その内訳は、『ピノキオ』でジミニー・クリケットを演じたクリフ・エドワード（画面上ではボスのジム・クローとして描かれています）、ジム・カーマイケル、そしてロサンゼルスの黒人教会所属のホール・ジョンソン・クワイヤです。アニメーターのワード・キンボールは、はじめにカラス・カルテットの歌声を聴い

(50) エイドリアン・ベイリー著, 玉置悦子訳『ウォルト・ディズニー：ファンタジーの世界』(講談社, 1985年), 165.

てからキャラクターの詳細を決めました。「甲高い声は、たぶん子どもの帽子とピンクの眼鏡をした小さなカラスで、ジム・クロウはダービー・ハットをかぶった大きな、全員をまとめるリーダーだろう」と言っています。なおディズニーも「ダンボは飛んだんだ」ということをはっきりわからせるために、この箇所にはビック・ナンバーを入れようと考えていました。(51)

このカラスたちは黒人特有のアクセントを持った英語で話し、ジャズと黒人との強い結びつきは否定しがたいものがあります。映画評論家のレナード・マルティンは、このカラスたちは単なるキャラクターであってステレオタイプではないと擁護(ようご)していますが、やはりステレオタイプによるカリカチュアというそしりは免(まぬが)れられないかもしれません。《テント張りの歌》で「読み書きなんて知ったこっちゃない」と歌うシルエットも黒人であることをうかがわせます。もちろんそのことによって作品『ダンボ』の価値が貶(おとし)められるということはありません。しかし、映画は、たとえそれが子ども向けのアニメであっても、時代の考え方を反映しているということはいえるでしょう。

さて、次はスコアに目を転じてみましょう。まず『ダンボ』のオープニングは、これまでの作品同様、スタッフのクレジットを表示しただけのものです。しかし背景の絵に工夫するなど、紙芝居的な面白さが加わっています。歌のないインストゥルメンタル・ナンバーですが、とてもエキサイティングで観衆を引き込みます。サーカスが舞台になっているためか、オープニングは基本的にパレードやサーカスの出し物を思わせるにぎやかな吹奏楽で、ピエロが演奏するカリオペという小オルガンも登場します。オーケストラによるスコアもアップビートで明るいものが大半となっています。作曲家ウォレスによって作られたサーカス音楽は、このオープニングのほかにも、サーカス一団が町にやってきたときのパレードにも、サーカスの中の象のピラミッドにも、ダンボがピエロ

(51) Tietyen, 64.

役となって飛び降りるシーンにも使われており、にぎやかさを演出しています。しかも、サーカス音楽に使われる楽器の数は少なく、トランペットやトロンボーンも、1本ずつしかないと思われるのに、ずいぶんにぎやかに聞こえます。おそらくうまいミキシングのおかげでもあるのでしょう。なお、サーカス団のパレードの場面、画面に登場するのは、トロンボーン、スーザフォン、ユーホニウム、シンバル、大太鼓などで、さらには、緑の壷に黒い煙突をつけたような謎の楽器、ホルンをさかさまにしたような楽器、さらにはヴァイオリンをのこぎりで演奏している場面も登場しています。しかし、音のほうはそこまで風変わりではないようです。

こういった正真正銘のサーカス音楽のほか、ウォレスは、映画の情感を盛り立てる、すばらしいスコアも書いています。ピエロ役で笑い者にされたダンボがすすり泣く場面に注目してください。ネズミのティモシーは、ショーの成功を喜びダンボを励ましますが、その裏で独奏ヴァイオリンが悲しい旋律を奏で、ダンボの心境を代弁します。ところがティモシーが「お母さんに会いにいこう」と誘うと、うれしい音楽に変わります。ここには、映画の最初のほうで流れたダンボの動機が流れます。舞台は変わって、ミセス・ジャンボのいる「お仕置き部屋」。今度はダンボがすすり泣いていたときに聞こえた悲しいヴァイオリンの旋律が母親の悲しみを表現します。しかし、やがて外からダンボの長い鼻が見えると、音楽は希望を感じさせるように明るくなり、やがて《私の赤ちゃん》へとつながります。ここでは感情の起伏がとてもうまく捉えられていて、最終的には挿入歌へとスムーズにつなげていくことにも成功しています。《私の赤ちゃん》の感動は、このように前奏としてのスコアも含めてはじめて達成されるものではないでしょうか。

もう1つ、歌・スコアの両方に当てはまることですが、この『ダンボ』は、いわゆる「悪役」の存在がはっきりしない作品といえます。主人公のダンボはみんなから笑い者にされ、象たちからもいじめられてかわいそうな一方、悪役のための作られた挿入歌や音楽がないというのも、1つの特徴かと思われます。

『バンビ』(1942)

『バンビ』は、製作に5年近くもかかった一大傑作といえるでしょう。森に生きる動物たちと、その生活を脅(おびや)かす人間たち、親子の愛情や生命の循環など、重いテーマも扱っています。

この一大プロジェクトのためディズニー社は、『ピノキオ』に引き続き、リー・ハーリーンにオーケストラ・スコアを担当させようと考えていたようです（初期のストーリー会議にハーリーンが出席しています）。ところがハーリーンは『ピノキオ』に従事することになったため、結局はフランク・チャーチルが担当することになり、1937年の後半から38年の前半にスコアが作られたと考えられます。歌に関しては作詞をラリー・モリーがおこない、『白雪姫』以来のソング・チーム復活となりました。1938年の10月には、ウォルト・ディズニー出席のもと制作途上の映画の試写がおこなわれ、チャーチルのスコアもいっしょに提示されました。ディズニーはこの試写において、多くのシーンが退屈に見えるが、音楽が入ると途端に生きてくると実感したようで、「音楽に重点を置いてくれ。スコアは完全に再構成せねばならないが、すでにあるテーマは捨てないでくれ」という発言を残しています。(52)

(52) Ross B. Care, "Threads of Melody: The Evolution of a Major Film Score: Walt Disney's Bambi, in Iris Newson ed., *Wonderful Inventions: Motion Pictures, Broadcasting, and Recorded Sound at the Library of Congress* (Washington, D. C.: Library of Congress, 1985), 82.

1940年10月以降に大改訂がおこなわれます。この改訂にチャーチル自身がどのくらい関与したかわからないのですが、どうやら実際の作業は彼以外の音楽スタッフであるエドワード・プラム、ポール・スミス、チャールズ・ウォルコットという3人の作曲家とアレキサンダー・スタイナーという専属指揮者が、主にそれまでチャーチルの作った素材の展開とオーケストレーションに当たったようです。(53) このうちエドワード・プラムは「ワルツ王」として有名なオーストリアの作曲家ヨハン・シュトラウス2世に作曲を学び、帰国後は「ジャズ王」ポール・ホワイトマンやムード音楽の代表的存在だったアンドレ・コステラネッツ楽団のアレンジャーとして活躍したこともありました。(54) なお、ハーリーンやチャーチルらによるスコアの製作過程については、ロス・ケアという人が年表にまとめています。それを参考のために、引用してみましょう。

表2-3 『バンビ』：スコアの制作過程
※ Care,"Threads of Melody," 68.

1937年	最初のストーリー会議。8月にリー・ハーリーンが作曲家として参加
1938年	スコアの第1稿がフランク・チャーチルによって完成される（10月。アメリカ議会図書館の草稿には10月21日の日付が記入されている）
1940年	映画の制作途上版（ラフ・バージョン）が試写される。ディズニーは製作中のスコアに批判を加え、再構成を命じる。そして、エドワード・プラムを作曲協力者、編曲者、スコア制作協力者として指名したと考えられる
1941年	『バンビ』のスコアをファンタサウンドで録音する案が出される。11月
1942年	スコアの最終稿が録音される。アレクサンザー・スタイナート指揮。合唱指揮はチャールズ・ヘンダーソン。1月27日。全曲のスコア楽譜（録音に使用されたもの）が著作権処理のため、アメリカ議会図書館に送付される。2月16日

(53) 前掲資料, 82.
(54) Tietyen, 69.

『バンビ』においては、これまでの長編アニメ作品に比べ、音楽の重要性が最初からスタッフの間にも強く意識されていました。セリフを最初から少なくし、「シリー・シンフォニー」のように、音楽に多くを語らせようというプロダクションを考えていたからでしょう。1940年のストーリー会議においてもウォルト・ディズニーは脚本監督パース・ピアースと次のような会話を交わしています。(55)

ディズニー：この作品にはいい音楽が絶対に必要だ。動作を表現し、それに焦点を与えるようなすばらしいスコアがあれば、この映画がずっとすばらしいものになる。この映画のセリフはどれくらいの言葉数でできているのかな?

ピアース：950語です。875語にしなければいけませんが。

ディズニー：ほら、音楽の大切さがわかるだろう。

このように『バンビ』ではキャラクターとアクション（動作）と音楽を中心に物語が進むことになります。セリフが少ない分、パントマイムが大きな位置を占めるバレエに近づいていることになるかと思われます。

ではまず、挿入歌について考えてみましょう。『バンビ』に使われた歌は、主題歌である《愛のうたごえ》、《4月の雨》、《春のしらべ》、《ルッキング・フォー・ロマンス》の4曲です。映画の冒頭にメイン・タイトルとして歌われる《愛のうたごえ》は、ドナルド・ノーヴィス（テノール）によるアリアです。『白雪姫』の《ワン・ソング》とよく似たメロディ・ライ

（55） 前掲資料, 66.

ンにより親しみを感じるナンバーです。とてもシンプルな構成でA、Bで表されるような対比もなく、歌詞にあるように、1つのメロディが繰り返されるに過ぎません。しかしそのシンプルさゆえに覚えやすく、物語中、何度もスコアの中のメロディとして登場します。この詳細については、あとでスコアの考察部分で話題にするつもりです。なお歌っているノーヴィスは1930年代には人気を博した歌手で、『わんわん物語』の《世界に平和を》を歌っています。(56)

《4月の雨》は1シーンをまるごと使うナンバーで、言葉をやっと話せるようになった赤ちゃんバンビが、歌のあとにはお母さんに次々と質問を投げかける子どものバンビへと成長するという、時間の流れを一気にやってしまう機能も持っています。この曲は雨のしずくを音で描くソロ・クラリネットのイントロではじまります。バンビに「高尚」な「芸術性」を求めると、こういう描写表現はやや直接的すぎるように感じられるかもしれませんが、シンプルで楽しい音楽ですし、音と映像のタイトなシンクロだからこそできる、アニメならではの表現ではないでしょうか。作曲家のヘンリー・マンシーニはこのイントロについて、歌のメロディの一部をただ流すだけの単純なものではなく、短い動機が次第に音になっていく巧妙なものであると称賛しています。(57)

この《4月の雨》について、ウォルト・ディズニーは、風の音を表現するためには合唱がふさわしいと考えました。そして脚本を担当したラリー・モーリーは製作会議中に、合唱をオーケストラの音色の1つとして使おうと提案します。それによって神秘的で神聖な雰囲気も加わると考えたからです。そのような提案から、作曲のフランク・チャーチルは、グレゴリオ聖歌からヒントを得て、歌詞なしのメロディを長く引き延ばす歌い方を中間部にフィーチャーします。グレゴリオ聖歌というのは、中世ヨーロッパの教会や修道院でおこなわれたミサで歌われる聖歌のことで、も

(56)「Disney Music Song:愛のうたごえ」,『ディズニーファン』第16巻10号（第147号，2005年8月），54.
(57) ヘンリー・マンシーニのコメント,『バンビ』（米版OST）Walt Disney Records 60701-2, トラック19.

ともとは歌詞がついているのですが、その歌詞の1音節を長く引き延ばして歌うことがあり、そういうところからヒントを得たのでしょう。ディズニー・スタジオでは、ちょうど『ファンタジア』の録音がおこなわれていたらしく、ウォルト・ディズニーも、ウエストミンスター聖歌隊が《アヴェ・マリア》を録音しているから一度見学してはどうかとスタッフに勧めています。(58)

オーケストレーションに注目してみますと、この曲の中盤にはちょっとした嵐の場面があり、シンバルと稲妻が見事なシンクロをしています。ここは音だけで聴くとちょっと不自然ですが、映像の効果を支えるものとしてはバッグンといってよいでしょう。おそらく「シリー・シンフォニー」シリーズの『風車小屋のシンフォニー』からの影響を受けたものではないかと思われます。

《春のしらべ》は、オペラっぽい歌唱法と重厚なクラシック調で演奏される『バンビ』の音楽の中で、ひときわポピュラー音楽の影響を感じるコーラスです。直前の悲劇的シーンの重い気持ちがまだ癒(い)えぬうちにこの歌が飛び込んでくることに対しては、ピクサー映画『Mr.インクレディブル』などを監督したブラッド・バードのように、「タイミングが早すぎる」と異を唱える人もいますが、何はともあれ、ここから新しく物語がスタートすることを象徴する歌ではあります。(59)

《ルッキング・フォー・ロマンス》は、バリトンとソプラノ独唱からコーラスに引き継がれ盛り上がる、ノスタルジックな歌です。バンビとファリーンのロマンスが秋とともに深まっていくのを、美しい紅葉とともに描いていきます。

次は『バンビ』のスコアについて考えてみましょう。『ピノキオ』でも述べたとおり、映画の音楽には、物語全体を通して何度も現れる「動機」というものがあります。これによって音楽的な統一感が達成されるからです。バンビの場合にも、①バンビの歩行の動機、②人間の動機、③《愛

(58) 『バンビ』Special Edition, ブエナ・ビスタ・ホーム・エンターテイメント VWDS5010(DVD), 1枚目, 音声解説.
(59) 『アイアン・ジャイアント』Special Edition, ワーナー・ホーム・ビデオ DLW-17644, 音声解説.

のうたごえ》のメロディを使った動機、以上3つの動機がスコアに使われています。①バンビの歩行の動機は、子ども時代のバンビが歩くたびに現れるものです。
ロス・ケアが言っているように、この歩行のテーマは一種の「プロムナード」になっているのかもしれません。このプロムナードというのは「散歩」という意味の言葉で、たとえばロシアの作曲家、ムソルグスキーによる《展覧会の絵》というピアノ曲では、繰り返し現れる短い楽曲をこう呼んでいます。《展覧会の絵》では、展覧会に飾ってある絵を観るために歩いている場面（プロムナードの音楽がついている箇所）が、絵にちなんだ楽曲の間に挟み込まれるような形で進んでいきます。子ども時代のバンビにおいても、こういった歩く場面とそのほかの場面とが交互に現れるようになっています。スタッフ会議ではこんなやり取りもあったようです。(60)

ラリー・モリー：バンビが歩くたびに曲を流すのもいいと思う。
パース・ピアース：音楽が流れると、かわいい出来事が起こるんだ。

このようにバンビの動機は、子鹿の歩く絵と音楽がぴったり寄り添うような形で現れますが、一方で、絵にはまったく現れないのに、音だけでその存在を示唆する動機があります。それが「人間の動機」です。この動機は低音によるB♭－B－Cという、半音ずつ上がる極めて単純なものですが、のちにジョン・ウィリアムズが『ジョーズ』においてサメが近づいてくるのを表現したときにもA－B♭－Aという半音階の動きを使っております。どうやら、こういった単純な音程の上下は、独特の恐怖感を生むようです。

(60)『バンビ』DVD, 1枚目, 音声解説.

『バンビ』では、森の動物たちを獲物として殺す存在としての人間が音によって暗示されています。観客は、動物たちが感じる恐怖心を体感することによって、動物たちの立場になって考えるように仕組まれています。この映画では、そういった動物たちの恐怖心を共有するために、音楽がうまく利用されています。

ストーリー会議においてスタッフは、人間が2度目にやってきたとき、その姿を画面に出すべきか迷ったそうです。結局、露骨な表現による安っぽさを回避するため、人間の姿は出さず、音楽で表現することになりました。また、ドラマのペースがずっと速くなり、それに合わせて音楽も緊張感をぐっと高めるように作られています。銃声も音楽が静止するなりすぐに発せられます。

もう1つ、作品全体を通じて何度も流れる動機として重要なのは、主題歌《愛のうたごえ》のメロディを使った動機でしょう。歌詞のキーワードである「愛」、そして、親から子孫へ続いていく命の流れ、森に生きることの厳しさといったものがここでは語られているようです。映画の前半ではこの動機が2つの重要な場面に登場します。まずは、サンパーが母鹿に、生まれたての赤ちゃんの名前をどうするのか尋ね、「バンビよ」と母鹿が応えるシーンに現れます。次は母鹿が森の王様についてバンビに説明するときに現れます。

《愛のうたごえ》の動機のドラマチックな使い方は、クライマックスの山火事の場面にあります。バンビの生存が気になるファリーンのシーンで、チェロがもの悲しくこの旋律を奏し、不安感が漂います。しかしバンビの無事を確認できるとこれが長調になり、あたたかく演奏されます。森に生きることの厳しさと生命の尊さを表現しているようで、実に感動的な音楽の使い方です（バンビのもとに生まれた双子の子どもたちが画面に出る場面でも、やはり演奏されています）。この映画のエンディングもディズニーらしく、コーラスによる《愛のうたごえ》になります。マルチプレーン・カメラを駆使した「引き」は冒頭と同じように、この大コーラスに支えられ、再び強い感動を呼びます。「森に生きることの厳しさ、それでも続く生命のすばらしさ」とウォルト・ディズニーが集約した『バンビ』の物語がここに見事に表現されているからでしょう。(61)

『バンビ』のスコアは全体的に牧歌的ですが、物語の終盤でバンビのライバルが登場したり、人間が山火事を引き起こしたりする場面では、かなり緊張感の高い音楽が聴かれます。これらのシーンにどのような音楽をつけるかについては、スタジオでもかなり議論が交わされたようです。そして、解決の糸口を見つけたのはウォルト・ディズニーでした。彼はちょうど『ファンタジア』に取りかかっていたので、クラシックの名曲にも親しんでいたのです。たとえば大人になったバンビとライバルの闘いのシーンにおいては、ミッキーマウジングをユーモラスな表現以外に使って緊張感あふれるシーンを作り出していますが、ここでウォルトは「《春の祭典》のような音楽をつけたらどうだろう」とアドバイスをしています。(62) 山火事のシーンでも、ディズニーは似たようなことをやっています。チャーチルとともに『バンビ』のスコア作りに専念していたエド・プラムが、山火事のシーンについてスタッフに「こういう音楽を考えている」という説明をしていたとき、ウォルトはプラムを制止し、『ファンタジア』のフィルムを持ってくるよう映写係に指示します。そして『バンビ』の映像に会わせてベートーヴェンの《田園》交響曲の嵐の音楽を流してくれ、と頼みます。(63) 一説によると、プラムはディズニーが大作曲家ベートーヴェンのような音楽を欲していることを知って「でも、ウォルト、これはベートーヴェンだから」とたじろぎました。しかし当のディズニーは何食わぬ顔で「だから何だい？」と答えたそうです。もちろんこれは、ディズニーが音楽スタッフに

(61) 前掲資料.
(62) Care, "Threads of Melody," 88.
(63) フランク・トーマス，オーリー・ジョンストン著，スタジオジブリ訳『生命を吹き込む魔法』, 289.

対して高いレベルを求めていたという風にも取れるのですが、クラシックに通じていない人にとって、ベートーヴェンの名が作曲家にとってどれだけプレッシャーになるかというというのは、あまり知られていないということを示しているのかもしれません。(64)

ここまで考えたとおり、『バンビ』のオーケストラを演奏するのはクラシック風のオーケストラであり、テーマ・ソングや挿入歌の歌唱法も手伝って、全体にクラシカルな雰囲気がこの映画には漂っています。しかしポピュラー・ミュージックの要素はスコアにもあります。ポップ色の強い《春のしらべ》に続く動物たちの求愛のシーンがそういった例です。クラリネットのグリッサンドやトランペットのミュート音などが聴かれ、明らかにジャズの雰囲気が濃厚になってきます（注：『バンビ』には登場人物が歌う歌がないという説明をしましたが、ここに例外として、メスのリスがサンパーに歌う短い楽曲があります）。

『ラテン・アメリカの旅』（1942／43）

アメリカ国務省から、南米で親善旅行をし、映画を製作してほしいという依頼がディズニーに来たのは、1941年のことでした。当時南米では、ドイツのプロパガンダ映画が広く上演されはじめており、この独伊枢軸国に対抗する動きとして、連合軍側も南米向きの映画を作ろうとしていたのです。ウォルト・ディズニーは、最初申し出を断りましたが、当時彼のスタジオはストライキに翻弄（ほんろう）され、経済的にも苦しい状況だったため、結局引き受けることになりました。5つの短

(64)　前掲資料, 289.

編が1つできるたびに制作費が支給されることになっていましたが、ディズニーは4編の短編と、スタッフの旅行の様子を16ミリに納めたものとをまとめ、長編作品『ラテン・アメリカの旅』としました。作品の全体の長さは『ダンボ』より短い42分で、長編作品としてはもっとも短いものになっています。(65)

映画の音楽監督はチャールズ・ウォルコットです。彼は親善旅行をする前、ラテン音楽といえばザビエル・クガートくらいしから知らなかったそうで(66)、それゆえ、南米各地を訪れての音楽取材は、刺激のあるものであり、有意義なものでした。ウォルコットは、映画の主題歌《サルードス・アミーゴス》（柳生すみまろ氏による邦題は《やあ今日は》(67)）もネッド・ワシントンと作っています。旅への期待が膨らむ、アップテンポな曲です。

挿入歌としては、このほかに2曲使われていますが、いずれもディズニー作曲家によるオリジナルではありませんでした。1つはリオ・デ・ジャネイロのカーニバルを通してサンバを紹介する場面で聴かれる、有名なサンバ《ブラジル》。次は「ブラジルへの旅」という、ドナルド・ダックとホセ・キャリオカが繰り広げるダンス音楽の短編で、やはりサンバの《ティコ・ティコ》です。

映画の音楽には、ウォルコットだけでなく、最終的にはエドワード・プラム、ポール・スミスも参加しました。スコアにおけるラテン・アメリカの味というのは、あまり明確にはわかりにくいかもしれませんが、まずはオーケストラといっしょにギターが演奏しているところが特徴といえるでしょう。また、随所に民俗音楽からの影響と思われる旋法的な旋律によるフルートのメロディも聴けますし、アルゼンチンの民俗舞踊の音楽クエカをもとにした箇所もあるようです（ブエノス・アイレスの踊りを紹介する場面）。この4分の3拍子の音楽には、バンドネオンも参加し

(65) Charles Solomon, "The Disney Studio at War," *The Walt Disney Family Museum*, http://disney.go.com/disneyatoz/familymuseum/exhibits/articles/studioatwar/index.html, accessed on 18 August 2006.

(66) Tietyam, 72-73.

(67) 柳生「ディズニー・ヒットソングの数々」, 42.

ています。
また、南米の文化の一環として、音楽の紹介もされています。サンバの紹介では、レコ・レコとカバサという楽器の映像も見られます。

『三人の騎士』（1944）

『ラテン・アメリカの旅』の次も南米を題材にした映画になりました。小さなエピソードが寄り集まったような作品ですが、それぞれのエピソードに、たくさんの音楽が使われています。この映画で聴かれる映画を、まずリストアップしてみましょう。

表2－4 『三人の騎士』：挿入楽曲

※DVDのほかに、次の資料を参考にしました。Martin, *Disney Films*, 65; *Los Tres Caballeros* (OST), Disneylandia (Argentina) 5071015 [LP].

※マーティンによると、このほか2つの曲があるそうですが、映画のどの部分がその曲に当たるのか現時点ではわからないので、とりあえずデータとして挙げておくことにします。《パンデイロとフルート》（ベネディクト・ラチェルダ作）、《プレゴース・カリオカ》（ジョアン・デ・バッロ＝作曲、カルロ・ブラガ＝作詞、ホセ・オリヴェイラ＝歌）

挿入楽曲	
《三人の騎士》	マヌエル・エスペロン＝作曲 レイ・ギルバート、エルネスト・コーテザー＝作詞
《サルードス・アミーゴス》	（アンダースコアとして）

挿入楽曲	
《アラクアン》［民謡］	ホセ・オリヴェイラ＝歌 （注：複数の資料を総合してみると、この民謡はアルミランテという歌手によってアレンジされたそうですが、彼自身はキャラクターとして出演するのは断ったとされています(68)）
《バイーア》	アリ・バッローゾ＝作曲 レイ・ギルバート＝作詞 ホセ・オリヴェイラ＝歌
《バイーアに行ったことある?》	ドリヴァル・カイッミ＝作詞・作曲 ホセ・オリヴェイラ＝歌
《彼女のキンジン》［サンバ］	アリ・バッローゾ＝作詞・作曲 アウローラ・ミランダ＝歌
《ラス・ポサーダス》［民謡］	
《メヒコ》	チャールズ・ウォルコット＝作曲 レイ・ギルバート、エドムンド・サントス＝作詞 カルロス・ラミレス＝歌
《エル・ハラベ・パテーニョ》［民謡］	
《リロンゴ》	チャッロ・ギル＝作詞・作曲 トリオ・カラヴェラス＝歌
《ソラメンテ・ウナ・ベス（ユー・ビロング・トゥ・マイ・ハート、あなたは私の中に）》	アグスティン・ララ＝作曲 レイ・ギルバート＝作詞 ドラ・ルズ＝歌
《ザンドゥンガ》［民謡］	
《ヘスシータ・エン・チワワ》	キリノ・メンドーサ・イ・コルテス＝作曲、インストゥルメンタル

(68) "Disney's Animated Voices, etc.- Movies: The Three Caballeros," accessed on 30 September 2006; Daniella Thompson, "Blame It on Walt: How Ernesto Nazareth Landed in a Donald Duck Cartoon," *Musica Brasiliensis*, http://daniellathompson.com/Texts/Investigations/Disney_and_Nazareth.htm, accessed on 13 September 2006; "Almirante & Orchestra Odèon" *Answers.com*, http://www.answers.com/topic/almirante-orchestra-od-on, accessed on 30 September 2006.

出演している歌手の中には、当時人気があったと思われる人も登場します。《彼女のキンジン》を歌って踊るアウローラ・ミランダはブラジルの有名な歌手カルメン・ミランダの妹で、《メヒコ》を歌うカルロス・ラミレスはコロンビア出身のバリトン歌手です。また《ソラメンテ・ウナ・ベス》はディズニーの短編『プルートは歌がお好き』でも使われ、のちにビング・クロスビーも録音しています。(69)

歌のほかにも、南米を意識した音楽作りの見られる箇所があります。たとえば冒頭で、ドナルドがプレゼントを楽しむ箇所では、ギター、アルパ、カバサといった民族楽器の響きが聴こえてきます。『空飛ぶロバと小さなカウボーイ』には、フィエスタを紹介する場面で、ザンバ（zamba）やガト（gato）という民俗音楽が演奏され、アニメでもバンドネオン、ギターなどが映し出されています。このエピソードが終わったあと、サンバが演奏され、『南アメリカの旅』でドナルドと共演したホセ・キャリオカが登場します。ザンバはアルゼンチン北西部の8分の6拍子の舞曲で、ブラジルのサンバとは言葉の響きこそ似ていますが、別のものです。ガトもアルゼンチンの舞踊です。

映画音楽の監修は『ラテン・アメリカの旅』でも仕事をしたウォルコット、スミス、プラムの3人です。実は、その前作のテーマ・ソングのメロディも、ドナルドが南米の友人から届いたプレゼントの包装紙を開けるシーンで使われていて、前作をすでに楽しんだ人は、その余韻をここに聴くことができるという仕掛けになっています。民族色を出そうという努力は、やはりスコア部分にあり、アルパ、ギター、カバサなどのラテン・アメリカの楽器を、あちこちに使っています。

なお、この映画には自社作品をもとにしたパロディ映像があります。『ファンタジア』で登場した、線対称の「サウンドトラック」が登場するのです。『ファンタジア』の第2部がはじまる前に、ディー

(69) "The Three Caballeros," *Wikipedia*, http://en.wikipedia.org/wiki/The_Three_Caballeros, accessed on 30 September 2006.

ムズ・テイラーが紹介したものですが、『三人の騎士』においては、あの線対称を使ったデザインがもっと自由に使われ、なんと、物語の主人公の1人ドナルド・ダックもサウンドトラックのデザインに組み込まれるという離れ業（わざ）をやってのけます。

コラム 第二次世界大戦中の短編映画

前回のコラムで、短編をまとめて観られるDVDのシリーズ「ウォルト・ディズニー・トレジャーズ」を紹介したところですが、この中には『前線にて』と題されたコレクションがあります。ディズニー社が第二次世界大戦中に制作したプロパガンダ映画を集めたもので、当時のディズニー社の状況を知る上で貴重な資料といえます。

これらの映画では、愛国心を積極的に鼓舞するため、愛国歌を積極的に使っています。たとえば、1943年の『新しい精神』というドナルドの作品では《アメリカ》、《コロンビア・大洋の宝》、《ヤンキー・ドゥードル》が聴かれます。軍隊を舞台にした作品も多いため、『ドナルドの軍隊行進』のように、行進のリズムや信号ラッパなどが多用されているものもあります。

日本やドイツなどの敵国に対しては、おどろおどろしい音楽が使われています。ドナルドが登場する『新しい精神』では、日本やナチスの戦艦が出るとベートーヴェンの《運命交響曲》の冒頭、あのジャジャジャジャーンが仰々しく流されます。また、『ドナルドの襲撃部隊』

（1944）では、ドナルドが日本の基地を発見する場面があるのですが、ハリウッド映画らしく、中国と日本がごっちゃになったような音楽が使われていて、ちょっとがっかりしたりもします。

当時人気のあったキャラクターを使ったプロパガンダ映画もあります。『つつましい子ぶた』（1941）では、フランク・チャーチルによる《狼なんかこわくない》がそのまま替え歌として使われ、ナチスのコスチュームの狼が戦時公債のレンガで作られたぶたの家を襲うという設定になっています。

長編映画のキャラクターも駆り出され、『7人の賢い小人』（1941）では《ハイ・ホー》を歌いながら、小人たちが戦時公債を買いにいく場面があり、『みんな一緒に』では、バーグレイの行進曲《国民の象徴》に合わせて、『ミッキーの大演奏会』で演奏した楽隊（吹奏楽と愛国主義の結びつきがはっきりしています）に加え、ピノキオ、ゼペット、フィガロや7人の小人、ドナルドにその甥っ子3人組、プルート、グーフィーと勢揃いでパレードをおこないます。

第3章

クラシックディズニー（2）

この章では、引き続き、第2次世界大戦後のディズニー長編アニメの音楽について、考えていきたいと思います。

『メイク・マイン・ミュージック』（1946）

「10部による音楽ファンタジー」という副題の作品で、コンセプト的には『ファンタジア』に近く、音楽を中心とした短編のオムニバス映画という印象があります。当初は、幅広いスタイルの音楽を投入し、オーケストラの指揮者レオポルド・ストコフスキーも何らかの形で関わることになっていましたが実現せず[1]、クラシック作品は残ったものの、ポピュラー音楽に重点が置かれることになりました。カントリー・ミュージック、ビッグバンドなど、時代を感じさせる音楽が使われています。

この映画は、俗に「パッケージ長編 package feature」と呼ばれる作品の最初のものです。1つの話でまるごと長編1作品を進めるのではなく、短いアニメ作品がパッケージにされて長編として届けられるということから、こういう風に呼ばれるのでしょう。『メイク・マイン・ミュージック』のほかにも、『メロディ・タイム』（1947）、『イカボードとトード氏』（1949）の2作があります。

① 谷間のあらそい（マーチン家とコーイ家）

副題は「田舎風バラード」。谷間を挟んで住む不仲なマーチン家とコーイ家は、激しい撃ち合いのうち、そのほとんどが死に絶えるのですが、生き残ったグレイスとヘンリーが恋に落ちるという

（1） Leonard Maltin, *Disney Films*, 4th ed. (New York : Disney Edition, 2000), 69.

話です。アリー・ルーベル（1905-1973）作曲、レイ・ギルバート（1912-1976）作詞による、カントリー・ミュージックや楽しいコーラス（歌うのはザ・キングズメン）を挟んだ楽しい音楽劇に仕上がっています。バラード（語り歌。『王様の剣』の箇所で述べます）がディズニーで使われた最初の例でしょう。セリフ、歌、ミッキーマウジングを基本としたスコアなど、音楽的バラエティも豊富です。なお、アメリカで現在発売されているDVDには収録されていません。

② 青いさざなみ

副題は「交響詩」。南部に多く存在する沼地に降りるオオシラサギの舞の美しさを描いた作品で、《青いさざなみ》という曲がケン・ダービー・コーラスによって歌われます。作曲はボビー・ワース（1912-2002）、作詞はレイ・ギルバートです。

この1曲は、もともと『ファンタジア』に含まれる予定で作られたものでした。すでに録音もアニメーションのほうも、ほぼ完成していたのですが、最終的に『ファンタジア』には収録されませんでした。これを復刻した版はアメリカ盤DVD『ファンタジア・レガシー』に収められています。(2)もともと、このアニメにはドビュッシーの《月の光》という曲がついていたのですが、結局《青いさざなみ》に変更されることになります。オリジナルの《月の光》の曲想は神秘的であり、テンポはずっとゆったりとしており、大オーケストラへの編曲によってスケールもかなり大きくなっています。音楽的印象がまるで違います。

画面的には、右からの波紋が、2羽目の白鷺（しらさぎ）の登場する前（『ファンタジア・レガシー』収録の『月の光』）かうしろ（『メイク・マイン・ミュージック』収録の『青いさざなみ』）かということが大き

（2） Disney DVD F3623.

く違います。実は『ファンタジア・レガシー』収録の復刻版に見られる波紋は、ドビュッシー作品にあったアルペジオにシンクロされており、この部分がかなり長く見られます。そしてその波紋は、カットなしでそのまま2羽目の白鷺（しらさぎ）の登場につながっていきます。『メイク・マイン・ミュージック』で曲が変更されてからは、おそらくこのアルペジオのシンクロのアイデアが無意味になってしまい、長さの調整もあって、まず2羽目の白鷺が作り出す波紋を見せて、それの短いズーム・アップを続けたということになるのでしょう。

音楽と画面との細かなシンクロについては、さらに細かい違いがあります。たとえば『ファンタジア・レガシー』収録の『月の光』において、1羽目の白鷺の姿がだんだんと明らかになって、完全にクリアになるタイミングは、明らかに音楽のフレーズを意識していますし、その白鷺が空を舞う場面では、オーケストラの音域も一番高くなっています（これは2羽がいっしょに飛び立つエンディングでも同じです）。ほかにも、1羽目の白鷺が歩くことによってできる波紋と音楽の拍の関係、波紋に揺れる月がクリアになる画面と音楽のフレーズとの見事な調和など、明らかに音楽の演奏が前提となってできた画面が多く、『メイク・マイン・ミュージック』にこの画（え）を転用したことによって失われたものは大きいと考えられます。映画評論家のレナード・マーティンによると、この『メイク・マイン・ミュージック』には観るべきところがあると寛大な評価を下す評論家でさえ、この交響詩は映画全体における最低の部分だと口を揃えるのだそうです。[3] しかし『ファンタジア』で考えられていたコンセプトは大変すばらしいものでした。もし機会があったら、『ファンタジア・レガシー』収録の復刻版『月の光』をご覧ください。

（3） Maltin, *Disney Films*, 72.

③ みんなジャズがお好き

副題は「ジャズ間奏曲」。ベニー・グッドマン演奏の《みんなジャズがお好き》（作曲＝アレック・ワイルダーとエディ・ソーター、作詞＝レイ・ギルバート）が、映画の当時を思わせる映像とドッキングされ、賑やかで楽しい短編になっています。思春期の子どもたちがモルト・ショップ（学生たちがソーダやアイスクリームを食しながらダベる場所）に集まり、そこにあったジューク・ボックスに合わせて踊ります。

④ あなたなしでは

副題は「ゆううつなバラード」。《あなたなしでは》は、ラテン系のビートが入ったオーケストラに乗せてアンディ・ラッセルが歌うもの悲しいナンバー。オズヴァルド・ファレスの作曲、レイ・ギルバートの歌詞によります。

⑤ 猛打者ケーシー

副題は「音楽的朗唱」。《われらの誇り、ケーシー》という曲が使われています。ケン・ダービーとエリオット・ダニエルがスコアを含めた作曲をおこない、レイ・ギルバートがセリフを担当しました。「1902年のフランク・シナトラ」と映画の中で評される人気野球選手猛打者ケーシーが、9回の裏、ランナー1人を残して2アウト。さて、どうなるやら、という感じの内容です。コメディアンのジェリー・コロナが名演技を披露します。

この作品は、そのギャグのセンスから考えても、戦前の短編映画のフォーマットに近く、音楽にも、ミッキーマウス短編でおこなわれた、既製曲の引用がなされています。引用された曲は、アメリカの愛唱歌《ゼア・ウィル・ビー・ホット・タイム》《年老いた母リアリー》と、スッペの《軽騎兵》序曲の、馬の駆け抜けるようなリズムに乗せて奏されるトランペットの旋律です。

⑥ ふたつのシルエット

副題は「バラード・バレエ」。タニア・リアボウチチカとデヴィッド・リシーンが踊るシルエットに合わせて、アニメーションが描かれる作品。流れる曲は《ふたつのシルエット》(チャールズ・ウォルコット=作曲、レイ・ギルバート=作詞)で、ダイナ・ショアが歌っています。彼女は『こぐま物語』にも登場するのですが、ウォルト・ディズニーのお気に入りの歌手だったそうです。(4)

⑦ ピーターとオオカミ

ロシアの作曲家プロコフィエフによる《ピーターとオオカミ》は、子ども向けに書かれた、ナレーターとオーケストラで進める音楽物語として有名な作品です。プロコフィエフはディズニー・アニメの名作『白雪姫』に感動し、1938年の春、ハリウッドにいたディズニーに面会し、このときに、このロシア人作曲家が作った《ピーターとオオカミ》という曲もウォルトの目にとまったと考えられます(注:そこでは『ファンタジア』について、何か話されたのではないかとも推測されています。(5)実はこの会見があったあと、2人はボストンでおこなわれたセルゲイ・クーセヴィッキー指揮ボストン交響楽団による、《ピーターとオオカミ》のアメリカ初演に立ち会っているのです)。

ウォルター・キンボールによってアニメ化されたこの作品は、『メイク・マイン・ミュージック』

(4) ディズニーファン編集部編『ディズニー・アニメーション大全集』(講談社, 2001年), 95.
(5) Stuart Nicholson, "Make Mine Music and the End of the Swing Era" in Goldmark and Taylor, 128.

の中でもウォルトのお気に入りとなり、1955年にも再公開され、『ファンタジア』が再上演される際には、この『ピーターとオオカミ』をその中に入れてくれないかとまでウォルトが主張しました（注：実現はしなかったようです）。(6)

⑧ 君去りし後

ベニー・グッドマン・カルテット（グッドマンのほか、コジー・コール、テディ・ウィルソン、シド・ワイス）の演奏で、ヘンリー・クリーマーとターナー・レイトンによる、20年代のスタンダード・ナンバー《君去りし後》が演奏されています。

⑨ 帽子のジョニーとアリスの恋

副題は「愛のものがたり」。アンドリュース・シスターズが《ジョニー・フェドーラとアリス・ブルー・ボネット》という歌で、物語を進めていきます。形式はＡＡＢＡ、ＡＡＢＡと2コーラスのあと、インストゥルメンタルによる間奏が続き、ドラマチックに変奏されたＡＡＢＡが再現され、コーダによって曲が結ばれます。

⑩ メトで歌いたがったクジラ（または『くじらのウィリー』）

副題は「哀しきオペラ」。題名の「メト」というのは、アメリカを代表する世界的なオペラ・ハウスで、ニューヨークにあるメトロポリタン歌劇場のことで、ネルソン・エディによる熱唱によって物語が進められます。のちに『オペラなクジラ、エディ』として単独に上映されることにもなります。生

（6）前掲資料，128.

まれながらの美声でオペラ歌手にもなれる実力というウィリーは、３つの声帯を持つため、１人で重唱もできるという奇跡のクジラ。エディのヒットソングとなった童謡《ショートニン・ブレッド》のほか、ドニゼッティの《ランメルモールのルチア》、グノーの《ファウスト》から〈この清らかな住まい〉、ワーグナーの《トリスタンとイゾルデ》の一部も登場し、《道化師》を演ずる迫力のシーンも不思議な魅力になっています。

『こぐま物語』『ミッキーと豆の木』

２つの作品をいっしょに取り上げるのは、これらがもともと『ファン・アンド・ファンシー・フリー』という原題で１つにまとめられた長編だったからです。多くのソングライターを登用し、物語の場面に応じた８つの歌を挿入しています。

表３－１　『こぐま物語』『ミッキーと豆の木』に登場する歌

	タイトル	創作者
1	ファン・アンド・ファンシー・フリー	ベニー・ベンジャミン＝作曲、ジョージ・ワイス＝作詞
2	僕は底抜けに楽しいヤツさ	リー・ハーリーン＝作曲、ネッド・ワシントン＝作詞
3	のんびりした田舎	ボビー・ワース＝作詞・作曲
4	夢じゃないかしら	エリオット・ダニエル＝作曲、バディ・ケイ＝作詞
5	ほっぺをたたいて教えてね	ダニエル＝作曲、ケイ＝作詞

	タイトル	創作者
6	なんてすてきな一日でしょう	レイ・ノーブル＝作詞・作曲
7	フィ・ファイ・フォー・フム	ポール・J・スミス＝作曲、アーサー・クェンザー＝作詞
8	私の大好きな夢	ウィリアム・ウォルシュ＝作曲、ノーブル＝作詞

映画の「総合司会」を務めるのは、『ピノキオ』で主人公の良心ジミニー・クリケット（クリフ・エドワーズ）です。彼は《星に願いを》で名唱を聴かせましたが、ここでもアップテンポで楽しい《僕は底抜けに楽しいヤツさ》を歌い、映画の世界に私たちを案内します。『ピノキオ』のように、今日も夜に、とあるお宅にお邪魔し、偶然「ダイナ・ショアの歌による『ボンゴ』」というレコードを見つけます。これをプレイヤーにおいて、まずは第1話『ボンゴ（こぐま物語）』がスタートします。

サーカスで人気者の子ぐまのボンゴは、ある日、自由を求めて森に逃げ込みます。《のんびりした田舎》は、広々とした森を散歩しながら、改めて自由のすばらしさを、ボンゴに変わってダイナ・ショアが歌います。一夜明けた森で、魚捕りに奮闘しているボンゴは、偶然美しい女の子グマ、ルルベルに出会います。思わずうっとりしているボンゴを《夢じゃないかしら》が表現しています。カントリー風の踊りも楽しい《ほっぺをたたいて教えてね》は、クマならではの愛の表現法を楽しく見せる曲で、ボンゴとルルベルの関係を深めるのに重要な役割を果たします。

第2話『ミッキーと豆の木』は、「幸せの谷」に幸せをもたらしていた、歌うハープが誘拐されてしまうというところからはじまります。ハープが歌う《なんてすてきな一日でしょう》を歌うのはアニタ・ゴードンという歌手です。この美しい声を持つハープを誘拐されてからというもの、「幸せの谷」に住むミッキー、ドナルド、グーフィーは貧しさに苦しむことになります。ある日ミッキーは魔法の豆を手に入れます。一晩でそれは雲の上までも届く大木に。3人がのぼっていくと城を発見。そこに住んでいたのはハープをさらった巨人でした。巨人は魔法の力を持っていてその呪文を《フィ・ファイ・フォー・フム》というスイング調の歌にもしています。城から逃げ出すために、ハープは自分の歌を使って巨人を眠らせようと画策。《私の大好きな夢》を歌います。この歌の歌詞はミッキーに具体的な指示を与えたりするという工夫もされています。

スコアはポール・J・スミス、オリヴァー・ウォレス、オリヴァー・ウォルコット（音楽監督も兼任）が担当しました。これまでの短編映画のテクニックを使って細かく音楽をつけています。

『メロディ・タイム』（1948）

7部の短編作品で構成されたオムニバス形式のアニメです。音楽はジャズとラテン系が中心となっています。

① 冬の出来事

若いカップルが池の上でアイススケートを楽しんでいるが、氷が割れて彼女が流されてしまい、さあどうなるか、という内容。フランシス・ラングフォードの歌声による《ある冬の日に》（ボビー・ワース＝作曲、レイ・ギルバート＝作詞）が物語の冒頭とエンディングに流れます。

②クマンバチのブギ

リムスキー＝コルサコフ作曲の《熊蜂の飛行》をフレディー・マーティン楽団がブギウギ風にアレンジして演奏。ピアノはジャック・フィナによります。

③リンゴ作りのジョニー

有名なジョニー・アップルシードの物語を、デニス・デイが語るもの。ウォルター・ケント（作曲）とキム・ガノン（作詞）による3曲《神は私に優しい》、《リンゴの歌》、《開拓者の歌》がフィーチャーされています。

④小さな引き船

小さな引き船が、嵐の中で迷子になった船を救助し、英雄になるという物語を、アンドリュー・シスターズの歌に合わせて進めていくもの。アリー・ルーベルが曲を作っています。

⑤丘の上の1本の木

このオムニバス形式の映画の中ではもっとも芸術的な香りを持たせた内容で、「シリー・シンフォニー」の『風車小屋のシンフォニー』を思い出す人もいるようです。(7) コーラスのハーモニーに乗せて、テノール・ソロがオペラ的な発声で《木》を歌います。歌っているのはフレッド・ワーリングとペンシルヴァニアンズで、作曲はオスカー・ラスバック、作詞はジョイス・キルマーです。

（7） David Tietyan, *The Musical World of Walt Disney* (Milwaukee, WI : Hal Leonard, 1990), 84.

⑥ サンバは楽し

《ティコ・ティコ》のハモンド・オルガン・ソロで当時有名だったエセル・スミスが実写で登場。『ラテン・アメリカの旅』にも登場したホセ・キャリオカとドナルド・ダックがここでも共演しています。ハモンド・オルガンの映像は電源コードをうまく隠して撮影されており、エキサイティングなリズムに合わせて、楽器も360度回転します。スミスは技巧的に難しい箇所を弾くことで観客の目を惹(ひ)きつけ、演奏をせずに振り付けとして楽しめる部分もうまく混ぜ合わせています。事前に録音しておいた音に合わせた演技ということでしょうか。ここで歌われている《すべてはサンバのせいにしよう》という楽曲は、もともとはエルネスト・ナザレーの《頑張れカバキーニョ》という曲でした。(8)

⑦ 青い月影

アニメと実写が合成されている作品で、のちに『南部の歌』にも出演した2人の子役、ボビー・ドリスコルとルアナ・パッテンも登場します。ロイ・ロジャースとサンズ・オブ・ザ・パイオニアズが出演し、《青い月影》と《ペコス・ビル》の2曲を歌います。いずれもエリオット・ダニエルとジョニー・ランゲによる曲ですが、前者は、のちにコメディ・ドラマの傑作『アイ・ラブ・ルーシー』のテーマ音楽を作ることになった作曲家です。

(8) "Melody Time," *Wikipedia*, accessed on 9 April 2006.

『イカボードとトード氏』（1949）

戦中・戦後のオムニバス作品の最後のもので、『トード氏』と『スリーピー・ホロウの伝説』という2本立てになっています。『トード氏』のほうは短編映画のフォーマットに近く、歌は少なめですが、トード氏の自由奔放なキャラクターと彼の冒険心と新しモノ好きが《陽気な我らの道》によって表現されています。作曲はフランク・チャーチルとチャールズ・ウォルコット、作詞はラリー・モーリーとレイ・ギルバート、歌っているのはトード氏を演ずるエリック・ブロアと馬のシリルを演ずるJ・パット・オマリーです。オマリーはのちに『ジャングル・ブック』でもハティ大佐の役で登場します。

イカボードを主人公とした『スリーピー・ホロウの伝説』のほうは、よりミュージカル色の濃いフォーマットになっていて、《イカボード》、《カトリーナ》、《首なし騎士》の3曲が聴かれます。ドン・レイとジーン・デ・ポールが共作しており、いずれもナレーター役のビング・クロスビーが歌っています。《イカボード》は、スリーピー・ホロウという町にやってきた教師イカボードと、その人物について噂（うわさ）する人々がソロ・ヴォーカルとコーラスを交えて進める曲で、『美女と野獣』の《朝の風景》の原型を見るようなスタイルになっています。《カトリーナ》は資産家の娘で町の人々すべてを魅了するこの女性を歌うバラードです。《首なし騎士》は、町に伝わる亡霊の伝説を、イカボードの恋のライバル、ブロム・ボーンズが聴かせるというもの。これら3曲のほかにも、歌のレッスンの場面では発声練習をユーモラスに音楽としているのがとても面白いといえます。

スコアはオリヴァー・ウォレス、ジョセフ・デュビンがオーケストレーションをおこなっています。

ハイライトは、やはり「首なし騎士」の場面で、コミカルさを失わずに、スリルのあるアクションにふさわしく、ドラマチックな音楽がつけられています。そうでなくても『イカボード』のセクションではキャラクターがセリフをほとんど話さないので、パントマイムと音楽が動作をはっきりさせる必要が出てくるでしょう。

『シンデレラ』（1950）

1950年2月15日に公開された『シンデレラ』は、戦後はじめてのディズニー長編アニメとして大きな話題を呼び、興行的にも大成功を収めた作品です。(9) 第2次世界大戦後の作品がいずれもオムニバス形式で、本格的な長編アニメに飢えていた観客には、大きな喜びとなったことは容易に想像することができます。

この作品において、ウォルト・ディズニーは大きな選択をします。それまでディズニー・スタジオには専属の作曲家が雇われており、歌もスコアもチームワークで作り上げられてきました。しかしフランク・チャーチルやリー・ハーリーンのような有能なメロディ・メーカーがいなくなってしまいました。はじめは『白雪姫』のラリー・モリーと短編で仕事をしていたチャールズ・ウォルコットに頼もうとしていたようですが、あまりよい出来ではなかったという情報もあります。(10)

ここで方向転換をして、歌なしのアニメを制作することも可能だったと思うのですが、アニメ作品における歌の重要性を認知していたウォルト・ディズニーはソング・ライターを外部から雇うこ

(9) 『ディズニーのミュージック・オブ・ドリームズ』ポニー・キャニオン（Walt Disney Records）DMW 924, 解説書, 18.
(10) "Cinderella (1950 film)," *Wikipedia*, accessed on 15 January 2006.

とにします。スタジオに残っていたのは、しっかりとした技術を持った作曲者／アレンジャーで、アンダースコアの創作に不安はなかったと思われるのですが、やはり《狼なんかこわくない》や《星に願いを》などの歌の持つ魅力が捨てられなかったのでしょう。

ウォルトはそんなソング・ライターを探しにニューヨークに出かけ、「ティン・パン・アレー」の作曲家を訪ねます。ティン・パン・アレーというのは、マンハッタン地区の28番通りのことを指しています（注：もともとは14番街にあったのですが、1890年代に28番街に移ったのだそうです[11]）。ここには19世紀末からアメリカの大手楽譜出版社がオフィスを構え、お抱えソング・ライターたちがピアノを弾きながら新曲を紹介する部屋もありました。当時はエアコンもない時代でしたから、夏は少しでも室内の熱気を解放しようと窓が開けっ放しになっていて、ピアノの音が路地（allay）に派手に漏れ広まっていました。その音がまるでブリキ（tin）のフライパン（pan）を叩くようだったので、ティン・パン・アレーという言葉が定着したようです。

ウォルト・ディズニーがソング・ライターを探していたころのティン・パン・アレーというのは、すでに全盛期を過ぎていたころでしたが、彼はマック・デイヴィッド、ジェリー・リヴィングストン、アル・ホフマンという3人に会います。偶然、現地ニューヨークでは、彼らが作った歌《チ・ババ・チ・ババ》がラジオで何度も流れていました。リヴィングストンの回想によると「私たちは自分たちの作った歌のメドレーをウォルトに演奏して聞かせたのですが、ウォルトは《チ・ババ》のほうが好きだということがすぐにわかりました。（中略）おそらく彼は同じようなものをおばあさんの魔法の場面にと考えていたのでしょう。」[12] 結局ラジオから聞こえてきた歌が、摩訶（まか）不思議な呪文を唱える《ビビディ・バビディ・ブー》の誕生するきっかけになったということです。

(11) H. Wiley Hitchcock, "Tin Pan Alley", *Grove Music Online*, accessed on 5 October 2006, http://www.grovemusic.com/shared/views/article.html?section=music. 27995.

(12) Tietyen, 91.

この《ビビディ・バビディ・ブー》はペリー・コモなどのカバーもヒットし(13)、今日でも子どもの歌として親しまれていますが、実は映画の中ではフェアリー・ゴッドマザーの登場する魔法のシーンの、5分程度でしか使われていません。この歌のインパクトがかなり大きかったということでしょう。別名「マジック・ソング」と呼ばれているそうです。歌っているのは1930年代から60年代にかけて舞台や映画、ラジオなどで活躍した女優ヴェルナ・フェルトンで、1966年に亡くなるまで、数多くのディズニー長編に出演しています。『ダンボ』のサーカス象の1頭、『ふしぎの国のアリス』のセーラ、『眠れる森の美女』の妖精フローラ、『ジャングル・ブック』の象など、実に多彩です。(14)

物語の背景がナレーションによって語られ、主人公のシンデレラが登場して歌うのは、ソング・ライター・チームが最初に書き上げた《夢はひそかに》です。願いを信じ続けていれば、その夢はかなえられるという、この映画の根幹をなすテーマをつづった曲です。シンデレラの声を担当したアイリーン・ウッズは、幼いころから歌手としての才能を持っていた人でした。3歳にはチャリティー・コンサートで、大勢の人を前に歌声を披露し、11歳のときには週2回、15分のラジオ番組に出演していました。(15) リヴィングストンによると、当時、映画制作チームは「ハリウッドに来たばかりだったので誰にヴォーカルを任せたらいいのかわかりませんでした。最終的にはマックが『ヒット・パレード』で知っていたアイリーン・ウッズが現在ハリウッドにいることを思い出して、それで彼女を使ったのです。ウォルトが彼女の声を聞いて、とても喜んでいました。そしてまたたく間に、彼女はシンデレラの声として雇われたのです」(16) ところが、アイリーン・ウッズは最初からシンデレラの声の候補という風にストレートにはいきませんでした。実は彼女は歌のデモ・テープの歌手で、ウォルト・ディズニーは、すでにハリウッド周辺の400人近くの声に触れていたのです

(13) "Cinderella," *Wikipedia*.
(14) 「ディズニー・ミュージックソング：ビビディ・バビディ・ブー」『ディズニーファン』第14巻第3号（通巻113号，2003年3月），50.
(15) 『シンデレラ』プラチナ・エディション，ブエナ・ビスタ・ホーム・エンターテイメント VWDS5088（DVD），2枚目に収録されたラジオ番組の音声.
(16) *The Music of Disney: A Legacy in Song*, Walt Disney Records 60957-2，解説書，23.

が、満足するものがなく、デモ・テープの声の主が選ばれたということでした。デモを歌った人がそのまま選ばれるというのは、稀なことなのだそうです。(17)

映画では、この《夢はひそかに》を歌っている途中で、お城の鐘が大きく鳴り響く音が挿入されています。夢見るシンデレラは、この音によって、現実世界に引き戻されてしまうのです。このように鐘の音を映画の早い段階で提示するのは、あとの場面で、12時の鐘を聞くやいなや、王子と踊るシンデレラが現実世界に引き戻されるのを感じ取ってしまい、そそくさとお城から逃げ帰ってくるという行動を、違和感なく表現するのに役立っているといえるでしょう。また、シンデレラが城へ行く夢が破られ、絶望に追いやられる場面もあるのですが、ここで《夢はひそかに》が優しい無伴奏コーラスで歌われます。その美しさと「夢」を扱った歌詞はシンデレラへの同情を強く引き起こします。ウォルトは「この歌の終わりに奇跡を起こさせよう。《夢はひそかに》は妖精のおばあさんを登場させる場面だ」という指示を出します。(18) 自分たちではどうすることもできない境地にきてはじめて妖精が魔法をかなえるという、実にドラマチックな瞬間といえるでしょう。

《スウィート・ナイチンゲール》は、ドリゼラ（ローダ・ウィリアムズ）がアナスタシアのフルート（電子オルガン）に合わせて歌のレッスンをする場面から、屋敷を掃除するシンデレラの歌唱へと進んでいくときの歌です。ウィリアムズの音痴の歌真似と、安っぽい電子オルガンの音が、実に「不快」な音をうまく醸し出し、これらがアイリーン・ウッズの美声と見事に対比されています。

そして、しばらくすると、シンデレラが掃除で使っている石けん水からたくさんのシャボン玉が飛び出し、彼女の姿がこれらに映ります。たくさんの泡に映るシンデレラに合わせて、彼女の声もたくさんのパートになって歌われるのですが、ここでは多重録音が使われています。この技術を取り

(17) 『シンデレラ』プラチナ・エディション，DVD 2枚目，ラジオ番組．
(18) *The Magic Music of Disney: 50 Years of Original Motion Picture Sound Tracks*, Ovation OV 5000 (4LPs)，解説書，21.

入れようと提案したのはウォルト・ディズニーでした。彼はウッズの歌う《スウィート・ナイチンゲール》を聴いたあと、しばらく黙って考え、「泡に映ったシンデレラと2重唱にしよう」「いや、もっと泡を浮かべて多重唱にしよう」と言います。[19] 1人の歌声を重ねるアイデアは、長編では『白雪姫』の《私の願い》ではじめて聴かれ、その後『メイク・マイン・ミュージック』の「くじらのウィリー」の部分で試されていました。おそらくディズニー社も技術としてはすでに知っていて、ウォルトの考えるドラマ的効果も見込んで、多重録音が使われたのでしょう（注：ダニエル・ゴールドマークによると、ギター奏者として有名なレス・ポールも1940年代から多重録音を試みており、この技術がメインストリームになりつつあったそうです）。[20]

ディズニーの『シンデレラ』では、ペローの原作にはない動物たちが登場し、シンデレラを巡るメインの物語とは別なプロットが、特に映画の終盤において大きな意味を持つようになります。《仕事の歌》も、そういったオリジナルの登場人物を物語に参加させる機能を持った歌で、その内容は、いじわるな継母(ままはは)や姉妹たちによって仕事を次々と与えられ、お城に行こうともドレスさえ繕(つくろ)えないというシンデレラをなんとか助けようと、ネズミたちがドレス作りをするというものです。歌を作曲したジェリー・リヴィングストンは「ウォルトはこのシーンを最初、バレエのように考え、その種の音楽を頭に入れていた」「しかし、シナリオをイラスト化して、動物たちのアクションについて打ち合わせしているうちにぼくらは動きのある音楽のほうがいいと思った。ウォルトのいうバレエ風の音楽という気持ちを残しつつ、歌を作り上げたのさ」と言います。[21] つまり、どこかしらスタイリッシュな側面を残しつつも、あまり舞踊のようなスローなテンポにはしなかったということでしょう。

(19) アイリーン・ウッズの発言.『シンデレラ』プラチナ・エディション，DVD 2枚目，特典映像.
(20) 『シンデレラ』プラチナ・エディション，DVD 2枚目，特典映像.
(21) 「ディズニー・ミュージックソング：仕事のうた」『ディズニーファン』第3巻第6号（通巻14号，1992年12月），75.

映画『シンデレラ』に王子が登場する時間は映画の制作が進むにつれて短くなっていったようですが、デュエット《これが恋かしら》では、その王子の歌声も聴けます（ウィリアム・フィリップスの代わりに歌うのはマイク・ダグラスです）。これは、もともと城内のオーケストラで、インストゥルメンタル・ナンバーとしてスタートし、テンポを落として、自然に歌へとつながっていきます。ソング・ライターとスコア作曲家、オーケストレーターのチームワークによって映画に自然に溶け込むように作られています。

挿入歌作りに従事した3人のソング・ライターは、ディズニーと契約を結んだあとハリウッドに赴き、約9週間を費やしてすべての曲を完成させました。これまでの作品どおり、制作の早い段階から彼らはディズニーとともに仕事をしたのですが、このときはじめてアニメの歌作りに参加したリヴィングストンは、シーンやその順序が毎日のように変更されたり、完全にアニメーションができあがってスコアが完成してからも曲が削られたりするのは、やはり驚きだったようです。また通常の映画のように台本を使うのではなく、ストーリー・ボードに描かれた絵を使ってシーンの進み具合を考えるという発想は、極めて新鮮だったと述べています。これは、ディズニーの音楽作りに参加する、のちの多くの作曲家たちも実感することでした。[22]

また、『シンデレラ』では、歌をビジネスとして、より戦略的に扱うようになりました。ディズニー社は音楽出版事業をはじめ、楽譜を出版したのです。ウォルト・ディズニーは、『シンデレラ』の歌はヒットすると目論んでおり[23]、事実《夢はひそかに》、《ビビディ・バビディ・ブー》、《仕事の歌》は大ヒットし、楽譜も大きな収入源となりました。楽譜の売り上げが大きかったのは、レコードは高価と考えられていたからでしたが、それでも映画の主要な歌を収録したＲＣＡビクター

(22) Tietyen, 91.
(23) 『シンデレラ』プラチナ・エディション，`DVD 2枚目，特典映像に収録されたダニエル・ゴールドマークのコメント.

のアルバムは、発売後1年で75万枚以上を売り上げ、『ビルボード』誌のナンバーワン・ヒットにもなりました。また、ペリー・コモは《愛はひそかに》と《ビビディ・バビディ・ブー》を録音し、そのシングル盤は100万枚クラスの売れ行きを記録し、アンドリュー・シスターズも《仕事の歌》で大ヒットを飛ばしました。(24)

スコアはオリヴァー・ウォレス、ポール・J・スミス、オーケストレーションはジョセフ・デュビンがおこないました。シンデレラが城から逃げるように馬車に乗ってくる場面では、ドラマチックなオーケストレーションが聴かれますし、ネズミたちとルシファーが繰り広げるドタバタ・ハラハラのシーンでは、短編映画で積極的に使われたミッキーマウジングが効果的に使われています。スコアを映像と合わせる方法についても、これまでの作品には使われなかった方法が使われていました。ディズニー長編作品では最初に歌や音楽やセリフの録音がなされ、それに合わせて絵が描かれていました。日本ではアフレコが基本になっていますが、それとは逆の方法です。しかしバリアーの調査によると、この『シンデレラ』のかなりの部分では、スコアの部分は日本のようにアフレコとなり、画面ができてから作曲されるようになりました。(25)

『シンデレラ』の音楽は高く評価され、《ビビディ・バビディ・ブー》とスコアがそれぞれアカデミー賞にノミネートされ、サウンドトラックのレコードもナンバー1ヒットとなり75万枚近くも売れました。(26)

(24) Tietyen, 93.
(25) Barrier, 399.
(26) Tietyen, 93; ダニエル・ゴールドマークのコメント.

『ふしぎの国のアリス』（1951）

ウォルト・ディズニーがルイス・キャロルの『ふしぎの国のアリス』に関心を持ったのは1920年代にさかのぼります。実写のアリスがアニメの世界で活躍するサイレント映画の短編シリーズ『アリス・コメディ』です。これはウォルトの名前が全米に知られるようになったきっかけとなった記念碑的な作品でした。制作に5年を要した長編アニメ『ふしぎの国のアリス』のほうは、1951年に公開されています。

『ふしぎの国のアリス』という作品は複数の小さなエピソードで成り立っているためか、歌のほうも1つの場面に1曲またはそれ以上の曲を出すという形になっています。当初は、オリヴァー・ウォレスやフランク・チャーチルに歌を作曲してもらっていましたが、ディズニーはもっと大衆受けする歌が欲しかったらしく、『シンデレラ』のときと同じように、サミー・フェインとボブ・ヒリヤードといった、ティン・パン・アレーのソング・ライターにも加わってもらいました。(27) 詳細は以下の表をご覧ください。

表3－2 『ふしぎの国のアリス』：サウンドトラック盤に登場する楽曲
※特に表示がない場合は、ボブ・ヒリヤード＝作詞、サミー・フェイン＝作曲、＊はルイス・キャロルの原作から作られた歌詞。(28)

	タイトル	演奏（歌）
	オープニング・クレジット	
1	メイン・タイトル（ふしぎの国のアリス）	ジャド・コンロン合唱団

(27) Wikipedia, accessed on 15 January 2006; Tietyen, 94.
(28) ルイス・キャロルの原作にもとづきながらも，独自に作詞をされた曲もあります．それらについては作詞家のあとに＊をつけておきました．

	タイトル	演奏（歌）
	午後のひととき、草原で	
2	私だけの時間	キャサリン・ボーモント（vo.）
3	時間におくれた＊	ビル・トンプソン（vo.）
	ドードー鳥	
4	船乗りのうた 民謡、オリヴァー・ウォレス＝編曲	トンプソン（vo.）
5	ぐるぐるレース	トンプソン、ジャド・コンロン合唱団、ザ・リズメイアーズ
	トゥイードルディーとトゥイードルダム	
6	はじめまして　こんにちは コンロン＝作詞（＊）、ウォレス＝作曲	J・パット・オマリー（vo.）
7	セイウチと大工 ヒリヤー＝作詞（＊）、フェイン＝作曲	オマリー（vo.）
8	ウィリアム父さん、年とった＊ ウォレス＝作曲	オマリー（vo.）
	白ウサギのお家	
9	あいつをいぶしだそう ウィンストン・ヒブラー／テッド・シアーズ＝作詞、ウォレス＝作曲	トンプソン（vo.）
	お花たちのコーラス	
10	ゴールデン・アフタヌーン	ボーモント、合唱団
	イモムシ	
11	ア・エ・イ・オ・ウ（イモムシのうた） ウォレス＝作曲	リチャード・ハイドン（vo.）

	タイトル	演奏（歌）
12	いかように小さなワニは［朗唱］	ハイドン（VO.）
	チシャ猫	
13	トゥワズ・ブリリグ＊ ドン・レイ／ジーン・デ・ポール＝作曲	スターリング・ホロウェイ（VO.）
	マッドハッター、3月ウサギ、ドーマウス	
14	お誕生日じゃない日のうた マック・デイヴィッド／エド・ウィン／ジェリー・コロンナ／アル・ホフマン／ジェリー・リヴィングストン＝作詞・作曲	ボーモント（VO.）
	タルジーの森	
15	トゥインクル・トゥインクル＊	ジミー・マクドナルド（VO.）
16	ベリー・グッド・アドバイス	ボーモント
	ハートの女王の宮殿	
17	バラを赤く塗ろう	ボーモント／ザ・メロー・メン（VO.）
18	誰がバラを赤く塗った？	ヴェルナ・フェルトン（VO.）

そうして映画の制作過程では、40曲以上もの歌が作られ、多くがルイス・キャロルのテキストを使ったものだったそうですが、最終的に現在サウンドトラックCDに歌詞が載っている曲の数は18曲で、キャロルのテキストにもとづいているのは4曲です。

また、採用された18曲の中には、歌というよりは朗唱に近いものもあり、あまりにも短くて曲として完結していないようなものもあります。そのため、この映画のすべてのヴォーカル・ナンバーが収録された、オリジナル音源によるサウンドトラックは1990年代の終わりになって、ようやく作られることになりました。ここではいくつかをハイライトとして紹介しましょう。

物語を一気に幻想世界に導いていく白ウサギの《時間におくれた》は、『ピーター・パン』でスミー役を演じたビル・トンプソンによって歌われる、なんともあわただしい曲です。ただ作曲したフェインによると、「もともとのバージョンはちょっと違っていて、こんなにあわてていなかった」といいます。ウォルトはすでにこのバージョンが気に入っていたのですが、フェインは納得できずに新しいバージョンを考え、次の日ウォルトに聴かせます。ウォルトはずっと喜んで、新しいほうにしようということになりました。(28) 本編の中では、白ウサギが登場するごとに、この歌も繰り返され、アリスの好奇心を誘います。

双子のトゥイードルディーとトゥイードルダムは、どちらもパット・オマリーが歌っています。『イカボードとトード氏』では、馬のシリルを演じていた人です。すでに多重録音の技術は『シンデレラ』でも十分試されていて、ここでもその技術を使って2役のハーモニーを聴かせているのでしょう。《セイウチと大工》はルイス・キャロルの物語に取材した「劇中劇」で、さまざまな声色で歌われる歌とナレーションをすべてオーケストラ伴奏にして進める、オペレッタ形式の曲です。

《ゴールデン・アフタヌーン》は《ベリー・グッド・アドバイス》とともに、アリス役のキャサリン・ボーモントが参加する、数少ない歌です。のちに『ピーター・パン』でウェンディも演ずるボーモントですが、彼女がアリス役に選ばれたときはまだ10歳。映画公開時に、ようやく13歳になったといいます。《ゴールデン・アフタヌーン》で、アリスは花に囲まれて気持ちよく歌っているの

(28) Tietyen, 95-96.

ですが、途中で音を外してしまいます。アリス役のボーモントは、正直いって、あまり歌が上手とはいえません。それが逆にその後の気まずい雰囲気につなげる演出となったのでしょう。《ベリー・グッド・アドバイス》は、アリスが寂しさに耐えかねて思わず泣いてしまう場面のため、音程の多少の不正確さは、むしろ表現の一部として許されるということでしょうか（なお、ボーモント自身も歌が得意でなかったとのちのインタビューで認めているそうです）。[29] いずれにせよ、彼女の欠点をカバーする工夫ということだったに違いありません。

《お誕生日じゃない日のうた》も、この作品ではひときわ目立つ曲の1つでしょう。ところが、この歌も、最初からすぐにできあがってきたものではありませんでした。スタッフの間に、マッド・ハッターたちのシーンには歌が必要であるという認識はあったものの、ソング・ライターたちはまったくいいアイデアが浮かばず、お手上げ状態だったのです。そこでウォルト・ディズニーは前作『シンデレラ』の制作に携わっていてソング・ライティング・チーム、マック・デイヴィッド、ジェリー・リヴィングストン、アル・ホフマンたちを別のスタジオに見つけ、声をかけることになりました。リヴィングストンはこう言います。「私たちはその映画［ふしぎの国のアリス］を担当していないのですが、ある日ウォルトが、何かいい考えがないか尋ねてきたのです。10分から15分の大シーンがあって、どうしたらいいのかわからない。結局マック・デイヴィッドが《お誕生日でない日》のアイデアを思いつきました。1年には364日の誕生日でない日があるのだから、それは狂気めいたお茶会を開く絶好の理由となります。そしてそれは狂気どころじゃすまないマッド・ハッターにぴったりでした」[30]

ソング・ライターたちは、今回インストゥルメンタル・ナンバーも書きました。それがトランプ

(29) 前掲資料，97．浮田文子「Disney Music Song:ゴールデン・アフタヌーン」『ディズニーファン』第15巻第13号（通巻135号，2004年10月），50.
(30) Tietyen, 96.

の行進の場面の音楽です。フェインによると、これはほとんど偶然にできあがったものだったそうです。「他の歌に使おうと思っていた2小節のイントロ－ヴァンプ（vamp）ともいうんだけど－のアイデアがあって、ウォルトがある日、それを聴いたのです。彼はこちらにやってきてこう言いました。『サミー、それいいね。きっとトランプの行進にぴったり合うと思う。』それでこのヴァンプを取り上げて（中略）マーチにしたんです」(31)

この映画のスコア全般を担当したのはオリヴァー・ウォレスです。多くの独立したエピソードがこの映画には組み込まれているので、作品を統一するための音楽を書くことが難しいということは考えられますが、一方でさまざまな音楽スタイルを試す絶好の機会だったかもしれません。彼のスコアはアカデミー賞にノミネートされました。演奏には50人近くによる大きな編成のオーケストラが登用されたのですが、前作『シンデレラ』の成功により、資金が豊富にあったため、声優もオーケストラもゴージャスなものにできたということです。(32)

『ピーター・パン』（1953）

『ピーター・パン』は『ふしぎの国のアリス』とともに、ウォルトが早くから長編アニメ化したがっていた作品です。プロダクションが本格的にスタートしたのは1949年で、完成まで3年を要しました。(33) この作品も外部のソング・ライターが主な歌を作曲し、ディズニー専属のスコア作曲家が適宜これに加わるという形で音楽が制作されました。詳細は次のページにまとめましたが、

(31) 前掲資料, 96.
(32) “Alice in Wonderland,” *Wikipedia*, accessed on 15 January 2006; *Lenny's Alice in Wonderland Site*, accessed on 15 January 2006.
(33) Tietyen, 98;「ディズニー・ミュージックソング:きみもとべるよ!」『ディズニーファン』第2巻第5号（通巻8号, 1991年12月）, 45.

アンダースコアはオリヴァー・ウォレスが担当し、エド・プラムがオーケストレーションをおこないました。合唱の編曲はジャド・コンロン（1910－1966）で、彼の合唱団も演奏に加わっています。(34) コンロンは1940年、50年代のラジオ番組にて、ビング・クロスビーのショーでバックを務めた人で(35)、クロスビーとはすでに『イカボードとトード氏』のイカボードの部分に出演し、『ふしぎの国のアリス』でもヴォーカル・アレンジをおこなっています。

表3－3　『ピーター・パン』：主題・挿入歌の創作者

創作者	曲名
サミー・カーン＝作詞・作曲	《右から2番目の星》 《きみもとべるよ！》 《ホワット・メイド・ザ・レッド・マン・レッド》 《あなたと私のママ》 《フック船長はエレガント》
アードマン・ペナー＝作詞 オリヴァー・ウォレス＝作曲	《海賊のくらし》
テッド・シアーズ／ウィンストン・ヒブラー＝作詞 オリヴァー・ウォレス＝作曲	《リーダーに続け》

これらの曲のほか、フランク・チャーチルが《ワニをひやかすな》という曲をプロダクションのごく初期の段階で書いていますが（作詞はジャック・ローレンス）、歌としては採用されず、ワニの登場を示すスコアとして登場することになりました（注：歌のほうは、サウンドトラックにボーナス・トラックとして収録されています）。

(34)　Tietyen, 98.
(35)　レナード・マーティンの発言,『ピーターパン』DVD, 音声解説.

この『ピーター・パン』では、すでに『ふしぎの国のアリス』でも試みられたように、セリフから歌へとスムーズにつながっていくのが特徴で、歌のフレーズがしばしば断片的になったり、セリフと同化したりします。いかにもミュージカル・ナンバーがはじまったという不自然さのないのがこの映画における音楽の特徴といえるかもしれません。

その代表例が、これからネバーランドに向かって飛び立とうという場面で印象的に歌われる挿入歌《きみもとべるよ！》の場面です（表3－4に、この部分の形式を分析して表にしたものを載せておきます）。子どもたちがピーターにどうやったらネバーランドに行けるかを尋ねたとき、ピーターは「簡単だよ」と答え、いろんな楽しいものをみんなで挙げてきます。実はこの子どもたちのセリフの背後でオーケストラは《きみもとべるよ！》のメロディをすでに奏でていて、ピーターも子どもたちもオーケストラによる旋律に合わせて、セリフをリズミカルに唱えます（日本語版では、歌の旋律のリズムを使ってセリフを唱える部分がわかりにくいので、ぜひ原語でチェックしてみてください）。

表3－4　『ピーター・パン』：《きみもとべるよ！》の分析

	経過時間	キー	要素
【導入部】	16：26		セリフ　弦楽器が長く音を伸ばす
	16：28		ハープの和音
	16：32	B♭	クラリネットによる導入部分

【メイン・セクション】

経過時間	キー	要素
16:48	E♭	リズムに乗せたセリフ（歌Aセクション）
17:10		リズムに乗せたセリフ（歌Aセクション）
17:38	G	通常のセリフ（歌Bセクション）
18:03	E♭	リズムに乗せたセリフ（歌Aセクション）、テンポが速くなる
18:19		コーラスによるブリッジ（接続部）
18:30	F	コーラスによる歌唱（歌Aセクション）
18:49		コーラスによる歌唱（歌Aセクション）
19:07	A	コーラスによる歌唱（歌Bセクション）
19:28	F♯	コーラスによる歌唱（歌Aセクション）、ピーター・パンのパン・フルート
19:56	A	「ビック・ベン」の音
20:06	A	コーラスによる歌唱（Aセクション）

〝You Can Fly〟と繰り返す部分も歌のリズムを使ってはいるのですが、決して歌にはなりません。歌うのは子どもたちではなくて混声合唱なのです。子どもたちがピーター・パンといっしょに家の窓から飛び出して夜中のロンドンを飛んでいく場面ではじめて、《きみもとべるよ！》が歌の形で現れます。

なおビッグベンのチャイムは歌のキーに合わせればA♭－C－B♭－E♭と鳴るはずですが、C－A♭－B♭－E♭になっています。これはおそらく、鐘の音をコード進行や歌の流れとうまく馴染ませ、観衆の注意を逸らせないための配慮ではないでしょうか（ネバーランドから戻ってくるときの鐘の音と比較してみてください）。

またこの歌は、終盤のスコアとエンディング（コーラスつき）にも使われていて、子どもたちの夢見る空想世界をいきいきと表現しています。

そのほかの歌についても、簡単に紹介しましょう。メイン・タイトルの《右から2番目の星》は、ディズニーソングの典型ともいえる、夢や希望を歌った歌詞で、ＡＡＢＡという形式によるコーラスの美しい作品です。《海賊のくらし》、《フック船長はエレガント》は、海賊には女性がいないということか、男声合唱による短い曲です。後者にはフック船長役のハンス・コンリードのソロも聴けます（コンリードはダーリング氏の声も担当しています）。《リーダーに続け》は、意外にもディズニー・アニメではほかに例がない、児童合唱による1曲です。《ホワット・メイド・ザ・レッド・マン・レッド》は「ドンドッドッドッ」というリズムが聴かれます（男声合唱）。今日ではこういうハリウッド製「インディアン音楽」は、問題ありとして映画では使われなくなりました。《あなたと私のママ》は、この作品では唯一の女声ヴォーカルで、ウェンディ役のキャサリン・ボーモントが歌も担当しています。『ふしぎの国のアリス』におけるボーモントの歌唱は、あまり上手とはいえなかったのですが、《あなたと私のママ》の歌は、シンプルながらも味わい深い仕上がりになっていて、彼女の歌の技術が向上したことが認められます。

『ピーター・パン』では、歌のほかに、キャラクターに直接結びついた「音」に工夫があります。たとえばティンカーベル（tinker bell というのはまさにリンリンと鳴る鈴ということですね）は『白雪姫』のドーピーのように話さないキャラクターなのですが、常にベルの音でその存在が明らかになります。このベルの音は、ティンカーベルの動作によって音が微妙に変わり、制作側の、音に対する意気込みが感じられます。実はティンカーベルの音については、既製の鈴の音を試してもうまくいかなかったそうで、ジム・マクドナルドという人がアルミニウムの板を近所で拾ってきて細かく刻み、これらをひもでまとめたものを使ったそうです。そして板を入れ替えることにより音の高さを自由自在に変えることも可能になりました。このようにしてマクドナルドが作った音の長さをマーク・デイヴィスが編集してできたのがティンカー・ベルの音です。彼女はこの不思議な音とさまざまな表情を使って、パントマイムのみで心の動きを推察させる面白いキャラクターなのです。(36)

またピーター・パンは牧神（パン）であるため、パン・フルートを持っています。たいていは彼が登場するとフルートによるメロディが聞こえてくるだけですが、《きみもとべるよ！》が歌われる場面では実際にパン・フルートを吹くピーター・パンの姿も見られます。

もう1つ音で注目したいのはワニで、もちろんこのキャラクターも話さないのですが、ファゴットの音色と、飲み込んでしまった目覚まし時計の刻み音が聞こえてきます。この設定はおそらく子どもたちにも大変覚えやすく、2度目以降はワニの姿が見えずとも時計のカチカチ音だけでワニの姿を想像できる仕掛けになっています。このような登場人物に固有の音を与える手法はロシアの作曲家セルゲイ・プロコフィエフが子ども向けに作ったオーケストラとナレーションのための音楽物語《ピーターとオオカミ》において使われています。

(36) 『ピーター・パン』, ブエナ・ビスタ・ホーム・エンターテイメント VWDS4646（DVD）, 音声解説.

『わんわん物語』(1955)

『わんわん物語』は、20世紀前半のアメリカはニューイングランド地方が舞台になった作品です。アニメーションとしては史上初となるシネマスコープによる公開が1955年6月16日におこなわれました。

歌はペギー・リーとソニー・バークが、音楽監督ならびにスコアはオリヴァー・ウォレスが担当、オーケストレーションにはエドワード・プラムとシドニー・ファインが加わっています。ペギー・リーはもともとレディ役の声優としてセリフのみを担当することになっていたのですが、映画制作が進むにつれ、どこに歌を入れるべきかについていつも積極的に意見していたそうです。そしてウォルト・ディズニーも彼女のアイデアにたびたび感動し、バーバラ・ルディに依頼するはずだった主題歌・挿入歌までを彼女に任せることになりました。(37) ペギー・リーはダーリン、2匹のシャム猫たち、ペグと、1人で4役の声をこなしています。ちなみに彼女は本名をノーマ・ドロレス・エグストロムといい、「美しいプラチナ・ブロンドの北欧系歌手」として人気者だったそうです。1930年ノースダコタ州に生まれ、1941年からはベニー・グッドマンとともに活動しています。そして『わんわん物語』の企画がスタートした1940年末ごろには《マニャーナ》という曲で全米年間チャート1位を獲得しています。(38)

生まれたばかりの赤ちゃんを前に、ダーリンが歌う《ララルー》は、《私の赤ちゃん》(『ダンボ』)にも似た優しい母の子守歌です。かわいい赤ちゃんの傍らにしっぽを振って喜ぶペグも描かれており、人間と動物のあたたかい関係がさり気なく表現されています。直前には、バーバラ・ルディ

(37) The Music of Disney: *A Legacy in Song*, 25.
(38) Maltin, *Disney Films*, 126;「ディズニー・ミュージックソング:ララルー」『ディズニーファン』第1巻第3号(通巻3号, 1990年冬), 65;「ディズニー・ミュージックソング:ベラ・ノッテ」『ディズニーファン』第5巻第6号(通巻26号, 1994年12月~95年1月), 44.

演ずるレディは階段をのぼりながら、「赤ちゃんって何だろう」と心の中でつぶやく場面がありますが、ここはセリフではなく、ピアノ伴奏に合わせて半音ずつ上がってくるレチタティーヴォ（語り歌）になっています。

《シャム猫のうた》は、タイ（「シャム」はタイ王国の旧称）の古典音楽にヒントを得たアンサンブルの伴奏に乗せて、ペギー・リーが歌います。『シンデレラ』の《スウィート・ナイチンゲール》でも使われた多重録音の技術がここでも使われ、サイとアムというシャム猫（シャムは英語ではサイアムと発音します）の両方の声をペギー・リーが歌っています。

さてこの映画ではなんといっても《ベラ・ノッテ》が有名でしょう。スパゲティを食べるレディとトランプが思わずキスしてしまうシーンはディズニー映画史に残るものになっています。ラブ・ロマンスは映画の魅力となっているためか、オープニング・クレジットにおいても、ムーディーなヴォーカルで歌われています。音楽ジャンル的に考えてみると、これ以前までの場面では、クラシック、ジャズ、アジアのテイストが使われてきましたが、今度はアコーディオン、リュート、ヴァイオリンによる、イタリア風のスタイルが登場します。レストラン・シェフたちもイタリア訛（なま）りの英語で話し（今日ではややステレオタイプのそしりを免（まぬが）れませんが）、わざわざ「美しい夜」を、イタリア語の「ベラ・ノッテ」という言葉を使って歌います。この歌で面白いのは、主人公の犬たちの気持ちや感情よりも、トニー（ジョージ・ギヴォット）という第3者がムードを盛り上げる歌になっている点でしょうか。また歌詞の中に“And the heavens are right”（日本語の字幕は「今夜はまるで天国のような夜」）という箇所があるのですが、そこでレディの目の中に星が光る工夫もされていますので、注意して観てください。(39)

(39)「ディズニー・ミュージックソング：ベラ・ノッテ」, 45 ; Maltin, *Disney Films*, 126.

《彼がトランプさ》には、他の場面にはなかったジャズの要素が出てきます。ブルーノートが積極的に使われ、スイング・リズムとともにグレン・ミラー風のスイング・バンドの演奏が聞かれます。歌のバックのコーラスが犬の鳴き声を真似(まね)ていますが、これはザ・メロー・メンがおこなっているようです。キャラクター的には、のちの『おしゃれキャット』のオマリーにも引き継がれるようなイージー・ゴーイングなジャズが使われています。ペグは、ペギー・リーの出演と、彼女の映画作品への貢献もあって、プロジェクト途中で考えられたキャラクターで、映画の設定ではペグはドッグ・アンド・ポニー・フォリー（犬と子馬のフォリー）で歌っていた経験があるということになっています。このフォリーというのは、ミュージカルの前身となるステージ・ショーで、アメリカではジークフリート・フォリーというのが有名でした。ペグというのは、そういったエンタメ系のビジネスに関わったという設定になっているため、歌う曲もジャズ調になっているということでしょう。

この保健所の場面には、犬たちの合唱による《峠のわが家》（オリジナル曲ではなく、アメリカ民謡）があります。《彼がトランプさ》でコーラスを担当したザ・メロー・メンによる合唱ですが（『ふしぎの国のアリス』ではトランプのコーラスも担当しました）、ウォルト・ディズニーはこの場面が大のお気に入りだったらしく、この犬声による合唱のテープを持っていて、自宅を訪ねる客に聴かせることも多かったそうです。(40)

オリヴァー・ウォレスによる『わんわん物語』のスコアは、映画の冒頭の長い時間に流れています。冒頭の《ベラ・ノッテ》と《世界に平和を》が終わってから、次の《ララルー》のイントロまで、約25分がウォレスの音楽になっています（注：ジョックが歌うスコットランド民謡風の歌はクレジットされていませんが、おそらくウォレスが作ったもので、25分の中では例外的に歌が入る箇所です）。

(40) Tietyen, 102.

そのウォレスは、レディとトランプのテーマを提示します。このうちレディのテーマは、プルートの短編映画で流されたオープニング・クレジットの曲に似たスタイルの音楽になっています。

ウォレスのスコアがより活躍するのは、トランプがネズミと闘うシーンです。ここでは、ミッキーマウジング（第1章を参照）とはいわずとも、非常に細かくアクションの変化に対して音がつけられています。しかし一方では、危機迫る赤ちゃんの状況をドラマチックに演出することも忘れません。赤ちゃんの無事がわかるとオーボエの優しいメロディが聴こえますが、それもセーラおばさんの登場で一瞬にしてスリルのある音楽に戻ります。

『わんわん物語』はディズニー・ミュージックの歴史において、より現代的な響きを投入した例として考えられると思います。『眠れる森の美女』では再びクラシックを引用した古風なものになりますが、その後の『101匹わんちゃん』以降の多くの長編アニメでは、ポピュラー音楽の要素が強くなります。つまり『わんわん物語』はディズニー・ミュージックの転換点、橋渡し的な存在といえるのではないでしょうか。

一方で、この『わんわん物語』や、のちの『101匹わんちゃん』においては、「ウォルトの伝統であったミュージカル・アクション・コメディの要素も消滅して、歌曲シーンは平面的に挟み込まれているに過ぎない」とする厳しい評価もあります。(41) 楽曲の是非はともかくとして、確かにこの作品の場合、挿入歌がプロットの進行を遅らせているのではないかという印象もあります。たとえば《ララルー》は、「赤ちゃんのための子守歌」という以上の広がりが作りにくい内容ですし（レディが関わっている画面を入れたのは正解でした）、《ベラ・ノッテ》もムード音楽以上のものはなく、《彼がトランプさ》についても、物語の焦点がぼやけてしまっているという批判も不可能ではないかも

(41) 森卓也『アニメーション入門』（美術出版社, 1966年）, 127.

しれません。

最終的な評価は、もちろん人によって異なると思われますが、こういった歌とプロット進行の問題は、ディズニー・アニメに固有ではなく、オペラ、オペレッタ、ミュージカルといった舞台芸術／エンターテイメントの世界では、常々問題にされてきたといえます。

『眠れる森の美女』（1959）

『眠れる森の美女』はシャルル・ペローによる物語にもとづいた作品で、1959年1月29日封切りの長編映画です。プロダクションがはじまって、ウォルト・ディズニーはすぐにチャイコフスキーの、同名のバレエ音楽を自分のアニメ作品に使いたいと考えていました。[42]『ファンタジア』のころはまだクラシックを勉強中だと思われるウォルトは、ここにきて自分から具体的な作品を挙げるあたり、クラシック音楽にも通じてきたということを思わせます。
また、クラシックや愛唱歌の1節を持ってきて映画の音楽とするのは短編時代におこなわれていましたが、長編アニメ作品において、オリジナルなスコアに頼らないというのは、『ファンタジア』のような特殊な例を除いては、異例のことと考えられます。こういった既製曲の大胆な使用は、『眠れる森の美女』以降では『リロ・アンド・スティッチ』におけるエルヴィス・プレスリー・ナンバーまでありません。そしてこの映画の場合はペローの原作もチャイコフスキーの音楽も、それぞれ時代を経た古典作品ですし、物語にもシリアスさが求められてしまいます。一方で子ども向け映画

(42) Randy Thornton, "Producer's Note";『眠れる森の美女』(OST) Avex (Walt Disney Records) AVCW-12074, 解説書, 13.

としてのユーモアも保たねばならないことを考えますと、クラシックの名曲を使ってアニメ音楽を書かねばならない作曲家は、かなり苦労したのではないかと考えられます。

　その困難なスコアを担当したのは、ジョージ・ブランズという人でした。インタビューによると、スコアの3分の1は、チャイコフスキーのスタイルを使って書かれたオリジナルだといいます。確かに実際チャイコフスキーの原曲はスクリーン上で起こっている出来事にマッチしないので、変更は必須であったといえるでしょう。ブランズは「チャイコフスキーの弟子じゃなければ、違いはわからないよ」とまで言っています。[43] ただ実際にサウンドトラックCDを聴いたところ、チャイコフスキー風に響く箇所は、それほど多くなく、3分の1どころか、70パーセント近くがオリジナルではないかと私には思えます。その原因にはさまざまなものがあるでしょうが、そのうちの1つは、ときどき顔を出すドビュッシー、ラヴェル、あるいは１９３０年・４０年代に活躍したダンス・バンドを思い出させる20世紀風の和音、そしてミュートを使ったトランペット、トロンボーンといった楽器法の新しさ（これらもダンス・バンド、ラジオ・オーケストラ、ミュージカルの影響でしょう）が原因と考えられます。色彩感に富みアピールも強いのですが、清楚な原曲の雰囲気とは若干違っているようです。また、メロディや動機の一部は確かにチャイコフスキーのバレエ曲から取られていますが、そのバレエ音楽にブランズが従ったというよりは、映画のドラマに適した部分を原曲から随時選びとり全体に散りばめたという印象が強いです。おそらくブランズが別のところで述べた「スクリーン（アニメ）に合わせて、原曲（チャイコフスキー）から自由に引用した」というコメントのほうが、映画の実態に近いものと考えられます。[44]

　オリジナルのバレエ曲から映画への転用ですが、歌とスコア両方に使われています。おそらく一

(43)　Tietyen, 106.

(44)　ブランズの発言，柳生すみまろ「ディズニーの世紀：第7回　ディズニー・ヒットソング　Part 2」『ディズニーファン』第5巻第2号（通巻22号, 1999年4～5月), 39-43.（　）内補足も引用文から.

番わかりやすいのは《いつか夢で》という主題歌でしょう。第1幕第6番の〈ワルツ〉からのメロディがここでは使われています。ただしオリジナルは弦楽器によって奏でられるものであり、もちろんジャック・ローレンスによる歌詞もありません。《オーロラ姫おめでとう》という挿入歌はチャイコフスキーのバレエのプロローグから行進曲の部分を使っています。そのほか、多くのスコアがチャイコフスキーの曲を採用していますが、その程度はさまざまです。

ブランズは『眠れる森の美女』のスコアを、チャイコフスキーの同名のバレエ音楽に現れた動機や旋律を随所に使いながら、その大半を自分で作り上げ、そのスコアはアカデミー賞にノミネートされました。このオーケストラ演奏は、すべて1957年にドイツで録音されています。(45) 同国には優れた録音技師がいるというのがその理由でした。ちょうど映画も70ミリのスーパーテクニラマを採用し、音を入れるトラックも従来の1本から6本にまで増え、録音も光学式から磁気式へとなり、音質が飛躍的に向上したという背景も、そこにはありました。(46)

さて、ドイツでの録音を聴き、当時ディズニーランド・レコードのプロデューサーだったテュッティ・カメラータは、音楽そのものが独立しても十分聴けるとウォルト・ディズニーを説得します。『白雪姫』においては、いわゆる映画のオリジナル・サウンドトラックというものを一般発売するという先例を作ったディズニーでしたが、そこにスコアは含まれていませんでした。カメラータは歌だけでなくオーケストラ演奏も収録する、現在のオリジナル・サウンドトラック・アルバムのコンセプトを打ち立てることになりました。『白雪姫』の時代は両面で8分くらいしか収録できないSPレコードが主流だったのに対し、『眠れる森の美女』のころにはLPレコードが一般的になったという背景もあったのでしょう。そのほか、実に14種類のレコードが関連グッズの一環として作

(45) Thornton, 13.
(46) 柳生「ディズニー・ヒットソング　Part 2」, 40. なお柳生氏によると,『ファンタジア』では光学録音で4本のサウンドトラックを使ったが，ただしそのうちの1本は「コントロール用の総合トラック」で，実質的には3チャンネルのステレオになるのだそうです.

られるなど、この映画は派手にプロモーションをおこなったことで知られています。(47)

ウォルト・ディズニーは、これまでも、映画における音楽の重要性を強く意識してきましたが、クラシック音楽の既製曲に、これほど強く影響された作品は珍しかったように思われます。短編アニメにおいては、親しみやすいクラシック名曲が、アクションに合うように引用・アレンジされていましたが、この『眠れる森の美女』ほど、長く込み入ったアレンジを施した作品は、これ以前にも、これ以後にもありませんでした。また、ディズニー映画のファンは、チャイコフスキーのオリジナル・バレエ音楽よりも先に《いつか夢で》という歌詞のついたバージョンで、このチャイコフスキーの有名なメロディを覚えたに違いありません。

『101匹わんちゃん』（1961）

『101匹わんちゃん』は、その舞台をはじめて同時代に設定した長編アニメーション作品でした。絵のほうも、それまでの滑らかでソフトな感じのものから独特のシャープでスタイリッシュなものになったため、「クラシック・ディズニー」にこだわる人からは違和感が感じられたともいわれています。しかしクルエラという魅力的な悪役のもとから大脱走するわんちゃんたちが画面狭しと大活躍するこの作品は、再上演やビデオの発売も手伝ってか、人気の衰えるところを知らぬ名作となっています。

『101匹わんちゃん』のオープニングは、１９３９年の『ダンボ』以来の、歌なし・コーラスなし

(47) Thornton, 13; Tietyen, 106.

です。さらに、これまでは静止画面のバックに歌が流れるスタイルだったのですが、『101匹わんちゃん』では、インストゥルメンタル・ナンバーとシンクロさせたアニメーションが、ずっと観客を惹きつけていくという工夫がなされています。途中で突然音楽が切れて「あれっ」と思うと、音符が次々に現れながら、画面には「作曲家」がクレジットされ、タイプライターの音がしたかと思うと、『101匹わんちゃん』の原作者の名前がタイプされたような文字で現れるという仕掛けです。このアニメの封切りに先立つこと2年、1959年には、『101匹わんちゃん』の歌とスコアを担当したメル・リーヴェンとジョージ・ブランズは『ノアの箱舟』という人形を使った独特の静止画アニメ作品を制作しており、もしかすると、そのときの映像と音とのタイトなシンクロ手法が『101匹わんちゃん』のオープニングにも影響したのかもしれません。

さらに、このオープニングで使われたこのインスト・ナンバーは、サウンドトラックでは「序曲」と題されています。一般に序曲というと、クラシックのオペラなどで幕が上がる前にオーケストラのみによって演奏される短い前奏曲のようなもので、歌劇本体に入る前、客席の雰囲気を盛り立てるとともに、登場人物が歌うアリアの旋律などが散りばめられて、興味を引きます。ちょっと聴いたところ、このオープニングにはいろんなスタイルで書かれた音楽断片が、あたかもランダムにつながれて進んでいくような即興的な感覚があります。しかしよく聴いてみると、《街のクルエラ》のメロディや映画本編で何度も現れる「わんちゃんのテーマ」(F－FG－F－FG－F－D－A－B♭)も顔を出しています。

映画本編の最初の音楽も独特です。主人公ポンゴの「ペット」であるロジャーが作曲家で、何やら新曲をピアノに向かって書いているという設定です。もちろんこのピアノを実際に弾いている人——おそらくは歌を担当したメル・リーヴェンだと思われます——は本当に作曲をしているのではなく、そういった感じが出るように即興演奏をおこなっているといったほうが実際に近いでしょう。実際ポンゴの語りと微妙に合うように演奏されており、物語をリラックスしたムードで進めていくのに成功しています。

この作品でもっとも広く知られている挿入歌《町のクルエラ》も、ロジャーが半ば即興的に作り出したかのような印象を醸（かも）し出しています。(48) もちろん原題である「クルエラ・デ・ビル Cruella De Vil」は「Cruella Devil（悪魔のクルエラ）」や「Cruel Devil（残酷な悪魔）」と引っかけたキャラクター名ですから、ロジャーのように崩（くず）して歌うと、その邪悪さが余計に面白く聞こえます。アニタが怒るのも無理ありません。

その《町のクルエラ》を作曲したメル・リーヴェンは、このほかに2つの歌を提供しています。1つは、わんちゃんたちが大好きな名犬物語『サンダーボルト』のスポンサーによるテレビ・コマーシャルで歌われるジングル《ケイナイン・クランチーズ・コマーシャル》で、もう1つは、映画の最後に登場する《ダルメシアン・プランテーション》です。誘拐された15匹の犬に加えてクルエラがこれまで囲っていた犬まで全部受け入れることになり、ロジャーの家は大賑（にぎ）わい。《街のクルエラ》の大ヒットに気をよくしたロジャーは郊外に家を買って、101匹のわんちゃんと暮らすためにプランテーション（大農園）を作ろうじゃないかと、これも半ば即興的に作ったという設定で《ダルメシアン・プランテーション》を歌います。喜びあふれたアップテンポの曲はそのまま男性コーラスのハーモニーとともに幕切れの音楽となっていきます。このエンディングにおける合唱スタイルも『ダンボ』以来の軽い調子のもので、クラシック的な雰囲気とは違っています。

(48) 歌の原題は “Cruella de Ville” となっているのですが、これはどうやら綴りが間違っているそうです（デイヴ・スミス著、山本美香・IPI訳）『Disney A to Z: The Official Encyclopedia オフィシャル百科事典』（ぴあ：2008年）、104.

スコアはジョージ・ブランズが担当しており、序曲も見事ですが、「わんちゃんのテーマ」も映画の要所要所に現れ、物語を前に進めます。そのフレッシュであか抜けたリズムは、気分を一新します。拍子や調を変え、いろんな場面で現れながら、作品全体に統一感を与えています。

ジョージ・ブランズのスコアでもう1つ注目したいのは、劇中劇のテレビ・ドラマとして放送される『サンダーボルト』のシーンにつけられた音楽です。ディズニー・アニメのイメージとは明らかに違う、スピード感とアクション的要素の高い、スリリングなオーケストラの演奏です。これによってわんちゃんたちだけでなく、こちらもサンダーボルトの運命に引きつけられるのです。当時家庭に普及しつつあった白黒テレビで放送されていたテレビ・ドラマで使われていたスコアを模したもので、ブランズの腕前の確かさが証明されているようです。

『101匹わんちゃん』には主題歌がなく、挿入歌も大ヒットにはなりませんでしたが、現代的で新鮮な感覚のする作品だったといえます。スコアのまとまりもよく、最後まで飽きないような工夫が随所になされています。

『王様の剣』（1963）

『王様の剣』は、イギリスの作家テレンス・ハーベイ・ホワイトの『石の中の剣』（1939年出版）を原作とする、1963年12月25日本公開の長編映画です。舞台は中世のイギリス、のちに伝説として語り継がれるアーサー王となる少年ワートが、魔法使いのマーリンによって成長していくお話です。挿入歌は7曲作られ、このうち5曲が実際の映画に使われました。

挿入歌はすべて、『メリー・ポピンズ』で数々の名曲を残すことになる、シャーマン兄弟（リチャード・M・シャーマン＝作曲、ロバート・B・シャーマン＝作詞）によって作られました。実はこの作品は、2人が、アニメ映画に挑（いど）んだ最初の作品でした。

冒頭で歌われる《王様の剣の伝説》という歌は、物語の背景を説明する語り歌（バラード）です。ギター伴奏による独唱というスタイル、そしてナレーターや絵本上の文字と音楽だけでおこなわれてきた背景説明を歌で語ったのも（『メイク・マイン・ミュージック』を除けば）、長編映画としてははじめてということになります。この歌による物語の背景説明という手法は、その後1973年の『ロビン・フッド』、1996年の『ノートルダムの鐘』、97年の『ヘラクレス』で用いられることになります。

《ヒギタス・フィギタス》は、マーリン（声＝カール・スウェンソン）が本や地図などの旅に必要な荷造りをするときの魔法の言葉として考えられた歌です。シャーマン兄弟によると、「アブラカダブラ」などのありきたりな呪文ではないものを考えており、マーリンがイギリス人であるということと、彼が得意にしているラテン語の要素をこの造語に盛り込みたかったそうです。呪文の最初「ヒギタス」はヒッギンボトムというイギリスらしい名前から、そしてその後の言葉はラテン語の格変化にヒントを得て作られました。(49) 彼らはこのプロジェクトで「アニメ映画では歌は物語全体にとって非常に重要」だということを学びましたが、特にこの《ヒギタス・フィギタス》には「マーリンの不器用な性格を確立し、映画の物語を進める」機能があることがわかったそうです。

(49)『王様の剣』，ブエナ・ビスタ・ホーム・エンターテイメントVWDS4492（DVD），映像特典に収録されたリチャード・シャーマンの発言.

そしてこういったことは「ただポピュラー・ソングを書くだけでは」体験できないものだったといいます。(50)

そのほか、この映画に使われた歌は3曲あります。《それで世界は回るのさ》は「世の中にはいろんな人やものが存在する」、「望みを高く持ち、勇気を持って挑戦せよ」、「弱肉強食の世界だ。頭を使え」と、さまざまなメッセージのこもった内容の歌で、マーリンとワート(リッキー・ソレンソン)によって歌われます。《心惑わせる出来事》は、リスになったワートがメスのリスから求愛され戸惑っているのを見て、マーリンが「これは魔法でも解決できないんだよ」と歌う曲です。《マッド・マダム・ミム》は、小鳥になったワートが森を飛んでいるときに偶然魔女マダム・ミムに出会い、彼女が「私はマーリンなんかよりもずっとすごい魔法使い」と自己を顕示して歌う曲です。英語の歌詞では"I'm the magnificent, marvelous, mad Madam Mim"、とMを使った言葉が連発され、シャーマン兄弟らしいスパイスの効いた言葉のお遊びを楽しむことができます。ときに荒々しい発声も含め、声色に富んだ歌です。このほかシャーマン兄弟は2曲作っていますが、映画には採用されませんでした。《青いオークの木》と《魔法のカギ》ですが、前者は「戦いに明け暮れる騎士の愚かさを描いた歌」で、『王様の剣』のサウンドトラックにオーケストラ伴奏で録音されており、映画では城に集まった騎士たちが短く無伴奏で歌います。後者はリチャード・シャーマンの歌唱によるバージョンがDVDの映像特典に収録されています。(51)

スコアはジョージ・ブランズ、オーケストレーションはフランクリン・マークスが担当しました。ブランズは、これまでのディズニー・アニメの伝統に従い、次々と移り変わるシーンに細かく音楽をつけています。ジャンル的にも、オープニングや、マーリンが魔法を使って食器を洗わせるシー

(50) 『王様の剣』DVD, 映像特典に収録されたロバート・シャーマンの発言；Tietyen, 128.
(51) リチャード・シャーマンの発言,『王様の剣』, DVD映像特典.《青いオークの木》は, かつて発売されていたサウンドトラックLPにも収録されていました. Disneyland DQ-1236 (LP).

ンにはジャズ的な響きが前面に出て、柔軟性を感じます。ただ、通常のディズニー映画にあるような、ライトモチーフの使用や、主題・挿入歌のメロディをスコアの中に織り込むといったことはなかったようです。ソング・ライターのシャーマン兄弟はブランズと話し合う環境をウォルト・ディズニーから与えられましたし、アンダースコア（アフレコでおこなわれた）をどこに入れるかというスポッティング・セッションにも参加しましたが、最終的にライトモチーフや歌のメロディの使用がなく、このことが不満でした。そのような彼らの不満は、のちの『メリー・ポピンズ』で解決することになるのでした。(52)

『ジャングル・ブック』（1967）

『ジャングル・ブック』はウォルト・ディズニーが直接プロダクションに関わった最後の作品で、インド生まれのイギリス人キップリングの同名の児童文学を大胆に脚色して作られました。ウォルトは脚本担当のラリー・クレモンズに「原作を読まないように」と指示したそうです。森に捨てられていた赤ちゃんを黒ひょうのバギーラが見つけ、狼の一家に育ててもらうように頼みます。この子どもはモーグリという名前で育てられます。10歳になるまで狼たちと仲良く暮らしていたモーグリですが、やがて森に凶暴なトラ、シア・カーンが帰ってくるという知らせが森に知れ渡ります。カーンは人間を憎んでおり、このままだとモーグリも犠牲になってしまうということで、なんとかモーグリを人間世界に帰そうということになりますが、その過程で、いろんな冒険の話になると

(52) シャーマン兄弟の発言，『王様の剣』，DVD映像特典.

いう内容でした。

挿入歌はもともとテリー・ギルキーソンという人が作曲・作詞をおこなっていましたが、そのほとんどは不採用になりました。ギルキーソンは映画のプロダクション初期のスタイルに合わせ、キップリングのシリアスで暗めのストーリーに忠実に歌を作っていたのですが、途中でウォルト・ディズニーが映画の路線を変更。当初のバージョンにはディズニーの魔法にある楽しさが失われていると考えたそうです。このため主題歌にも何か楽しさが必要ということで、シャーマン兄弟にお呼びがかかることになります。ウォルトは、彼らにも「重くなりすぎないように。オリジナルの本のようにならないように。軽妙さをくれ」という指示を出しました。(53) そして、ギルキーソンの作った歌の中では、もともとのプロダクションでは明るすぎて場違いと考えられていた《ザ・ベア・ネセシティー》だけが最終的に残り、そのほか5曲をシャーマン兄弟が作ることになりました。

映画の最初に聴かれる歌は、《ハティ大佐のマーチ》という、象のパトロール隊によって歌われるものです。『ダンボ』の《ピンク・エレファンツ・オン・パレード》をヒントにして生まれたこのシーンでは、J・パット・オマリーと合唱団が軍隊風のマーチにユーモラスなテイストを与えています。伴奏では、イントロや間奏に聴かれるB♭ーF♯ーB♭ーFというベースラインが、奇想天外な印象を与えます。

落ち込んでいたモーグリを励まし、「悩まずに、必要なものさえあればいいんだよ」と歌う《ザ・ベア・ネセシティー》はバルー役のフィル・ハリスの魅力にあふれる作品で、アカデミー賞にノミネートされました。ディレクターのウォルフガング・ライザーマンはこの歌でトランペットを担当したキャピー・ルイスに、「頭に血がのぼって、やめたくてもやめられない！」というバルーの気分を出してくれと頼んだそうです。このとき即興で演奏したルイスの演奏が好評で、彼はエ

(53) 『ジャングル・ブック』オリジナル・サウンドトラック, Avex (Walt Disney Recordo) AVCW-12067 トラック17に収録されたシャーマン兄弟のコメント.

ンディングにもソロで登場することになりました。(54)

シャーマン兄弟がディキシーランド・スタイルで書いたという《君のようになりたい》では、ルイ・プリマとフィル・ハリスがお互いに掛け合う箇所があります。もともとこの箇所は、「猿真似（まね）」をする、つまりプリマが話したとおりの言葉をハリスが繰り返すという設定になっていたのですが、フィル・ハリスはそれは自分のやり方じゃないということで、即興的に違う言葉を当てていくことになりました。ハリスの入れた言葉はスタジオを爆笑の渦に巻き込んだそうで、当初考えられていた猿真似かどうかは別として、曲の興奮度に大きく影響しているのは間違いないと思われます。(55)

しばらくはバルーと森で暮らそうと考えていたモーグリですが、やがてバギーラに説得されてバルーも「人間の村へ返そう」と言い出します。バルーの言うことを受け入れられないモーグリは1人になり、ジャングルをさまようちに、ヘビのカーに出会います。スターリング・ホロウェイ演ずるカーの歌《信じて欲しい》は、モーグリをなんとか自分のものにしようと催眠をかけるのですが、ここではスコアにもある神秘的でエキゾチックなスタイルに極めて近い印象を持った曲になっているのが特徴です。「S」という音をことさら強調するように言葉が選ばれており、それが、さらに催眠をかける感覚にさせるようです。

誰も信じられないというモーグリを、今度は4羽のハゲタカが励まします。彼らが歌うのは《それでこそ友達》という曲です。ビートルズへのオマージュとしてリバプールのアクセントを持ったバーバーショップ・カルテットにしたということの曲(56)、J・パット・オマリー（バジー、ハティ大佐）、ロード・ティム・ハドソン（ディジー）、ディグビー・ウォルフェ、チャド・スチュアート（フラップス）の4人が歌います。やがて、ハゲタカたちに元気づけられて、ブルース・ライザーマン（モー

(54) フランク・トーマス，オーリー・ジョンストン著，スタジオ・ジブリ訳『生命を吹き込む魔法』（徳間書店，2002年），414.
(55) 『ジャングル・ブック』サウンドトラックに収録されたシャーマン兄弟の発言.
(56) Robert B. Sherman and Richard M. Sherman, *Walt's Time: From Before and Beyond* (Santa Clarica, CA: Campher Tree, 1998), 84.

グリ）もコーラスに加わり、最後はメロー・メンのメンバー、ビル・リー（シア・カーン）が再低音でキメるという工夫の凝らされた曲です。シア・カーンの台詞はジョージ・サンダースが担当しています。

映画のラストで水をくむ少女が歌う《私のおうち》は、モーグリを魅惑する、やはりエキゾチック色の強い歌です。この映画のエンディングに関しては、ちょっとした議論になりました。シャーマン兄弟によりますと、「もしモーグリが突然動物の友人たちを残し『人間の村』に行く決心をしたら、それはちょっとにわかには信じがたい。しかしモーグリが自分の仲間のところに戻らないというのであれば、キップリングの物語とは食い違ってしまう」(57)歌はそんな問題点を解決するために作られたのでした。ヴォーカルはダーリーン・カー（1950-）という人です。

この軽妙な結末に合わせようと、映画のラストにも《ザ・ベア・ネセシティーズ》が登場します。そしてキャピー・ルイスによるトランペット・ソロもすばらしかったため、彼にも再登場してもらうことにしました。助監督のダニー・アルガイアは《ザ・ベア・ネセシティーズ》で演奏されたソロ・トランペットをわざわざ採譜させ、ジョージ・ブランズが最終的なスコアに組み入れました。ところが、もともとアドリブというのは、楽譜なしで自然に出てきたものを演奏する行為。これが楽譜にされると、意外に複雑なことをやっていることがあります。トランペットのキャピーも採譜された自分の即興を見て、音を拾ってみてから楽器を降ろして首を振りました。そして「こんなのは誰にも演奏できないよ」と言ったそうです。(58)

スコアはジョージ・ブランズ、オーケストレーションはウォルター・シーツがおこないました。この映画では、オープニング（サウンドトラックでのタイトルは『101匹わんちゃん』のオープニング

(57) Sherman and Sherman, 85.
(58) トーマス，ジョンストン『生命を吹き込む魔法』，414.

と同じで「序曲」になっています）は歌ではないのですが、非常に個性の強いオーケストレーションが使われています。まずはコンガを中心としたラテン系の打楽器がリズムを刻み、これにミュートのホルンによるシンコペーションを使ったバックが加わり、さらにアルト・フルート（PAで音を大きくしています）による神秘的な旋律を奏でるというコンビネーションです。この編成によるテーマ音楽は映画の中で幾度となく登場し、物語の雰囲気を保っています。こういった音色の使い方は、マーティン・デニーやレス・バクスターによるエキゾチックなムード音楽に影響されたのかもしれません。

映画では雰囲気作りの場面とドラマチックなアクション・シーン、メランコリックでシリアスなシーンでは、オーケストラが使われていますが、もっと軽めのシーンでは、小さな編成によるバンドが使われる場合があります。たとえばバルーがモーグリにケンカのやり方を教えるシーンや、バルーがルーイやその仲間たちに追われるコミカルなシーンなどがそうで、前者はドラムスが軽快にリズムを叩くだけで、後者はトランペット、トロンボーン（スライディングを多用）、フルートにドラムだけのすっきりとした編成です。また4羽のハゲタカの登場するシーンではドラムスとエレキ・ギターにベースという、ポピュラー色の極めて強いスコアになっており、作品の中ではかなり異彩を放っています。またモーグリをシア・カーンから守るために傷ついたバルーをバギーラが称える場面では、《ザ・ベア・ネセシティー》のメロディが教会の賛美歌のような、シンプルなスタイルにアレンジされています。この映画では、歌のメロディとスコアとの関連性は薄いのですが、これは例外的なものといえるかもしれません。

『ジャングル・ブック』はインドの奥深いジャングルに個性的なキャラクターが登場しました。

物語もモーグリを中心にユーモアありスリルありで、いろんなスタイルの音楽による音色豊かな世界が繰り広げられた作品ではなかったでしょうか。

 作曲家紹介

最後に、この章で扱った主な作曲家を紹介することにしましょう。

♪ジョージ・ブランズ（1914-1983）

ブランズは1936年オレゴン州立農業大学（後のオレゴン州立大学）を中退後、地元のジム・デリック楽団でダブル・ベースを演奏。その後、ジャック・ティーガーデンのバンドやハリー・オーウェンズのハワイアン・バンドに所属しました。その後はオレゴン州ポートランドのラジオ局KEXの音楽監督を務め、1940年代後半にはローズ・シティ・ストンパーズとキャッスル・ジャズ・バンドでトロンボーンを、ウェブフット・ジャズ・バンドではチューバを演奏しています。さらに1950年には、ターク・マーフィーのサンフランシスコ・ディキシーランド・バンドにてチューバとベースを担当することになりました。マーフィーのもとを去ってからは南カリフォルニアに移住し、妻となるヴォーカリスト、ジーン・ガイルとナイトクラブに出演。さらにジャック・ティーガーデンのためにアレンジをした経験があったためか、ハリウッドでアニメ映画を作っていたUPAで働くようになります。(59)

(59) "The Original Mickey Mouse Club Show: Big George," *Originalmmc.com* http://originalmmc.com/bruns.html, accessed on 29 June 2016; http://theoscarsite.com/whoswho4/bruns-g.htm, accessed on 7 February 2006; http://www.stradjazz.org/tuba_bruns.html, accessed on 7 February 2006; Ross Care, "Make Walt's Music: Music for Disney Animation, 1928-1967," in Goldmark and Taylor, 34.

ディズニーに入ったのは1953年で、『眠れる森の美女』で使われるチャイコフスキーの曲を編曲するのが最初の仕事でした。ほかにも『101匹わんちゃん』、『王様の剣』、『ジャングル・ブック』、『おしゃれキャット』、『ロビン・フッド』の音楽監督を担当しています。アニメ以外の映画の音楽も任され、『おもちゃの王国』(1961)、『うっかり博士の大発明／フラバー』(1961)、『ラブ・バッグ』(1969)などにも関わっています。また《デイヴィー・クロケットのバラード》を作曲し、これが大ヒット。ソング・ライターとしての才能も現しました。そして『眠れる森の美女』、『おもちゃの王国』、『王様の剣』の音楽はアカデミー賞にノミネートされています。(60)

♪メル・リーヴェン（1914–2007）

『101匹わんちゃん』の音楽でディズニーに新風を起こしたリーヴェンは1914年11月11日、シカゴ生まれ。若いころから歌を書いていましたが、1941年に従軍。戦後ロサンゼルスに移住し、作曲に戻ります。1950年代にアニメを手掛けるようになり、ユナイテッド・プロダクション（UPA）制作の作品のいくつかに音楽をつけています。そのほかペギー・リーやアンドリュー・シスターズ、ナット・キング・コール、ディーン・マーティン、レス・ブラウンといった当時の人気スターにも曲を提供しています。この幅広い仕事に注目したウォルト・ディズニーは、ジョージ・ブランズとともにリーヴェンを雇い、リーヴェンは実写アニメ『ノアの箱舟』(1959)やテレビ番組『ディズニーランド』などの音楽を創作します。その後1961年の『わんわん物語』で、長編アニメーションの仕事をします。この作品以外にも『おもちゃの王国』(1961)など、ディズニー社の劇映画を担当しています。(61)

(60) Smith, *Disney A to Z*, 79; 柳生「ディズニー・ヒットソング　Part 2」, 43.
(61) "Mel Leven Biography," *Music Theatre International*, http://www.mtishows.com/bio.asp?bID=3615, accessed on 25 April 2006.

♪シャーマン兄弟

シャーマン兄弟は、1960年代だけで、およそ100曲もの歌を生み出したソング・ライター・チームです。彼らはまた、ディズニー社がスタジオのスタッフとして雇い入れた初のソング・ライターでもありました。過去にはフランク・チャーチルやリー・ハーリーンなど、スコアと歌の両方を担当する作曲家はいたのですが、歌だけを専門として長い間活躍したのは、彼らがはじめてだったといってよいでしょう。(62)

1920年代のニューヨークに生まれたロバート・B・シャーマンとリチャード・M・シャーマンは、自分たちの歌をプロモートするため、自ら歌を吹き込み、3000枚のレコードを制作してラジオ局などに送りつけました。時を同じくして、ディズニーのスタッフがニュー・ジャージー州のラジオ局を訪問していて、そこにいた知り合いのDJを通して、シャーマン兄弟の曲を知ることになるのです。当時ディズニー社のレコード部門はアネット・ファニセロを売り出していて、彼女の歌を作るライターを探していたところでした。

シャーマン兄弟が作った《トール・ポール》は1959年1月のヒット曲となり、1958年から63年まで、38曲の楽曲をファニセロに提供することになるのですが、彼女のテレビ・ショー番組のために書かれた音楽がディズニーの目にとまり、映画『罠にかかったパパとママ』で、彼女が歌った《レッツ・ゲット・トゥゲザー》が大ヒットとなりました。その後も実写映画を中心に主題歌を書き続けますが、アニメ作品では、『王様と剣』、『ジャングル・ブック』、『おしゃれキャット』、『くまのプーさん』に参加し、後者では《君のようになりたい》という陽気なナンバーが知られています。しかし彼らの名声をより確実なものにしたのは、実写とアニメによる『メリー・ポピンズ』

(62)『ミュージック・オブ・ドリームズ』, 解説書, 22-23.

でしょう。《イッツ・ア・スモール・ワールド（小さな世界）》も2人の創作でした（シャーマン兄弟の詳しい情報は、以下の本が参考になるでしょう：Robert B. Sherman and Richard M. Sherman, *Walt's Time: From Before to Beyond*〔Santa Clarita, CA: Camphor Tree, 1998〕）。

コラム 『南部の歌』と『メリー・ポピンズ』

この本で扱っている映画は、基本的に短編・長編のアニメーション作品なのですが、実写とアニメの両方を使った作品で、『南部の歌』と『メリー・ポピンズ』について、簡単に触れておきたいと思います。

『南部の歌』はウォルト・ディズニーが実写とアニメの融合に取り組んだ最初の作品です。いろんなお話を聞かせることで有名なリーマスおじさんが、子どもたちにいろんな物語を語るのですが、そのお話の部分がアニメになっています。このアニメの部分の歌として一番有名なのは、現在ではディズニーランドのスプラッシュ・マウンテンでおなじみの歌、《ジッパ・ディー・ドゥー・ダー》でしょう。作曲はレイ・ギルバート、作詞はアリー・ルーベルです。

スコアはアニメと実写の部分、それぞれに違う人が音楽を担当しました。アニメ部分はポール・J・スミス、実写部分はダニエル・アンフィシアトロフというロシア生まれの作曲家がおこないました。ロシア系の人がアメリカの南部を扱った映画の仕事をするというのは皮肉だと、ディズニー社専属作曲者のポール・スミスは言っているのですが、ウォルト・ディズニーは、実写映画での経験を積んだ作曲家を欲しがっていて、それがアンフィシアトロフという人の選択につながったようです。

1964年の『メリー・ポピンズ』の場合は、『王様の剣』や『ジャングル・ブック』などでアニメ作品を担当したシャーマン兄弟が名曲を次々と書いています。

《お砂糖ひとさじで》は、シャーマン兄弟が最後に作った曲でした。2人ははじめ《愛の目を通して》というバラードを作ったのですが、ジュリー・アンドリュースが、もっと活気のある歌がいいとディズニーに提案します。そこでシャーマン兄弟は何か教訓を盛り込んだアップテンポな曲をと考え、《お砂糖ひとさじで》になりました。この「教訓」は、兄のロバート・シャーマンの息子ジェフが、ある日学校で予防接種といってワクチンを角砂糖といっしょに飲んだと言ったことにヒントを得ています。なお、口笛を吹いているのもジュリー・アンドリュースで、多重録音して声も二重唱になっています。

《スーパーカリフラジリスティックエクスピアリドーシャス》は、韻を踏んだ長い造語による歌で、伴奏にはポーゴ・チェロ、ヴァイオリン、スプーン、タンバリンなど、一風変わった楽器の編成によるパーリーというアンサンブルが加わっています。

《2ペンスを鳩に（鳩に餌(えさ)を）》はプロダクションの早い段階から考えられていたナンバーでした。セント・ポール大聖堂の階段で鳩の餌を売るおばあさんが原作に登場し、これがもとになっています。慈悲の心を歌う感動的なナンバーです。

《チム・チム・チェリー》は、脚本担当のジョン・ダグラディが描いた絵にインスパイアされました。彼の部屋には原作の後半に出てくる煙突掃除人の絵があり、ほうきを持つこの煙突掃除人と握手をすると幸運が訪れるというのです。やがてシャーマン兄弟は、煙突という意味の「チムニー」を入れようと試行錯誤している間に、「チム・チムニー…」という不思議なおまじないのような歌詞が出てきたといいます。

《タコをあげよう》は、当初、アップビートな2拍子の別の曲を考えていたそうですが、ウォルトが、あまりにもブロードウェイっぽくて物語に合わないと指摘したため、イギリスの感じを出した3拍子にしたのだそうです。

『メリー・ポピンズ』は、プロダクションをはじめる段階からミュージカル映画にする予定で進められてきました。そのため、スコアを書く人にも、そういった方面での経験を持つアーウィン・コスタルという人を採用します。コスタルは、当時、映画『ウエスト・サイド物語』で、レナード・バーンスタインのスコアを映画用にするための作業をおこなっていました。ディズニーは『フィロレオ』という作品で彼の音楽に興味を持ち、他のいくつかの曲を聴いて、彼を採用したのだそうです。そしてコスタルは『メリー・ポピンズ』で、シャーマン兄弟が書いた歌の旋律を（採用されなかったものも含めて）スコアに積極的に編み込み、感動的な作品に仕上げたのでした。

第4章

ウォルトの意志を引き継いだ時代

この章で扱うのは、1966年12月ウォルト・ディズニーが他界し、彼が直接関与できなくなったプロダクションの時期の作品で、いわゆる「ディズニー・ルネサンス」と呼ばれる『リトル・マーメイド』よりも前までの作品になります。この時期は一般的に、先導するウォルトの存在を失い、試行錯誤しながらとにかく作品を作り続けたと考えられており、中には「暗黒時代」と評する人もいるようです。

そのような境遇の中で作られた長編アニメでは、これまで使われてきた「歌とスコア」という「型」をできるだけ保持しようとしています。しかし中には例外的なものもありましたし、音楽ジャンルを広げたり、映画作品における音楽の使い方に工夫をしたこともありました。この章でも、個々の作品の音楽について、入手可能な資料から探ってみることにします。

『おしゃれキャット』(1970)

『おしゃれキャット』1910年のパリを舞台とし、ネコを主人公としたアニメ作品です。フランスらしさを醸(かも)し出すため、主題歌もモーリス・シャヴァリエが歌っています。シャヴァリエは、シャーマン兄弟のお父さんが書いた映画の挿入歌を歌ったことがあり、長い間シャーマン兄弟とも仲良くしていました。シャーマン兄弟のオープニング曲《おしゃれキャット》もシャヴァリエの声を念頭にしたデモ・テープが作られ、彼のもとにテープが届けられました。すでにシャヴァリエは歌手生活からは身を引いていたのですが、この曲のために急遽(きゅうきょ)特別にカムバックすることになりました。

この映画では音楽ジャンルの選び方に興味深いものを感じます。たとえば、ダッチェスたちの飼い主で大屋敷に住むボンファミーユ夫人は、1910年代には高価と思われる蓄音機を所有しビゼーのオペラ《カルメン》のアリア〈ハバネラ〉が好き。またネコにも「上流階級」なるものが存在し、西洋クラシックの素養が必要とされています。《スケール・アンド・アルペジオ》は、たしなみとしてのピアノを親子のふれあいの中で楽しく描いた曲で、音階（スケール）の練習と分散和音（アルペジオ）による、「正しい」音感が「文化的」なネコには必要だということになっています。

一方不思議と悪役のエドガーが活躍する場面、トーマス・オマリーの歌、そして彼の仲間たちのたしなむ音楽、これらはどれにもスイングするリズムがあり、《みんなネコになりたいのさ》（アル・リンカー＝作曲）を演奏するのらネコたちは明確にジャズのミュージシャンたちをモデルにしています。救いなのは、この映画の主人公であるお母さんネコはそのジャズを受け入れており、キザで教養を鼻にかけるようなキャラクターになっていないことでしょう。オマリーも先取りして、ジャズは「あなたが好むような系統じゃないけど」と気を遣っています。[1]

ジャズを知らない子ネコたちが、のらネコの演奏を聴いて「ベートーヴェンじゃないけど」という設定が、なんとも教養主義的ではありますが、これは、まだジャズはディズニー的基準でも受け入れられているという証拠でしょう。おそらくロックを巡って親子でこのようなセリフを交わすことはまだできなかったと思われます。また、この場面には若干民族ステレオタイプを感じる箇所があり、ジャズのミュージシャンが「フォーチュン・クッキー、エッグ・フー・ヤン」と言います。おそらく中国系の住民を指していると思われますが（チャイニーズ・キャッ

（1）「ディズニー・ミュージック：みんなネコになりたいのさ」『ディズニーファン』第8巻第4号（通巻43号，1997年6～7月），48.

トという名前だそうです)、こういう人が「低所得層」の界隈(かいわい)に住んでいるという設定がやや気になります。のちの『オリバー』に登場するホームレスのキャラクターもそうですが、ディズニーはこういった社会問題の扱い方について、もう少し敏感であるべきでしょう。

ジャズがこの映画に取り入れられたのにはいろいろな理由が考えられます。まず『ジャングル・ブック』にバルー役として出演した声優フィル・ハリスが、この映画ではトーマス・オマリー役で登場しているということがあるかもしれません。《トーマス・オマリー・キャット》は、どこかしら《ザ・ベア・ネセシティー》に似た、オマリーのイージー・ゴーイングな感じが引き継がれた曲になっています。また、《みんなネコになりたいのさ》には、もともとはサッチモことルイ・アームストロングの起用が考えられていました。しかしこれは、残念ながら果たせませんでした。また、ジャズ楽団の1人はスキャット・キャットという名前のキャラクターです。これはジャズにおいて、アームストロングやエラ・フィッツジェラルドを思い出していただけるとわかるように、スキャット唱法(歌詞を当てずに歌う方法)がジャズにおいてポピュラーだったということと、キャットというのがジャズのミュージシャンを指していたということに引っかけてつけられた名前だと思われます。

そして映画のエンディングもコーラスによる大スケールなものではなく、『ダンボ』や『101匹わんちゃん』風のアップビートなものになっています。「クラシック・ディズニー」に比べると、音楽的にも少しずつ現代的な要素が増えてきていることがわかります。

『ロビン・フッド』（1973）

『ロビン・フッド』は、お金持ちから金銭を奪い、これを貧しい人々に与えるという、泥棒にして庶民の英雄の話で、ウォルト・ディズニーも一度イギリスで実写映画として撮影した物語です。アニメ版で登場人物がすべて動物（キツネのロビン・フッド、クマのリトル・ジョン、ライオンのプリンス・ジョン、ヘビのヒスなどが登場）になっているのは、ストーリーが子どもたちによく知られており、何か新しいものを出したいからだったといわれています。(2)

このロビン・フッドは実在の人物ではないのですが、中世のイギリスから長く語り継がれてきた伝説といえるでしょう。そして、その物語は《ホイッスル・ストップ》というインスト・ナンバー（この映画のスコアを担当したジョージ・ブランズによる曲です）に乗せて、絵本が開かれる場面からはじまります。この絵本の挿絵の中に、赤いトサカをつけたオンドリ、アラナデールがいます。彼は吟遊詩人として映画本編に何度も登場し、歌いながら物語を解説する案内役になっています。《オー・ディ・レイリー》のような「語り歌」はイギリスでは「バラッド ballad」あるいは「バラード」として、古くから語り継がれてきたスタイルです（注：のちの、アーサー王の少年時代を題材にした『王様の剣』の冒頭でも、やはりギターに合わせたバラードが使われました）。アラン・ア・ディル役として歌っているのはロジャー・ミラーです。ミラーは1936年生まれのシンガー・ソング・ライターなのですが、このようなバラード歌手を登場させたのは、もしかすると『ロビン・フッド』の物語を題材にしたバラード詩がたくさん残っていることと関連があるのかもしれません。(3)

オープニングのあと、しばらくはオリジナル・ソングが現れないのですが、ロビン・フッドとマ

(2) 『ロビン・フッド』ブエナ・ビスタ・ホーム・エンターテイメント VWDS4822（DVD）, 映像特典.
(3) 『ミュージック・オブ・ドリームズ』, 解説書, 30.

リアン姫が、夜、森の中で2人きりになったロマンティックな場面で歌われるのが、ずばり《ラブ》という歌です。この曲は、作曲家ジョージ・ブランズが、前作『おしゃれキャット』の挿入歌《みんなネコになりたいのさ》の作詞家フロイド・ハドルストンと共作したラブ・ソングで、アカデミー賞にもノミネートされています。

2人がいい気分になったところで、ノッティンガムの仲間たちが、自分たちを重税で苦しめるプリンス・ジョンをバカにする歌を歌い、踊ります。《いんちき英国王》という刺激的なタイトルで、歌はリトル・ジョンの声を担当しているフィル・ハリスです。『ジャングル・ブック』のバルー、『おしゃれキャット』のトーマス・オマリーですっかり彼の声は知られるようになりましたが、やはりこの映画でもバルーのキャラクターは引き継がれ（キャラクターの見た目もかなり似ています）、リラックスしたムードで、皆をリードしていきます。歌のバックにはカントリー・フィドルや口琴（こうきん）、アコーディオン、途中からはエレキ・ギターも加わり、真夜中に踊り狂う感じになっていきます。

町の人々から小馬鹿（ばか）にされたプリンス・ジョンは怒り狂い、さらなる課税政策を実施。町の人々はその重税に喘（あえ）いで貧民化し、税金を払えない人が次々と容赦（ようしゃ）なく投獄されていきます。そんな場面で歌われるのは《ノッティンガムにはない》という曲で、ディズニーには珍しく、希望をすっかり失った人々の苦境を歌っています。途中には鐘（注：本物の教会の鐘の音だそうです[4]）と電子オルガンが教会の場面に導き、ささやかながら希望が見えたようにも思われますが、最後はすべてが失われたかのような展開になります。こういった性格の歌は『ブラザー・ベア』（2003）の《ブラザー・ベア》や『ホーム・オン・ザ・レンジ』（2004）の《ウィル・ザ・サン・エヴァー・シャイン・アゲイン》まで見当たりません。

（4） "Robin Hood (1973 film)," *Wikipedia*, accessed on 4 August 2006.

映画『ロビン・フッド』の音楽的特徴は、挿入歌が物語の一部分にまとまっていることです。しかし吟遊詩人のナレーションは何度も登場するので、まんべんなく、いつも音楽があるように思われることでしょう。またスコアはジョージ・ブランズですが、チェンバロを使うなどして、中世の話であるということもあり、古風な感じを出そうと工夫しています。

『ビアンカの大冒険』(1977)

1977年6月封切りの『ビアンカの大冒険』は、サスペンスとアクションの2つの要素を持った映画ではないでしょうか。その謎めいた話はすぐに、テーマ・ソング《旅》によって語られはじめます。冒頭の女の子の運命を気にさせる内容ですが、あとの物語から振り返ると、実は孤児としての彼女が愛する育ての親によって救われたいと言っている歌詞にも取れます。主人公が孤児の女の子ということも、ソフトなポップ路線の音楽を採用した要因かもしれません。この、アニメが制作された1970年を彷彿(ほうふつ)とさせるソフトなヴォーカル・ナンバーを作ったのは、キャロル・コナーズ(作詞・作曲)、アイン・ロビンズ(作詞)という女性コンビでした。『おしゃれキャット』以降の主題歌は、合唱とオーケストラによるクラシック調のものよりも、もっとポピュラー音楽っぽいものが続いていますが、これも例外ではありません。

挿入歌《明日を夢見て》は、ビアンカたちがアホウドリ航空のパイロット、オービルに乗って南部への旅を続ける場面で爽(さわ)やかに流れてくる曲です。これも《旅》と同じ2人のソング・ライター・

チームによって作られました。ニューヨークから深い南部の沼地までの道のりをこの歌に乗せていくのと同時に、冒険心あふれるビアンカと心配性のバーナードが少しずつ仲良くなっていくような内容になっています。アカデミー賞にノミネートされた《誰かが待っている》は《旅》を書いたコナーズとロビンズが作詞を担当、サミー・フェインが曲を作りました。フェインはご存じのとおり、『ふしぎの国のアリス』、『ピーター・パン』、『眠れる森の美女』にも曲を提供したソング・ライターです。

この作品では、主要な主題歌・挿入歌を登場キャラクターが歌わないのが特徴です。舞台芸術的な性格は弱く、リアリズムに徹することになりますが、その分、いわゆる「ミュージカル」とは呼びにくくなるのも確かでしょう。例外として、画面上のキャラクターたちによって歌われるのは《救助救援協会の歌》（コナーズ&ロビンス）とオービルによる《アメリカ空軍の歌》です。

スコアを担当したのはアーティ・バトラーでした。このスコアについて、フランク・トーマスとオリー・ジョンストンは次のように言っています。「ネズミをなるべく小さく見せ、［救出の］使命を担うには不釣り合いな感じを出そうと苦心した。だが、声に自信や活気が出て、私たちの苦労が水の泡になる不安があった。アーティ・バトラーはネズミの苦難を鋭く感じ取った曲を作った。たちまち、ネズミの使命が大きくなったと感じられるのに、ネズミは無力のままに思えるような音楽だった。ネズミたちが巨大なダイヤモンドを隠し場所から動かそうとするときの音楽は、宝石の重たさを優に100ポンドは追加してくれた。アニメーターたちは叫んだ。『ネズミたちがあのダイヤモンドを押すのに力の限り踏ん張る感じを出そうとすごく苦労したんだ。でも、これじゃあ……こっちの苦労はなんだったんだ！』」（補足筆者による[5]）確かにここには金管楽器を中心とした不協和音によって緊張感の高いスコアがついています。この作品のスコアは、南部の動物たち

（5） フランク・トーマス，オーリー・ジョンストン著，スタジオジブリ訳『生命を吹き込む魔法』（徳間書店，2002年），300；David Tietyan, *The Musical World of Walt Disney* (Milwaukee, WI : Hal Leonard, 1990), 145.

の救出劇にしても、どこかしら能天気なところがあるのですが、メデューサから逃げ出そうとするペニーの場面や、このダイヤ発掘の場面の音楽はかなりシリアスになっています。さらに、メデューサの質屋の場面を含めて、危機感あふれる場面においては、同じような和声進行を使って統一感を出す試みもおこなわれています。

また、舞台がアメリカということもあってか、やはりアメリカ的な色が強調されているということもいえるかと思います。オービルによる《アメリカ空軍の歌》の引用もそうですし（少なくともアメリカの大人には、すぐに何の歌かわかるでしょう）、沼地の動物たちの場面にも、カントリー・ミュージックのスタイルを用いたスコアが使われています。

『くまのプーさん』（1977）

生前のウォルトの指示で中編アニメとして作られた『プーさんとはちみつ』に加え『プーさんと大あらし』（1969）、『プーさんとティガー』（1974）を合わせて1本の長編にまとめたのが、この『くまのプーさん』という作品でした。主題歌を創作したのは『王様の剣』ではじめて長編アニメに挑戦し、『メリー・ポピンズ』でも数々の名曲を残したシャーマン兄弟でした。2人は『メリー・ポピンズ』制作中、ウォルト・ディズニーから「プーさんの物語を読んでどう思うか教えてくれ」と言われたそうですが、「はじめは、子ども向けのつまらない物語だと思ったし、読んでみても、ピンとくるところがなかったんだ」といいます。そこで、『ポピンズ』の舞台装置のデザインをしていたトニー・ウォルトンにプーというキャラクターの魅力について尋ねることにしました。ウォルトンはイギリス人で、かの国ではこのお話がかなり有名だと聞いていたからです(6)（注：このウォルトンという人、『メリー・ポピンズ』で主役を演じたジュリー・アンドリュースの夫でもあります）。

この映画では、最初の10分強の間に《くまのプーさん》（映画本編でもスコアとして使われている）、《おいっちに、おいっちに》、《おなかグーグー》、《小さな雨雲》と、4つも立て続けに歌が使われているのが特徴です。それ以降も、主題歌や挿入歌のメロディはアンダースコア（バディ・ベイカー＝作曲で、彼は指揮も担当しています）の中に幾度となく現れ、それによって、エピソーディックな映画に統一感を持たせようとしています。エピソーディックな話の進み方は『ふしぎの国のアリス』に通ずるところもあるのですが、この映画では次々と不思議なキャラクターが出てくるというわけではありませんし、物語の舞台や絵の質感も一定性があるため、まとまりが感じられるでしょう。

全編のどかな雰囲気が支配的ですが、例外は《ズオウとヒイタチ》です。プーが、自分のはちみつを盗むという謎の生き物ズオウやヒイタチが来ないように見張りをしている間に眠ってしまい、その間に見た夢の世界を描いた楽曲です。『ダンボ』の《ピンク・エレファンツ・オン・パレード》を思い出させるシーンで、8分の6拍子のマーチからワルツ、ちょっとしたエキゾティシズムの挿入といった音楽的要素にも類似性が見られます。

シャーマン兄弟の楽しい歌は、全編を通して数多く聴かれますが、この作品のスコアということになると、他の作品に比べて、それほど重視されていないように思われます。その理由の1つは、ナレーションが物語進行をリードするため、音楽があまりでしゃばらなくてもいいということです。もう1つの理由は、アンダースコアなしにセリフの語られる部分が、他の映画に比べて長いという

（6） Robert B. Sherman and Richard M. Sherman, *Walt's Time: From Before to Beyond* (Santa Clarita, CA: Camphor Tree, 1998), 68.

ことです。

そんな中で、スコアが雄弁になる部分は、ティガーが飛び跳ねることができなくなったときに、彼の気持ちを代弁するかのように流れるオーケストラの悲しい響きでしょう。これは映画全体の雰囲気の中でも突出した部分といえます。なお、ソング・ライターのシャーマン兄弟のお気に入りの曲は《ワンダフル・シング・アバウト・ティガー》なんだそうですが[7]、飛び跳ねられなくなったティガーの寂しい気持ちを代弁するスコアのあとにこの歌が流れることによって、飛び跳ねることが許されたティガーの喜びも、一段と強く感じられるようになっています。

『きつねと猟犬』(1981)

『きつねと猟犬』は、ディズニー社におけるアニメーターたちの世代交代が進んだ中で作られ、ベテラン・アニメーターと、のちのディズニーを担うグレン・キーンら若手が共同で作った作品でした(ティム・バートンもアニメーターとして参加しているそうです)。母親が人間に殺されてしまった野ギツネが未亡人に拾われ、トッドと名づけられます。トッドを育てるトゥイード婦人の隣には、猟師エイモス・スレッドが住んでいて、そこに飼われていた子犬のコッパーとじゃれ合うようになります。しかしエイモスの飼っていた子犬コッパーは大きくなると猟犬になり、トッドを獲物として追いかける立場になります。後半は、人間と、それに翻弄(ほんろう)された動物たちの境遇を核とした展開になります。「善悪の対立と勧善懲悪的なハッピーエンドから踏み出し、新しい境地に挑戦した

(7) David Tietyen, *The Musical World of Walt Disney* (Milwaukee, WI: Hal Leonard, 199), 128.
(8) 『ディズニー・アニメーション大全集』, 92.

意欲作」と評価する人もいます。(8)

『きつねと猟犬』も、これまでのディズニー長編と同様、ソング・ライターとスコア担当の作曲家が別になっていて、それぞれの役割を果たすような感じでプロダクションが進んだようです。挿入歌には5人の作詞・作曲家が関わり、5曲作られています。挿入歌についてきちんと記された資料がないので、ここにそれらの詳細を記しておきます(注:映画のオープニング・クレジットを出発点とし、日本語タイトルは、字幕に現れた日本語訳などを参考に、筆者が作りました)。

《君は最高だ Best of Friends》

——リチャード・O・ジョンストン=作曲、スタン・フィデル=作詞

《知恵がないと Lack of Education》

《狩猟の男 A Huntin' Man》

《彼女を大切に Appreciate the Lady》

——以上3曲はジム・スタッフォード=作詞・作曲

《さよならは永遠のよう Goodby May Seem Forever》

——リチャード・リッチ=作曲、ジェフリー・C・パッチ=作詞

《君は最高だ》は子ぎつねトッドと子犬のコッパーがお互いの友情を確かめ合う歌です。この、物語の核心に迫るテーマを題材にした歌を作ったリチャード・O・ジョンストンは、ディズニー社のアニメーター、オリー・ジョンストンの息子です。(9)

(9) *The Music of Disney: A Legacy in Song*, Walt Disney Records 60957-2, 解説書, 36.

ジム・スタッフォードの作詞・作曲によって作られた3曲のうちの1つはヒルビリー風の《知恵がないと》で、これは大人になったトッドが、コッパーは依然トッドを友だちとして迎えてくれると無邪気に信ずるのを、世話役のビッグ・ママが「時が過ぎると昔のようにはいかない。すでにコッパーはキツネを捕まえる猟犬になってしまったんだよ」と諭す内容の曲です。(10) ただ「歌」とはいってもメロディがはっきりとしている箇所はそれほど多くなく、セリフと微妙に混ざり合っているのが特徴です。話し声も担当している黒人歌手のパール・ベイリーが歌い、伴奏にはフィドルやハーモニカの音も聴かれます。2曲目は《狩猟の男》で、コッパーが立派な猟犬となるよう仕込むエイモスが短く歌うものです。イントロにハーモニカとバンジョーの音が聴け、アメリカの片田舎を感じさせます。ジム・スタフォードのもう1つの曲は《彼女を大切に》という歌です。パール・ベイリー扮するビッグ・ママがコッパーに気を寄せるビクシーを大切にしなさいという内容です。この映画に登場する主題歌の中では一番ブルースっぽい音程の使い方が聴ける曲で、ハーモニカのメロディの揺れ、テンポの揺れなども独特で、ベイリーの良さが発揮された歌です。また、これだけのテンポの揺れがあるので、おそらくヴォーカルとオケはいっしょに録音したのではないかと考えられます。

このほか『きつねと猟犬』には《さよならは永遠のよう》という曲も作られています。トゥイード婦人がトッドを森に帰さねばならなくなり、このときの心のうちを密かに表現したものでした。実際の映画では、コーラスが短く歌にしているだけですが、本来はトゥイード婦人が歌うことも考えて作られていたという可能性も否定できません。森に向かうトゥイード婦人が、トッドとの思い出を語る部分でオーケストラがメロディらしきものを奏でているからです。何らかの理由で、歌ではなく、トゥイード婦人のセリフになったのではないでしょうか。

(10) Thomas S. Hischak and Mark A. Robinson, *The Disney Song Encyclopedia* (Lanham, MD: Scarecrow, 2009), 112.

ちなみに映画が4分の3ほど進んだところでフィル・ハリスとチャロが歌う《スクービー・ドゥービー・ドゥービー・ドゥー、体を…動かせ》というユーモア・ソングを入れようと監督のライザーマンは考えていたそうですが、ライザーマン以外に誰も賛同する気配がなく、諦めたそうです。フィル・ハリスは『ジャングル・ブック』、『おしゃれキャット』、『ロビン・フッド』と、立て続けに挿入歌のスターとして存在していましたから、それに続こうと考えていたのかもしれません。ちなみにライザーマンはのちに、「よくわからないが、きっとこれ(アニメーション)は若者のためのメディアなのかもしれないね」ともらしたそうです。(11)

次に、バディ・ベイカーのスコアについて考えてみましょう。まず歌なしオーケストラのみのオープニング・クレジットは『101匹わんちゃん』以来のものです。しかしその冒頭が不気味な効果音のみというのは、長編アニメでは、『きつねと猟犬』がはじめてでしょう。主人公の母親が遭遇する悲劇をドラマチックに演出するもので、冒頭から観客を物語の本筋に引き込むやり方としては、『ビアンカの大冒険』よりも効果的です。また、終盤ではトッドとビクシーがエイモス・スレイドに追い詰められるのですが、ハーモニカがオーケストラをリードしていくなど、映画の舞台となっているアメリカ的な雰囲気も忘れないようにしています。さらに緊張感が高まっていくクライマックス・シーン(オーケストレーションはウォルター・シーツ)は実にドラマチックなものです。この映画の前半は、たとえば幼いトッドが騒動を起こす場面でもカントリー風のフィドルによるコミカルな音楽が使われるなど軽めなのですが、後半になると、物語とともに、音楽が次第にシリアスになっ

(11) Tom Sito, "Disney's Fox and the Hound: The Coming of the Next Generation," *Animation World Magazine* 3.8 (November 1998). http://www.awn.com/mag/issue3.8/3.8pages/3.8sitofox.html, accessed on 20 February 2006.

ていく様子がわかります。

評論家レナード・マルティンは、キャラクターのキュートさ、物語と直接関係のないコメディや脇役の登場や恋愛シーンなど、この映画における「ディズニーの型」の乱用が気になると、この作品を批判します。(12) その型の問題として、彼は歌の必要性に対する疑問も投げかけています。確かにこれまでの長編に比較して、『きつねと猟犬』の挿入歌には面白さが欠けていることは否定できません。しかし、バディ・ベイカーのスコアの巧妙さ、使われた音楽ジャンルの幅広さは評価すべきではないでしょうか。

『コルドロン』(1985)

ウォルトが他界したあとのディズニー・アニメは、一般的に「低迷期」と呼ばれるようですが、『コルドロン』はそれをもっとも顕著に表したものだとする、不幸な評価が下されがちな作品です。レナード・マルティンによると、このプロジェクトはアニメーション部門の若手が数年に渡ってリードし、ディズニーの伝統から離れ違うものを生み出そうと挑戦しようとしたものだったといいます。(13) 確かに知らない人がいきなりこの作品に登場する悪役キャラクターを見ると、ディズニーにしてはちょっとグロテスクだと感じるかもしれません。

ディズニー長編には珍しく主題歌・挿入歌がないというのも、やはり「ディズニーの伝統」から離れようと試みた結果だったのかもしれません。唯一の例外はフルーダーというキャラクターがミ

(12) Leonard Maltin, *Disney Films*, 4th ed. (New York : Disney Edition, 2000), 275.
(13) 前掲資料, 286.

ンストレル（吟遊詩人）で竪琴を持っていて、ほんの短い間だけ歌う場面があるということでしょう。もっともこの竪琴はキャラクターとしても興味深く、ピノキオの鼻ではありませんが、ウソをつくと竪琴の弦が自動的にビヨ～ンと切れてしまいます。

スコアを担当したのは、ハリウッド映画音楽の巨匠エルマー・バーンスタインという人でした。彼は『十戒』（1960）、『荒野の七人』（1960）、『大脱走』（1963）など、数々の名作を担当しましたが、80年代は『フライングハイ』（1980）や『ゴーストバスターズ』（1984）などのコメディも手掛け、ディズニーでは、シンフォニックなスコアとコミカルさを併せ持つ新しい分野に挑戦したということになるのでしょう。バーンスタインは次のように言っています。「その映画が大好きだということのほかに、私が『コルドロン』に惹きつけられた要素の1つは、このプロジェクトが野心的なスコアを求めてくるということでした。多くの映画は似たようなものを要求します。コメディや西部劇は、それぞれに考えるべき点と問題点というのが出そろっています。どんなキャリアにおいても、『コルドロン』はユニークな努力目標になるでしょう」(14)

そのバーンスタインは『コルドロン』の一部を1984年9月に見て、1985年の2月に録音をおこなっているのですが、これは当時のスタンダードから考えて「比較的長い期間」に渡って書かれたものでした。(15) 彼が最初に見たのはペンシル・テストのラフ・スケッチでしたが、作曲に当たっては、各シーンのディテールと、全体の流れとのバランスの両方を保つことが難しかったといいます。実写映画では制作の最終段階で音楽をつけるので、キャラクターや映画のムードに自分の解釈を自由に、そして大きく反映させることができるのですが、アニメーションにおいては、すでに映画に取りかかる前に、キャラクターや全体的なシチュエーションがスタジオのアーティスト

(14) "The Music," *Sarah's Black Cauldron Page*, accessed on 15 September 2006 に引用されたバーンスタインの発言．引用もと：*The Black Cauldron Press Kit*（Walt Disney Productions, 1985).

(15) Elmer Bernstein, Notes for the Recording, *The Black Cauldron*. Varèse Sarabande STV 81253(LP). *Sarah's Black Cauldron Page*, accessed on 11 January 2005.

によって入念に解釈されてしまっているところが違うのだと彼は主張します。

「もっとも単純な手の動きが、アーティストやアニメーターたちによって与えられた強調によってすばらしいものになりえます。作曲家は、あらかじめ映像アーティストたちによって決められたアクセントというものに注目することになる。いろんなキャラクターのためにテーマ旋律を作り出すというよくある問題を通り越したあとで、長い線の数々を保つという、より大きな問題は手に負えなくなります。作曲家は今述べたアクセントが否定されないようにするため、一度にたった10秒の音楽しか書けない事態に陥ることもあります。このアクセントの問題に取り組みながら、1本の線を大切にし映画の全体的なムードを支えるというのはユニークで面白い問題でした」(16)

ここに記されているとおりバーンスタインは、まず、通常のアンダースコアに見られるように、登場キャラクターに旋律や動機を考えています。その代表は主人公ターランのテーマです。ターランが最初に現れたとき、そのテーマ旋律は軽快で楽しい感じがします。ところが彼が魔法の剣を持った場面では、オーケストレーションを変化させることによって、まったく違ったように聞こえます。これはバーンスタインが意図的におこなったことでした。そのほか、ヘン・ウェンのテーマ、ホーン・キングの動機（金管楽器による派手なオーケストレーションが特徴）などもありますが、カーギのテーマには、特別アメリカ的な響きがあります。これはおそらく、作曲者バーンスタインが影響を受けたというアメリカの作曲家アーロン・コープランドや、彼がかつて書いた西部劇映画にもつながる作風を、この作品にも採用しているからでしょう。

バーンスタインのスコアには、もう1つ注目すべき特徴があります。それは1928年フランスで披露された電子楽器オンド・マルトノを使用していることです。これによってバーンスタインは

(16) Notes for the Recording, *The Black Cauldron.*

映画に不思議で神秘的な色彩を加えました。彼はこの楽器が音域や演奏されるフレーズによって、既製のさまざまな楽器に似た音を出すことに注目しました。「フルートのような響きになることもあるし、人の声やチェロの声のように聴こえることもある。私はこの楽器を主人公であるターランとエロウィーに関連づけて使うことが多かった」と彼は述べています。(17) この映画のサウンドトラックのため、ディズニー社はアメリカにオンド・マルトノ奏者を探したのですが、見つけることができず、シンシア・ミラーというイギリスの演奏家をわざわざ招きます(18)(シンシア・ミラーは、すでに『ゴーストバスターズ』でも、この楽器を演奏しています)。この電子楽器の音ですが、おどろおどろしい場面にも和やかな場所にも、映画全般に渡って聴き取ることができます。実際の映画ではやや聴き取りにくいのですが、ヴァレーズ・サラバンドという会社から発売された、映画のあとに録音されたレコードでは、その独特な音が、よりはっきりと体験できると思います。

『オリビアちゃんの大冒険』(1986)

『オリビアちゃんの大冒険』は『リトル・マーメイド』以降のディズニー・アニメを予感させる作品といわれることがあります。(19) この作品の音楽を担当したのは、『ティファニーで朝食を』や『ピンク・パンサー』でもおなじみのヘンリー・マンシーニでした。作品そのものはシャーロック・ホームズにインスパイアされた子ども向けの小説を題材に構想された作品なので、ミステリー/サスペンス色が強くなっています。

(17) *Sarah's Black Cauldron Page.*
(18) 前掲資料.
(19) Maltin, *Diney Films*, 287.

マンシーニは3つの挿入歌のうちの2曲（ラリー・グロスマンとエレン・フィッツヒューとのコラボレーション、《あなたに優しくさせて》以外）とスコアとを担当しています。[20] 彼によると「『ピンクパンサー』はアニメーションにもなったけど、今回はまったく違う体験だった」と言います。それは主役がそもそもネコではなくて小さなネズミだったという違いでもありましたが、ストーリー展開があまりにも速かったからでした。[21]

3曲の挿入歌の中では《世界一の大悪党》というラティガンとそのギャング仲間たちの歌う楽曲が物語の人物紹介として、一番物語と強く結びついています。この歌は悪役ラティガンの邪悪な性格を幾分コミカルに描き、彼の仲間たちであるギャング集団を楽しく紹介するナンバーです。歌詞に散りばめられたギャグは『美女と野獣』の《強いぞガストン》に似たところもあるのですが、ハワード・アシュマンの歌詞ほどひねりはなく、もっとストレートなものになっています。歌うのは、ホラー映画の俳優としても有名な、ヴィンセント・プライスでした。セリフから自然にリズムに乗せて朗唱へ、独唱から合唱へ、自然につながっていくのは、ディズニー・アニメならではのスタイルといえるでしょう。

一方、バジルとドーソンがラティガンの隠れ家を探してたどりついた波止場のバーの1シーンで歌手が歌う《優しくしてあげる》は、メリッサ・マンチェスターによって作曲され、彼女自身が歌っています。[22] この歌は他の2曲とは違い、映画の作られた80年代の香りがします。実は歌唱にはマドンナを起用することも考えられていました。ジェフリー・カッツェンバーグはもっと現代っぽくしないと子どもには受け入れられないと不満だったようですが、突然80年代の響きになるのは、それまでの映画の流れからすると突飛な感じがするのも事実です。[23] また、この場面は物語の根

(20) Dave Smith, *Disney A to Z: The Updated Official Encyclopedia* (New York: Hyperion, 1998), 245.
(21) 『オリビアちゃんの大冒険』ブエナ・ビスタ・ホーム・エンターテイメントVWDS4846（DVD），映像特典.
(22) Smith, *Disney A to Z*, 245-246.
(23) From *STARLOG*, Volume 10, Issue #108, July 1986, http://www.geocities.com/escottish146/News/Starlog108_interview.htm, accessed on 20 September 2006.

幹とそれほど関係のない割には歌に裂かれる時間が長く、進行がスローダウンしてしまったような印象を受けるのが残念なところです。

3曲目《これでお別れ》は、悪役ラティガンがバジルとドーソンを消し去るための罠の一部となっているのですが、これも物語のキャラクターや筋書きを中心に置かれているのではなく、何かここで歌を入れなければならないという「型」の必然性から入れられているという印象が拭いきれません。何もレコードを殺しの仕掛けに使わなくとも、という気もしてしまいます。しかしその奇抜な発想自体は面白いですし、この歌がエンディング・クレジットで再び現れると「映画をお楽しみのみなさんとも、もうお別れでしょうか」という、しゃれたメッセージにもなっていて、あと味がとてもさわやかです（注：このほか、主人公のバジルの歌も考えられていましたが、彼が歌い出すのは不自然ということで、取りやめになりました[24]）。

マンシーニのスコアですが、ネズミの世界のシャーロック・ホームズという設定のためか、主人公バジルはヴァイオリンをたしなむ設定になっています。ところが物語の最初のほう、オリビアと出会ったとき、その楽器は粉々になってしまい、実際にバジルの演奏を聴く場面はありません。家の上方では、人間のシャーロック・ホームズがヴァイオリンを弾く様子がシルエットとして描かれています。

一方この映画のテーマ音楽は歌ではなくインストゥルメンタル・ナンバーで、ロンドンの街へ颯爽と謎解きに出かける場面で元気よく、繰り返し現れるのが印象的です。小さなオーケストラを場面に応じて臨機応変に活用する、マンシーニの力量が現れたスコアではないでしょうか。

(24) 前掲資料.

『オリバー：ニューヨーク子猫ものがたり』（1988）

1988年11月公開の『オリバー：ニューヨーク子猫ものがたり』は、マイケル・アイズナーとジェフリー・カッツェンバーグがディズニーの首脳陣になってから取り組まれたアニメの2作目で、イギリスのチャールズ・ディケンズの小説『オリバー・ツイスト』を当時の（ツインタワーがあった時代の）ニューヨークに置き換えた作品です。ディズニーはヨーロッパを舞台にした古典的作品を中心に物語の題材を選ぶことが多いのですが、ここでは（オリジナルはヨーロッパの古典的作品としても）現代のアメリカを舞台にし、同時代性を強くアピールしているのが特徴です。音楽的にも新しさや同時代性を強調し、ビッグスターで売り込みをかけた作品といえるのかもしれません。

ただその同時代性のためか、この作品が『白雪姫』や『ピノキオ』から続いてきた長編アニメ作品の歴史に加えられることに抵抗を感じるアメリカのファンもいるようです。特に、コカコーラ、ソニー、USA Todayなどの有名企業名入りの背景画に違和感を感ずるのだとか。

またマイケル・アイズナーはアメリカ国内だけで5千万ドルを超える興行収入があり、「その時点では、ディズニー社のアニメとしては最高の成績」で同年に公開された、スピルバーグ、ドン・ブルース監督の人気恐竜アニメ『リトルフット』がかすんでしまったほどだといいます。ただ他の情報によると、『オリバー』は、『リトルフット』に対抗するように同じ日に公開され、収入としてこの作品を上回るまで上映すると宣言されたそうで、結果的にその次の年の春まで、およそ6か月も上映しなければならなかったといいます。当時のディズニーがいかに躍起になっていたかがわかるようなエピソードです。(25)

もともとジェフリー・カッツェンバーグはこの小説を題材にミュージカル・アニメを作り、有名なポップスターに演じてもらおうという計画を持っていました。(26) 彼はディズニーに入る前、パラマウント映画にいた時代からこの企画を温めており、ディズニー側に提案したが断られたということもありました(27)（アイズナーは、「イギリスのオリジナル版があるのに、それをリメイクするのは気が進まなかった」とも述べています）。しかし今度はついに自分の思いが実現するとわかり、カッツェンバーグはさっそくビリー・ジョエルとベッド・ミドラーに「主役の声の出演」を、ヒューイ・ルイス、バリー・マニロー、ルース・ポインターらにも依頼を持ちかけていました。(28) このうちシンガー・ソング・ライターのビリー・ジョエルはニューヨークのロングアイランド生まれ。彼を推薦したのは音楽監督だったそうですが、当時ジョエルには4歳の娘がいて、「娘のヒーローになりたくてこの役を演じた」のだそうです。(29) 彼はその娘を公開初日連れていって反応をうかがいました。彼女は父親の声にすぐ気づいたそうですが、画面上のキャラクターと合わせるまで若干当惑したみたいでした。でも最終的には「かわいい犬だったわ」と喜びの声を聞かせたそうです。

音楽全体を見渡すと、この映画に使われた歌・音楽は多彩なジャンルの混合体ということがいえると思います。ディズニー・ソングはすべてがミュージカル・スタイルというわけではありませんが、ビリー・ジョエルのナンバー《ホワイ・シュッド・アイ・ウォーリー？》はセリフから歌へ

(25) John Cawley, "You Just Don't Understand," *cataroo.com* http://www.cataroo.com/dont0304.html, accessed on 26 February 2016.
(26) マイケル・アイズナー著，布旋由美子訳『ディズニー・ドリームの発想（上）』(徳間書店，2000年)，294.
(27) Jhon Culhane, "'Oliver & Company' Gives Dickens A Disney Twist Urban Scene from an Appropriate Rooftop," *The New York Times* 13 November 1988; アイズナー前掲資料，294.
(28) アイズナー『ディズニー・ドリームの発想（上）』，294.
(29) ビリー・ジェル関連の情報については以下を参照しました.「アニメ研究：オリバー：ニューヨーク子猫ものがたり」，『ディズニーファン』第９巻第４号（通巻52号，1998年６～７月），42；Hank Bordowitz, *Billy Joel: The Life & Times of an Angry Young Man* (New York: Billboard Books, 2005)，162；『オリバー：ニューヨーク子猫ものがたり』ブエナ・ビスタ・ホーム・エンターテイメン

とスムーズに入る点で、ベッド・ミドラーの《完璧なのも楽じゃない》は音楽スタイルがブロードウェイ風ということで、どちらもミュージカルっぽい要素を持っています。このうち《悩むことなんてないさ》はダン・ハートマンとチャーリー・ミッドナイトが作った歌で、このコンビは『ロッキー4：炎の友情』（1985）においてジェイムズ・ブラウンが歌ったテーマ曲《リビング・イン・アメリカ》を手掛けています。(30) グレン・キーンによると、「MGM映画風のミュージカル」の感じを出したかったといいます。(31)『オリビアちゃんの大冒険』の《優しくしてあげる》でも使われた音楽スタイルですが、『オリバー』の中では、前作よりも、ずっと物語上意味のある使われ方をされているので、歌だけが浮いてしまうということはなかったようです。

映画の同時代性を音楽の中に見いだすとすれば、まずは冒頭の《いつかニューヨークの街で》のイントロに聞かれるシンセサイザーの音で、これは80年代を敏感に思わせるものでしょう。現在からするとやや色あせた感覚もしますが、それはやはりポピュラー音楽の宿命であり、良さであるといえるかもしれません。またマンハッタンの街中を行く黒人少年の持つラジカセからラップが流れているのも、ディズニーとしては異例の同時代性の反映だったかもしれません（これ以降のアニメにもラップが登場したことはありませんでした）。

一方歌を中心としたポピュラー音楽のスタイルはイージー・ゴーイングなキャラクターたちやニューヨークを舞台とした物語、大都会的なものを表現しているのですが、映画の後半、物語がよりシリアスに、アクション寄りになると、こういったジャンルの音楽が消え、オーケストラによるスコアが中心となっていきます。歌も当然のようになくなり、クラシック的になります。結果

ト VWDS4820（DVD），映像特典.

(30) 「Disney Music Song：ホワイ・シュッド・アイ・ウォーリー？」『ディズニーファン』第9巻第2号（通巻50号，1998年4～5月），44.

(31) DVD，映像特典.

として音楽ジャンルの幅は拡大することになりました。

またこの映画では、はじめて自社制作アニメ作品から引用するギャグが登場します。たとえばホームレスのキャラクター、フェイギンが腕にする3つの腕時計の1つで、これがミッキーマウスのデザインになっています。音楽ではティトがジョルジェットに励まされ、他のメンバーとともにジェニーの救出劇に加わる場面で《ハイ・ホー》の1節を歌います。しかも原曲では仕事を終えて帰宅する意味の歌詞なのに、ここでは"It's off to work we go（仕事に行こう）"という歌詞になっているところが面白いです。

作曲家紹介

♪バディ・ベイカー（1918～2002）

バディ・ベイカーはミズーリ州スプリングフィールドに生まれ育ちました。ピアノのレッスンを4歳からはじめ、11歳にはトランペットに転向します。自分で楽団を組織し、学校やボーイ・スカウトの吹奏楽団でも演奏しました。その後、南西バプティスト大学で学び、自分なりの和声理論を編み出し、最終的には博士号まで獲得したそうです。

1938年にはロサンゼルスに移り、ハリー・ジェームズやスタン・ケントンといったビック・バンドのためのアレンジを引き受けたり、ラジオ番組にも携わりました。1940年代後半には、ロサンゼルス市大学にて作曲と管弦楽法を教えはじめます。1年目のクラスには、のちに映画作曲家となるジェリー・ゴールドスミスもいたそうです。1954年、彼の生徒だったジョージ・ブランズ（前章を参照してください）が仕事の忙しさに耐えきれなくなり、ベイカーに『デイヴィー・クロケット』ショーを手伝ってくれと頼んだのがきっかけとなり、その後28年にも及ぶディズニー社との関係がはじまります。

結局ベイカーは50以上の映画の音楽を担当し、150以上のテレビ番組を手掛け、アリーナ・ショー「ディズニー・オン・パレード」のプロダクションにも参加することになりました。(32)

コラム 80・90年代アメリカの長編アニメの音楽

アメリカにおける長編アニメーションは、1980年代に入るまで、ディズニーが独占状態だったといえるのかもしれません。しかしウォルトの没後、ディズニー社のアニメーションが低迷する中で、ディズニーの外から新しいプロダクションを立ち上げる動きが出ます。もともとディズニーのアニメーターだったドン・ブルースもその1人で、彼は監督として、『ニムの秘密』（1982）、『アメリカ物語』（1986）、『リトルフット：謎の恐竜大陸』（1988）、『天国から来たわんちゃん：チャーリーのお話』（1989）、『サンベリーナ／おやゆび姫』（1993）と、果敢に長編アニメに挑戦します。そのうちのいくつかにはスティーヴン・スピルバーグが制作者として絡んでいますし、ユニバーサルやフォックスなど、さまざまな配給・製作もとと関わっています。

(32) ベイカーの情報は次の資料を参考にしました. John Beal, "Buddy Baker Biography," *John Beal* http://www.composerjohnbeal.com/BBaker.html, accessed on 20 February 2006; "Buddy Baker Biography," Parabrisas, http://www.parabrisas.com/d_bakerbu.php, accessed on 20 February 2006; "Buddy Baker," *MousePlanet.com*, http://www.mouseplanet.com/more/mm03109skh.html, accessed on 20 February 2006.

これらの作品に使われた音楽のスタイルはさまざまで、まとめて述べるのは難しいのですが、歌とスコアの2本立てで進めていく、ディズニー流のフォーマットを継承していることは共通しています。

そして、ブルース監督が制作したアニメからはヒットソングも生まれています。まずは『アメリカ物語』の主題歌《サムホエア・アウト・ゼア》です。ロシアからニューヨークに移民してきた家族の一員である兄妹が旅の途中で別れ別れになって、いつかは再会する日を願って歌うナンバーです。映画本編ではフィリップ・グラッサーとベッツィ・キャスカートが歌い、その子ども声のリアルさに胸打たれるのですが、今日では、エンディングング・ロールで使われたリンダ・ロンシュタットとジェイムズ・イングラムによるバージョンが映画から独立し、ポップ・チューンとして聴かれているのではないかと思います。

『リトルフット』は子どもの恐竜たちが楽園を求めて冒険する中で成長していくストーリーですが、エンディング・ロールでダイアナ・ロスが《イフ・ウィ・ホールド・オン・トゥゲザー》を歌いました。実はこの歌に使われているメロディは、映画のスコアに使われた旋律を組み合わせて作られたもので、この作品における音楽の重要性が制作（スティーヴン・スピルバーグ）側にも認識されていたことを物語っているようです。最終的にできあがった映画にはナレーションやセリフが入っていますが、もともとスピルバーグはディズニーの『ファンタジア』のような、音楽とアニメ映像のみで進めていくプロダクションを考えていたんだそうです。その後日本では、《イフ・ウィ・ホールド・オン・トゥゲザー》はドラマ『想い出にかわるまで』に使われ、そちらで曲を覚えている方も多いと思います。でも、もともとはアニメ映画の主題歌だったのです。

このヒット・チューンを含んだ2つの映画の音楽を担当したのはジェームズ・ホーナーという人でした。彼はその後『タイタニック』（1997）で大きな脚光を浴びることになります。この『タイタニック』からも、ヒットソングが生まれました。たいした才能です。

ホーナーは、このあとブルース監督から離れ、スピルバーグらによって設立された新しい制作チームが作る長編アニメ映画の音楽を担当することになります。『アメリカ物語2：ファイベル西へ行く』（1991）、『恐竜大行進』（1994）、『バルト』（1995）などです。この中では『バルト』が聴き応えのある音楽を残しています。

これら80年代を中心としたアニメ映画の音楽で注目したいのは、やはりアニメ作品からヒットソングが生み出されたことでしょう。1989年以降は『リトル・マーメイド』を筆頭として、ディズニー社が再び主導権を握るようになりますが、そのほんの数年前までは、外部からのヒットソングが続いていたのですね。

また、『アメリカ物語』では、主題歌のポップバージョンをエンディング・ロールで流すという手法を使っています。これは『美女と野獣』からディズニーでも使われている手法で、大人向けのヒットも狙った戦略と考えられます。そのほか、ゴスペル（『天国から来たわんちゃん』）、西部劇映画音楽（『アメリカ物語2』）など、音楽ジャンル的にディズニーの先を行ったものもありました。

第5章

新生ディズニー映画の旗手たち

アシュマン=メンケンのコンビ

1989年の『リトル・マーメイド』において、ディズニー・アニメは新時代を迎えました。そして、その新しさを強くアピールした要素の1つが音楽です。この章ではまず、その「新生ディズニー」を象徴する音楽を書いた作曲家のアラン・メンケンと、作詞家ハワード・アシュマンの2人のことからはじめます。

アラン・メンケンは1949年7月22日、ニューヨーク市に生まれました。1951年同州のニュー・ロシェルに移住。この地の公立学校に通い、1967年に高校を卒業しました。(1) 家族や親類に歯科医が多かったためメンケン自身もはじめは歯学を学びにニューヨーク大学に入学します。しかし1971年の卒業時に獲得したのは音楽の学位でした。

そんなメンケンの音楽への情熱は家族から得られたものだったようで、女優だった母親、歯科医の仕事の合間に音楽をたしなむ父親から影響を受けました。両親はブロードウェイ・ミュージカルをとりわけ愛好していたそうで、アラン・メンケン自身も少年時代を過ごした1960年代にはピアノやヴァイオリンを学び、バンドにギターのメンバーとして参加。ロックやR&B、フォーク、民族音楽、ジャズと幅広い音楽に興味を示しました。

メンケンはニューヨーク大学在学中の1970年に、BMIワークショップというミュージカルの人材育成のための研究会の作曲家／作詞家として、実際のプロダクションにも関わるようになり、すでにその才能を発揮しました。このワークショップは優秀な若者がデモ・テープを送って応募する組織で、『コーラスライン』のようなオリジナル作品も生み出しています。そしてニューヨー

(1) アラン・メンケンの伝記部分は次の資料を参考にしました. “Alan Menken” in *Alan Menken Songbook* (Milwaukee, WI: Hal Leonard, n. d), n. p. ; Steve Langlois, “Alan Menken is Creating a Legacy of Disney Tunes Today,” posted at *The Magical Music of Mouse, The Disney Music Discussion Forum Main Board*, by Sharon Kurland, http://www.magicmusic.net/archive/index.cgi?read=15114, accessed on 5 June 2005; Steve Hochman, Notes for *The Music behind the Magic* (Waltd Disney Records 60014-7) ; 柳生すみまろ「ディズニーの世紀　第20回　アラン・メンケンとディズニー・ミュージック　Part 1」『ディズニーファン』第7巻第3号（通巻35号, 1999年6～7月), 39-43 ;「ディズニーの世紀　第22回　アラン・メンケンとディズニー・ミュージック　Part 2」『ディズニーファン』第7巻第4号（通巻36号, 1999年8～9月), 39-43 ;「ディズニーの世紀　第20回　ア

ク大学を卒業したあとはナイトクラブで働き、市内にあるヘブライ・アーツ・センターでバレエの伴奏を務めます。メンケンは1972年に結婚するのですが、その相手はこの時期知り合ったバレエ・ダンサーのジャニスでした。

ハワード・アシュマンは1950年5月17日、メリーランド州ボルチモアに生まれました。(2) 小さいころから演劇に興味を持ち、地元の子ども劇場にも参加していました。その流れでミュージカルにも興味を持ち、ときには家族の前でブロードウェイ・ミュージカルのオリジナル・キャスト・レコードをかけながら、その演目を身振り手振り演じて解説するということもやっていました。実際のプロダクションを観たことがない作品についてもそんなことをやっていたそうなのですが、彼の情熱を周囲はあたたかく見守っていました。

大学はゴダード・カレッジ、ボストン大学、さらにインディアナ大学の大学院へと進みます。1974年にはニューヨークに移住。はじめはグロゼット&ダンラップという出版社で編集の仕事をし、合間にミュージカルの創作活動もおこないました。携わったプロジェクトには『コース・マギーの暗闇の恐怖』、『ザ・コンファメーション』、『ドリーム・スタッフ』（シェイクスピアの『テンペスト』にもとづく）などがあります。このうち『ドリーム・スタッフ』はオフ・ブロードウェイにて上演されました。しかし劇場の破産で一時中断。のちに1997年、別の劇場にて興行が続けられることとなります。この関係でアシュマンは1982年までWPA劇場の音楽監督の仕事を引き受けることにもなるのでした。アシュマンがメンケンと出会ったのもこのころで、次の新しいプロジェクトのための作曲家を探していたところ、レーマン・エンゲルからアラン・メンケンを紹介されたのです。

当時無名だったハワード・アシュマンをディズニーに紹介したのは、ジェフリー・カッツェンバー

ラン・メンケンとディズニー・ミュージック　Part 3」『ディズニーファン』第7巻第5号（通巻37号, 1999年10～11月), 39-43.

（2） ハワード・アシュマンの情報は次の資料を参考にしました."Walt Disney Records: Biography of Howard Ashman," *Disney* http://disney.go.com/DisneyRecords/Biographies/Ashman_Bio.html ; 柳生すみまろ著「ディズニーの世紀　第13回　ハワード・アシュマン・ストーリー　Part 2」『ディズニーファン』第6巻第2号（通巻28号, 1995年4～5月), 39-43.

グの親友でアドバイザーでもあったデイヴィッド・ゲフェンという人でした。(3) ゲフェンはレコード会社の経営者としても成功しており、映画業界や演劇業界への進出も考えていました。そしてメンケンとは、自らもプロデュースに携わった『リトル・ショップ・オブ・ホラーズ』で出会っていたのです。ゲフェンのほかにピーター・シュナイダーも一時期この演目のマネージャーを務めたことがあり、アシュマンと面識がありました。１９８６年1月直接交渉をおこなったのはカッツェンバーグで、企画中のアニメ映画数本を紹介したところ『リトル・マーメイド』に一番強い関心を示したのだといいます。

アラン・メンケンによりますと、ディズニー社がアシュマンにアプローチしたのは、彼にアニメ・プロジェクトを任せたいからではなかったそうです。アシュマンには当時ディズニーが取り組んでいるプロジェクトとしてロックの伝記映画、実写による音楽物語、そしてアニメやそのほかのプロジェクトがあるという紹介がなされ、アシュマンのほうがアニメに熱意を持ったということのようです。(4)

なおアシュマンは、『リトル・マーメイド』以前にも『オリバー：ニューヨーク子猫ものがたり』において《いつかニューヨークの街で》の作詞を担当しています。(5)

当時進んでいたディズニー社の組織の変化もメンケンとアシュマンという2人をディズニーに迎え入れるのをあと押ししたようです。アラン・メンケンによると、ディズニー社ＣＥＯのマイケル・

(3) アイズナー『ディズニー・ドリームの発想（上）』, 302.

(4) Dan Lybarger, "Beauty Secrets: Composer Alan Menken Prepares for Re-Release of Disney Classic." *LJWorld.com: Lawrence Journal-World*, http://www.ljworld.com/section/archive/storypr/78795, accessed on 29 June 2004. におけるメンケンの発言.

(5) Maltin, *Disney Films*, 289.

アイズナーはもともと大学で演劇を専攻しており、舞台芸術に愛着を感じ、ディズニーの長編アニメを手掛けるプロデューサーとなる人たちの多くがブロードウェイやツアーのショーにおける制作に携わっていたといいます。(6) メンケンは次のように言います。「ディズニーが古典的なアニメーションを復活させたいと考えていたころ、彼らはとても非伝統的な選択をおこないました。彼らは本当にミュージカルの才能を欲しがっていて、通常のハリウッド路線をやめてしまったのです。」(7)

『リトル・マーメイド』(1989)

ディズニー社の体制が新しくなり、アニメ分野に対する情熱も日増しに高まっていました。そんな中、アニメ作品として「新生ディズニー」の船出をもっとも強く大衆にアピールした最初の作品が『リトル・マーメイド』でした。

この映画はジョン・マスカー、ロン・クレメンツ監督によるアンデルセン童話のアニメ映画化で、2人は、ハワード・アシュマンを監督として制作に参加させ、積極的に意見を乞うことにしました。(8) 作詞家でもあったアシュマンは使われる歌に対して強いコンセプトを持っていて、作曲家のアラン・メンケンとともにプロダクションのかなり早い段階から作品に従事します。アシュマンは次のように言っています。「昔、音楽は動画を描く作業がはじまる前に作られていました。バックグラウンドの音楽でさえ最初に書かれていたのです。いろいろな意味で私たちは『リトル・マーメイド』において、その伝統に戻ったといえるでしょう」(9) おそらく、のちの『ライオン・キング』(ハンス・

(6) Langlois, "Alan Menken is Creating a Legacy of Disney Tunes Today."
(7) 前掲資料.
(8) Maltin, *Disney Films*, 290.
(9) Jeff Kurtti, *The Art of Little Mermaid* (New York: Hyperion, 1997), 161 に引用されたアシュマンの発言.

ジマー）や『ムーラン』（ジェリー・ゴールドスミス）らと違うのはこの点だと考えられます。というのも、これらの2作品で作曲家は制作途上のフィルムを観てから作曲にかかっているからです。もちろん作曲家と作詞家が制作の早い段階から関わっていることが、そのまま作品の成功へとつながる保証はありません。しかし『リトル・マーメイド』や『美女と野獣』の成功にアシュマンとメンケンの、プロジェクト開始からの参加が大きく貢献したことは間違いないといえるでしょう。

ハワード・アシュマンは言葉だけにでなく、ドラマ全体への視点や歌の様式、スコアとの関わりについてもさまざまな提案をおこないました。(10) たとえば《パート・オブ・ユア・ワールド》という、主人公となる少女アリエルが自分の望みを託したバラードを物語の早い段階に持ってくること。こういったことは、ミュージカルでは頻繁におこなわれています。(11) しかし、ディズニーの先例として考えられるのは『白雪姫』の《私の願い》や『シンデレラ』の《夢はひそかに》くらいかもしれません。

「リプライズ（再現）」の使用も『リトル・マーメイド』では際立っていますが、これもミュージカルではよく使われる手法です。「再現」といえば、これまでディズニー映画では挿入歌が合唱を加えてエンディングに再登場したり、スコアに動機として登場するという程度のものはありました。しかし『リトル・マーメイド』の《パート・オブ・ユア・ワールド》では、挿入歌の一部を物語進行中に（歌詞を変えて）リプライズさせたところがユニークといえます。その1度目は（※）、思春期を迎えたアリエルが好奇心いっぱいに人間世界への憧れを人魚として歌うバラード《パート・オブ・ユア・ワールド》で、2度目は嵐で遭難しそうになったエリック王子を救出したあとに、彼に対する恋心が芽生えた瞬間に自分の思いを歌に託したリプライズです。映画では、この再現のクラ

(10) Maltin, *Disney Films*, 290-291.
(11) 前掲書，291.

イマックスにシンバルの一撃が大波のしぶきにシンクロさせられるという心憎い演出までなされています。

（※）歌以外の器楽によるスコアも含めれば、正確には2度目。オープニングタイトルでもオーケストラが演奏しているからです。しかしこの段階では、観客はこれがアリエルの歌う挿入歌だとは気づかないでしょう。
なお前述した「クラシック・ディズニー風」の合唱エンディングにも《パート・オブ・ユア・ワールド》が現れます。

また「パート・オブ・ユア・ワールド」の「ユア（your）」という言葉は単数・複数同型になりますが、1回目の「ユア」は「漠然とした人間世界（複数形）」、リプライズの「ユア」は「エリック（単数形）」のニュアンスも強く含むことになります（注：メンケンによると、この歌のタイトルは《パート・オブ・ザッツ・ワールド（あの世界の一部に）》とすべきだが、オリジナルとリプライズの両方を「ユア・ワールド」（あなたたち／あなたの世界）とすることで、親近感が出たのだそうです[12]）。ここで歌が醸し出すアリエルの感情的な高ぶりやドラマに一層の深みが出てくるのです。なお、こういったキャラクターの心理的描写を強める効果的なリプライズは『アラジン』や『ポカホンタス』にも取り入れられています。ミュージカルの経験をしたアシュマンとメンケンならではの手法といえるでしょう。

(12) メンケンの発言,『リトル・マーメイド』プラチナ・エディション, ブエナ・ビスタ・ホーム・エンターテイメント VWDS5176（DVD）に収録された音声解説.

使われている音楽の幅広さも『リトル・マーメイド』の「新しさ」を醸(かも)し出している要素です。もちろんオーケストラとコーラスが基本になっているのですが、クラシックだけではなく、さまざまなスタイルの音楽が投入されています。

前章で述べたように、前作『オリバー：ニューヨーク子猫ものがたり』においてもロック、ポップ、ブロードウェイ・スタイル、クラシック（スコア部分）と、幅広いジャンル／スタイルの音楽は使われてはいました。しかしクリス・モンタン（ディズニー社音楽部の責任者）は何人もの作曲家／作詞家がそれぞれのアイデアでこの作品に臨んだため、映画全体に音楽的統一性が欠けていたと主張しています。彼に言わせると『リトル・マーメイド』ではメンケンとアシュマンが歌とスコアのすべてを担当しているため、物語における音楽の役割を映画全体の中で捉えることができたのでした。[13]

たとえばセバスチャンはカリプソやレゲエ、ドゥワップを登場させます。これは自ら交響曲を書きたいと願っている宮廷音楽家にとっては極めて異例のことでしょう！（セバスチャンのフルネームはホレイショ・フェロニアス・イグナシアス・クラスティシャス・セバスチャン［Horatio Felonious Ignacious Crustaceous Sebastion］です[14]）。なお交響曲を書きたいという趣旨の発言はセバスチャン自身のセリフに聞くことができるのですが、筆者の観た字幕版ＶＨＳテープ（ブエナ・ビスタ・ホーム・エンターテイメント VWSS4268）の字幕には訳されていなかったようです。

(13) *Walt Disney Presents The Music behind the Magic: The Music Artistry of Alan Menken, Howard Ashman, & Tim Rice.*, ライナーノーツ42に引用されたモンタンの発言.
(14) Dave Smith, *Disney A to Z: The Updated Official Encyclopedia* (New York: Hyperion, 1998), 490.

実はこのセバスチャンというキャラクターを誕生させたのはアシュマンで、彼の音楽的嗜好(しこう)が反映されています。もともとロン・クレメンスとジョン・マスカーはこのカニのキャラクターを「堅苦しいイギリス人指揮者クラレンス」としていたのですが、アシュマンはこれを「カリブ海からアリエルをしつけるために北の海にやってきたレゲエのカニ」にしてほしいと要望。(15) その理由は作品にバイタリティーを与えるビートを持ったカリプソ風の挿入歌を入れるためだったのです。メンケンもセバスチャンの登場によって作品に「エネルギーや独特の味、ちょっとした同時代的ポップの感じ」が加わったと実感しています。(16)

> また、このクラレンス、最初はカニではなくカメであったという資料もあります。(17) この資料によると、カメよりもカニのほうが水陸両方にまたがる物語を展開するには適切だというのが、カニにした理由だとされています。

セバスチャンの歌う《アンダー・ザ・シー》は歌詞よりも音楽をまず率先して作ったそうです。その2人の創作の様子を『The Music behind the Magic』というCDに残されている録音記録からたどってみましょう。まずアシュマンはベースラインをオノマトピア（口三味線）を使って口ずさみます。おおまかに歌詞は決まっているのですが、まずは曲にぴったりのビートを感じ取ります。メンケンはアシュマンのオノマトピアに合わせ、I－IV－Iというコード進行をカリプソ・リズムに乗せて即興的に弾いてみせます。それに合わせアシュマンも歌詞をリズムに合わせるように散り

(15) *The Music behind the Magic*, 15. Walt Disney Records 60014-2, ライナーノーツ.
(16) Maltin, *Disney Films*, 291に引用されたメンケンの発言.
(17) “A Production Timeline of The Little Mermaid,” http://www.fortunecity.com/lavender/scaramouche/7141pagefiles/timeline.html.

ばめます。録音記録では、すでに「Under the Sea」と歌うリフレイン部分は決まっていて、アシュマンとメンケンがデュオでハモります。

このやり取りから推測しますと、《アンダー・ザ・シー》は、メンケンが紙の上で練りに練って作ったというのではなく、アシュマンとの自由なやり取りの中で曲のおおまかなイメージをつかみ、それを録音しながら参考にし、創作しているのではないかと思われます。そうして2人で演奏した録音記録も、のちのち音符にするときに参考にしていくに違いありません。

音楽ジャンルの多様さはセバスチャンの挿入歌以外にも見られます。たとえば《レ・ポワソン》はフランス風の響きを狙ったワルツです。この楽曲も曲が率先して作られ、歌詞はあとでつけられました。[18] ミュゼットの響きがフランス風を醸(かも)し出し、「フレンチ・カンカン」がシェフとセバスチャンのドタバタをコミカルに演出しています（注：サウンドトラックCDに「フレンチ・カンカン」の部分は収録されていません）。一方《トリトンの娘たち》は「バロック風、ギルバート＝サリヴァン風」によるパロディ（作風の模倣）です。人魚世界でトリトンの娘を紹介するこの場面でも、エリック王子とアリエルが散策に出かけるときも、音楽はチェンバロを含めたバロック風となっています（注：ただしチェンバロの音色が入っているという以外に、この音楽が「バロック風」だと感じられる要素はありません）。おそらくこういったバロック音楽風の響きが貴族社会を感じさせる仕掛けになっているのでしょう。さらに、船上でエリックと船員たちが踊る民俗音楽風の曲はグリーグを意識して作られたとのことです。[19] ところでハワード・アシュマンにとって、こういったさまざまな音楽様式が混ざり合うことは自然なことでした。「おとぎ話の中では時間を特定するという感覚がなくなります。だからすべての音楽様式を許容する自由があるのです」とアシュマンは言っ

(18) Maltin, *Disney Films*, 291.
(19) マスカーの発言，DVD，音声解説.

ています。[20]

《哀れな人々》はジャズ風のナンバーですが、クルト・ワイルの作品にインスパイアされたとメンケンは述べています。[21] さらにこの歌の場面では、およそ5、6分の間にアリエルがアースラと契約を結び、人魚から人間になるというドラマチックな物語になっています。音楽もこれに合わせ、セリフと歌をうまく配合することによって、高い効果を挙げています。

またミュージカルに従事してきたメンケンとアシュマンがディズニー・アニメに残した大きな功績は、映画に挿入された歌とアンダースコアとの密接な関係を作り上げることでした。たとえばオープニングで人間世界を脱し、海の世界に帰った1匹の魚が遠のいたあと現れるタイトルロールの部分の音楽(注:この部分の伴奏で演奏される上行のアルペジオは水を表現しているとメンケンは言っています。ジョン・マスカーによると、そもそもはハワード・アシュマンが、この場面の絵に合わせて音楽で水を表現すべきだという指示を繰り返すことに由来しているのだそうです[22])。ここでは上行型の流麗な旋律「E-F#-G-G、F#-G-A-A」が女声合唱で提示されます。もちろんこれはのちにアリエルの《パート・オブ・ユア・ワールド》となる歌の旋律の一部です。しかしこの旋律はアリエルのアイデンティティともなっているのです。たとえば《哀れな人々》の後半、アースラに担保として奪われる声をアリエルが歌う際には、この「E-F#-G-G、F#-G-A-A」というメロディが現れます。アリエルとエリックの恋仲を邪魔するときも、アースラはこの奪った声でこのメロディを歌い、王子を誘惑します。

ほかにも『リトル・マーメイド』が画期的だったところがあります。それはオープニングから物語に直結した歌を入れたことです。クレジットのみを主題歌に乗せて長々と見せる方法は、森の

(20) Kurtti, *The Art of Little Mermaid*, 165.
(21) DVD, 音声解説.
(22) 前掲資料.

雰囲気作りから話へ直行する『きつねと猟犬』で破られましたが、歌で一気にストーリーに引き込むやり方は、これまでのどのディズニー・アニメよりもパワフルであったといえます。「歌の復権」「ミュージカル・アニメの復活」という印象が強いのは、そのためでしょう。実は歌もスコアも1人の作曲家がすべて担当したというのも（オーケストレーターは別として）、この作品におけるメンケンが初ともいえます。『ピノキオ』のリー・ハーリーンも、ここまで完全な形での関与にはなっていないのです。

『リトル・マーメイド』はハワード・アシュマンとアラン・メンケンがディズニー・アニメにステージ・ミュージカル的な要素を持ち込み、現代の観衆にもアピールするように作られました。ウォルト・ディズニーの様式や型をどう扱うか模索するのではなく、その精神とエッセンスを受け入れつつ新鮮さをアピールした作品ではなかったでしょうか。

『ビアンカの大冒険：ゴールデン・イーグルを救え』（1990）

『ビアンカの大冒険：ゴールデン・イーグルを救え』は1977年の『ビアンカの大冒険』の続編として考えられたアニメ作品です。短編『三匹の子ぶた』の続編作品で得た教訓を活かし「続編は作らない」というウォルト・ディズニーの意志を長編アニメにおいて覆（くつがえ）した最初の作品となるのですが、その後、雨後の筍（たけのこ）のようにリリースされたビデオ向け続編映画と違い、短めながら立派な長編作品になっています。物語の舞台はオーストラリア。広大な大地に母親と2人で住む主人公のコーディが絶滅種の鷹を密猟者から守ろうとして誘拐され、バーナードとビアンカがこれを助けるというアクション・ファンタジーです。

『ビアンカの大冒険』の続編ということもあって、ニューヨークに本拠地がある救助救援協会や登場人物もオリジナルと同じ設定（ただしオービルを担当した声優ジム・ジョーダンが亡くなったので、アホウドリ航空にはウィルバーが登場）になっています。しかし使われている音楽は第1作とはずいぶん違っています。まず『コルドロン』同様、『ビアンカの大冒険：ゴールデン・イーグルを救え』には主題歌・挿入歌が1曲もありません。作品がアクション映画であることもその理由でしょう。またオリジナルの『ビアンカの大冒険』の挿入歌に聞かれたような70年代のポップ・ソングのようなソフトな感覚はなく、冒険心をかきたてられるスリリングな音楽になっています。主人公が孤児院の女の子から、父親を失いながらも元気に冒険する男の子に変わったことも影響しているのでしょう。

『ビアンカの大冒険：ゴールデン・イーグルを救え』のスコアを担当した作曲家はブルース・ブロートンでした。「幼いころウォルト・ディズニーは私のヒーローだった（アニメーターになりたかったのだ）」という彼は、このプロジェクトを楽しんでやったようです。[23] そして舞台がオーストラリアということもあって、音楽にも独特のエキゾティシズムを醸（かも）し出す仕掛けを考えました。たとえばトランペットやホルンのミュートの使用。これは『ジャングル・ブック』のスコアでおこなわれている手法です。また打楽器セクションには民族楽器も多数採用されています。私は楽譜を直接見たわけではないので、どのような打楽器が使われているのか正確なことはわかりません。しかしのちにこの映画音楽をもとにした演奏会用の組曲（ウィリアム・ブロートン＝編曲）が作られており、

(23) "Interview with Bruce Broughton," *BSO Spirit*, http://www.bsospirit.com/entrevistas/broughtone.html, accessed on 20 February 2005.

おそらく楽器編成が映画のスコアに近いと思われるので、使われた打楽器をここにリストアップしてみます。それによると、4人の打楽器奏者が以下の打楽器を演奏することになっています。なおオーストラリア先住民の吹奏楽器ディジュリドゥはサウンドトラックには現れませんが、映画ではカンガルーのファルーがコーディに信号を送るため木の枝を吹く音として使われています。

表5－1　『ビアンカの大冒険：ゴールデン・イーグルを救え』
演奏会用の組曲（ウィリアム・ブロートン=編曲）で使われている打楽器リスト
※ Heely Music に掲載されたオーケストラ組曲の編成表。<http://www.heelymusic.com/concertlibrary/RecuersDU.HTM>

African Toms
Angklungs
Bones
Bongos
Boo Bams
Congs
Crotaves
Marimba
Piatti
Suspended Cymbals
Timpani
Triangle
Vibes
Windwand

こういった「エスニック」な要素を映画のスコアに要求したのはジェフリー・カッツェンバーグでした。しかしブロートンはこの要求にかなり苦労させられたようです。というのも、オーストラリアを代表する民族楽器は非常に限られており、ブロートン自身もブーメランとディジリドゥ以外に、この国固有の楽器を見つけられなかったからです。彼は動物の骨、ドラム、笛などを民族色豊かな楽器として使っていたのですが、必ずしもオーストラリア特有でないとブロートン自身も

認識していました。(24)

ブロートンの音楽には、しかしながら、音色や音楽ジャンル上の工夫があります。全体を通してオーケストラが支配的なのですが、さり気なくシンセサイザーの音が聞こえてきますし、サーファーのアホウドリであるウィルバーがアルバトラス航空本社から飛び立つ際には、突然ロックも聞こえてきます。このロック風の部分はサウンドトラックCDで音楽だけ聴くとジャンルがちぐはぐになっているような印象を受けるのですが、映画ではロックが使われていたことも特別意識することなく、自然に溶け込んでいます。ロックが使われるようになった正確な経緯は定かではないのですが、ウィルバーの声を担当したジョン・キャンディーの風貌(ふうぼう)が影響し、スタジオのどこからかアイデアが持ちかけられたとブロートンは言ってます。(25)

この映画では、メロディ・メーカーとしてのブロートンの才能にも注目したいものです。たとえば、コーディがマラフーテの巣へと行くまでのシーンに流れるマラフーテのテーマは何度聴いても飽きません。空高く飛び上がるように音域が次第に上昇するのに加えて、転調や輝かしいオーケストレーションも手伝い、このシーンに映像詩的な迫力を与えています。この宮崎駿のアニメに強く影響されたとされるスペクタクルな映像は、音楽によって、さらに盛り上げられています。(26)

一方主人公コーディが悪役マクリーシュにさらわれ、この緊急の事態がネズミのネットワークによってニューヨークの救助救援協会に伝えられる場面では、『ラテン・アメリカの旅』を思わせるような、地図の上を(影つきの)矢印が進むという一見どうしようもなく単純な映像が現れます。ところがブルートンのわくわくするような音楽は地図上の文字が現れるタイミングとぴったりシンクロされていて、これだけでも十分楽しめるのです。またこのシーンには《救助救援協会の歌》

(24) Michael Schelle, "Bruce Broughton," in *The Score: Interview with Film Composers* (Los Angeles: Silman-James, 1999), 96-97.
(25) 前掲資料, 97.
(26) このディズニー映画の, 宮崎アニメからの影響については, 叶精二「スタジオジブリの業績と展望」http://www.yk.rim.or.jp/~rst/rabo/news/criti001.html ;「世界の宮崎ファンたち」(『くろねこ亭』http://www.starleaf.net/~airami/index.html 所収)を参照.

も引用されています（ニューヨークのＲＡＳ本部でモールス信号が解読されメンバーが集まるシーンでホルンとトロンボーンによって奏されています）。もちろんこれは、本作品が１９７７年の『ビアンカの大冒険』の続編であることを意識してなされたものです。

『ビアンカの大冒険：ゴールデン・イーグルを救え』は『リトル・マーメイド』と９１年の『美女と野獣』という2大傑作の間に挟まれており、また７７年の『ビアンカの大冒険』の続編ということもあって、コンピュータを駆使した鮮やかな色彩とスケール感にも関わらず、あまり注目されていません。ディズニー初のアクション映画作品という触れこみで通常の作品よりも年齢層がやや上に設定されていたこと、そして同じ１９９０年には『ホーム・アローン』が上映されたことも興行成績の伸び悩みに影響したようです。

> 実は、ブロートンには、『ホーム・アローン』の音楽を担当する話も来ていました。しかしブロートンはディズニーのプロジェクトを優先させたためスケジュールが合わず、『ホーム・アローン』の仕事を断ることになってしまったのだそうです。

しかし作品そのものの完成度は決して低くなく、もっと注目されてしかるべき作品ではないでしょうか。当時ディズニー社のＣＥＯだったマイケル・アイズナーがこの作品に理解を示していないのは極めて残念です。前後の2作に比較して「すばらしい音楽、中心テーマ、それから、強く感情に訴えるストーリー」が欠けた「技術的な失敗作」だったというのです。[27] オリジナル・ソ

(27) アイズナー『ディズニードリームの発想（上）』, 320.

ングが1曲もないので「ディズニーといえば歌」という人には物足りないかもしれませんが、アニメ向きの優れたスコアとしての評価は高く、一時期廃盤になっていたアメリカのサウンドトラック盤には、高いプレミア価格がつけられていました。少なくとも音楽はこんなにすばらしいのだし、また技術的にもCAPS（コンピュータ・アニメーション・プロダクション・システム）を全面的に導入した最初の作品として知られているのですから、見直しがなされてもよい作品だと思います。

『美女と野獣』（1991）

『美女と野獣』は『リトル・マーメイド』にはじまった「新生ディズニー」の1つのピークをなす作品と考えられています。また「ミュージカル」という言葉がもっともぴったり当てはまるほど、歌や音楽が『美女と野獣』の成功に大きく貢献しました。

『美女と野獣』のプロジェクトは『リトル・マーメイド』制作中に立ち上がったのですが、当初はミュージカルにする予定はなく、「おとぎ話を単にドラマ化する企画」としてスタートしました。(28)また、ディズニー社側も『リトル・マーメイド』で活躍したアシュマンとメンケンの組み合わせを最初から考えていたわけではありませんでした。メンケンは次のように言っています。「『美女と野獣』をはじめたころ、『リトル・マーメイド』は封切りされていませんでした。だから会社側はどういう反応があるか知らなかったんです。当初、私たちがこのプロジェクトを立ち上げたとき、私は歌を書き、アンダースコアはスコアの専門家に任せるという要望が寄せられました。それで私は、『だ

(28) *The Music Behind the Magic* ライナーノート，18；『ディズニー大全集』，15.

めです。私とハワードの関係はそういうものではありません。私たちはミュージカルの制作チームなんです』と言いました。結局ディズニー社側の配慮で、彼らは『わかった。いいだろう』と言ってくれました」(29) そして1989年の秋、ジェフリー・カッツェンバーグはアシュマンとメンケンを『美女と野獣』のプロダクションに参加するように依頼します。(30) 制作担当のドン・ハーンを中心にグレン・キーン、アンドレアス・デーハらのチームが、ちょうどヨーロッパの取材旅行から帰ってきたころでした。(31)

結局『美女と野獣』のプロジェクトは、『リトル・マーメイド』よりもフィルム・ミュージカルの趣(おもむき)が強くなりました。監督のカーク・ワイズによると、アシュマンとメンケンは「アニメーションの愛情と伝統的ブロードウェイ・ミュージカルへの愛情」を持ち込み、「舞台ならどうするか考えながら」作品を作ったと発言しています。(32)

しかし『美女と野獣』が良質のフィルム・ミュージカルとして認められるには主題歌・挿入歌とアンダースコアの組み合わせという、以前からおこなわれてきたディズニーの「型」を洗練させる必要がありました。《朝の風景》における声楽アンサンブルの効果的使用は、そういった洗練を受けた例といえるでしょう。『リトル・マーメイド』、あるいはそれまでのディズニー・アニメの歌においては、基本的に登場人物が歌い、それをコーラスがサポートするというフォーマットが大半でした。しかしこの《朝の風景》に登場する町の人は単にヒーロー／ヒロインの歌のバックになるのではなく、ソロを受け渡ししたり、小さなコーラスになったり、実にバラエティ豊かです。歌詞の内容も多彩で、町のにぎわいを醸(かも)し出すための会話だったり、ベルやガストンの噂(うわさ)話だったりで、登場人物像やそれらに対する互いの感情が歌とともに自然にわかってきます（注：DVD［ブエナ・

(29) Dan Lybarger, "'Beauty' Secrets: Composer Alan Menken Prepares for Re-release of Disney Classic," *Lawrence Journal* (3 January 2002), http://www.ljworld.com/section/archive/storypr/78795, accessed on 29 June 2004に引用されたメンケンの発言.

(30) アイズナー『ディズニー・ドリームの発想（上）』, 322.

(31) 柳生すみまろ『美女と野獣』(OST) ポニー・キャニオン(Walt Disney Records) PCCD-00061のライナーノート.

(32) 『美女と野獣：スペシャル・リミテッド・エディション』, ブエナ・ビスタ・ホーム・エンターテイメント VWDS4612 (DVD), 2枚目収録の映像特典におけるワイズの発言.

ビスタ・ホーム・エンターテイメント VWDS4612〕の音声解説では、より具体的に、ベルと父親の関係や両者の人物像、ベルと町の人々との関係、ベルの評判、ガストンの感情、ベルのガストンへの感情がわかるとしています）。メンケンは対位法を巧妙に使い、町の人たちが交わす2つの会話を同時に出したりします。この対位法の使用はのちの『ポカホンタス』にも見られる作曲技法の冴えといえるでしょう。

そして『美女と野獣』では、これまでの作品以上に、歌が物語をリードする役割を担っています。そのためか、歌のレコーディング・セッションはブロードウェイ・オリジナル・キャスト盤を作るように歌い手とオーケストラとをいっしょに録音したそうです。(33) これはアンダースコアを中心とした映画音楽の世界では異例なことかもしれません。しかし登場人物の気持ちの対話や感情の交差などは、マルチトラックの別録りでなく、一度にいっしょに録音したほうがうまくいくのではないでしょうか。おそらくリアルタイムの録音のために、かなりのコスト高になったと思われるのですが、この作品においては、その見返りもあったように思われます。

『美女と野獣』がミュージカル・アニメになったのには、『リトル・マーメイド』同様、制作過程におけるハワード・アシュマンの積極的な関与がありました。彼はミーティングにおいても常にリード役となり、オープニングを長い音楽ではじめることもアシュマンの決断でした。「この曲は7分続きますよ」と彼はわざわざアイズナーに断りを入れたくらいです。アシュマンはこの曲がアニメのオープニングとしては長すぎではないか、「あまりにも芝居がかっている」のではないか、「あまりにも型破り」ではないかということを特に心配していました。(34)

もともとは黙って動くだけだったお城の中の物体に人格やセリフを与え、歌い踊らせることに

(33) 浮田文子「Disney Music Song：ひとりぼっちの晩餐会」『ディズニーファン』第15巻第3号（通巻127号，2004年3月），56.
(34) アイズナー『ディズニー・ドリームの発想（上）』，322.

したのもアシュマンのアイデアでした（注：ディズニー・アニメの先例には『子守歌の国』（「シリー・シンフォニー」）のオムツのピンが踊る場面や、『王様の剣』（1963）においてマーリンがワートの皿洗いを魔法でやるシーンがあります[35]）。そのため台本が書き換えられ、新曲が作られ、声優のオーディション、さらにはレコーディングもおこなわれました。最終的には、アニメーションも、できあがった音楽に合わせて描かれています。[36]

アシュマンの作詞家としての才能は《強いぞガストン》のようなユーモラスなナンバーにおいて発揮されています。実際に映画で使われたもの以外にも、ずっとたくさんのおかしな歌詞が作られていたそうで、監督たちもカットするのが惜しいくらいだったそうです。それに加えてアシュマンの歌詞は、とても耳に残るような言葉で韻を踏んでいて、現代的ユーモアも生きています。

そういったアシュマンの尽力もあったためか、この作品では踊りのシーンが際立っています。《ガストン》、《ひとりぼっちの晩餐会》、《美女と野獣》、フィナーレがその例で、ステージ・プロダクションの感覚が随所に持ち込まれました。これ以前にも、『リトル・マーメイド』の《アンダー・ザ・シー》で魚たちのダンス・シーンは確かに見られました。しかし曲がレゲエ調であったため、この映画ほどブロードウェイ的なフィーリングは感じられなかったのです。

『リトル・マーメイド』でも効果的に使われたリプライズの手法は、『美女と野獣』においても、重要なスポットに使われています。その例を1つ挙げてみましょう。《朝の風景》においてベルが羊たちの群れに囲まれて噴水の淵に座り本をめくりながら歌う部分があります。ここにはそれまでの人物紹介の軽いタッチの旋律と違う、ゆったりとした、極めて印象的な旋律が現れます。「まあ、びっくりしない？　ここが私の好きなところ。なぜってあなたにもわかるわよ。彼女はここで王子

(35) Charles Solomon, "Disney 'Beauty' Revives Classic Flair in Story, Style," *Los Angeles Times* (5 January 1992), 24.

に出会うけど、第3章までそれが彼だって彼女にはわからないの。」とベルは歌います。ベルが本の中の夢物語に心をときめかせているからでしょう。

このメロディは、突如として《愛の芽生え》の中間部に現れます。今度はベルの読んでいた本に出てきた物語を自分と野獣との間に芽生える恋心と重ね合わせています。「新たなる、そしてちょっとした驚きだわ。こんなこと考えられる？ もちろん彼は王子様じゃなんかないけど、私にはわからない何かが彼にはあるの」もちろん観客は野獣の本来の姿が王子であることを知っています。つまり《朝の風景》で歌った「彼女はここで王子に出会うけど、第3章までそれが彼だって彼女にはわからないの」ということがまさにベルの境遇であることが歌からわかるという仕掛けなのです。

さらにこのメロディの一部は《奇蹟の変身》（サウンドトラックCDに使われたタイトル）のスコアにも使われています。野獣がまさに王子となる感動的な場面です。まるで物語を見ているような現実がベルの目の前で起きていることを表現しているのかもしれません。メンケンは、こういった細かな心理状況を歌にして語らせています。

そのほかにも、ベルと野獣の愛が一歩前進する場面で、このメロディが使われています。野獣が「こんな気持ちはじめてだ」という場面、2人が食事をする場面、ベルが父親を連れて城に戻り、野獣が彼女に近づいていく場面など。ぜひDVDで確認してみてください。

これ以外で繰り返し使われている印象的な旋律には、たとえば《ひとりぼっちの晩餐会》の旋律が「家財たちのテーマ」のように使われている例があります。襲撃する町の人々に家財た

(36) 浮田「ひとりぼっちの晩餐会」, 56.

ちが反撃する場面に注目してください。挿入歌以外で繰り返される旋律では、オープニングで野獣の置かれた境遇をナレーターが語るときに流れる運命的主題が、野獣の刺される場面でも使われています。

《朝の風景》の、主部の旋律もリプライズになっています。たとえば結婚を迫るガストンを追い払ったあと、「ガストンと結婚するなんてもってのほか」という内容が軽いタッチで表現されているほか、広大な山々に向かって「狭い町を出て冒険をしたい」とか「どこかにいるはず、私を理解してくれる人が」など、ベルが田舎町の平凡な生活に飽きているだけでなく、希望の男性をも求めていることが、ここで観衆に明らかになってきます。

『美女と野獣』といえば、同名の挿入歌がなんといっても忘れがたいヒットソングです。この歌がすごいのは、感動的なメロディが極めてシンプルなリズムからできていることです。歌詞によって多少の変化はあるものの、基本的に「タタタタ〜〜ン、タタタタ〜〜ン」と、規則的な5つの音符で作られているのです（歌は多少崩（くず）して歌っているので、ちょっとわかりにくいかもしれません）。音程こそのびのびと自由なのですが、リズムは、この基本音型からはずれないようになっています。おそらく「同じような物語・響きが、大昔から、太陽が昇るように」と、不変あるいは普遍のものを表現している歌詞内容と関係しているに違いありません。

歌っているのは、ポット婦人の声優アンジェラ・ランズベリーで、日本ではＮＨＫで放送されたサスペンス・ドラマ『ジェシカおばさんの事件簿』で名推理を見せていた女優さんでもあります。

もともとこの挿入歌《美女と野獣》のデモ・テープを聴かされたランズベリーは、しかしながら、メンケンの歌い方が「ニューエイジ風」（メンケンの言葉）だったため、はじめは歌いたがらなかったそうです。ピアノを弾きながら作曲するときのテープが残っていて、その歌い方から推測するに、メンケンのはロマンティックに滔々（とうとう）と歌うような感じでした。ところがハワード・アシュマンが歌ったテープを聴いて、「これなら私にもできる」と気持ちを変え、歌ってくれたのだそうです。最終的にわれわれが聴く版では、声をそっと当てるような歌い方になっていますが、これはアシュマンの歌い方にヒントを得ているということになると思います[37]（なお、アシュマンの歌唱による《美女と野獣》は *The Music behind the Magic* というCDに収録されています）。

この《美女と野獣》は、映画のエンディング・クレジット・ロールの部分でポップ・バージョンが歌われます。映画本編に使われた挿入歌のポップ・バージョンをこのように使ったのは、ドン・ブルース監督による『アメリカ物語』における《サムホエア・アウト・ゼア》が最初と思われますが、ディズニーもその方法を採用することにより、アニメの主題歌が大きな利益につながることを改めて実感したことと思います（もちろんアニメの歌が大きなビジネスになることを実証したのは『三匹の子ぶた』で大人気を得たディズニー自身です）。エンディング・ロールにポップ・ソングを入れるというのが、このあと「伝統」になったようです。

さて、この映画にはミュージカルの影響が強いといわれています。もちろんそれは、ブロードウェイで開拓された華麗な音楽スタイルというのもあると思うのですが、それ以上に、踊りのシーンが印象的であるということもあると思います。《ひとりぼっちの晩餐会》は、テーブルの上の食器たちによるバレエといえますが、これは明らかに、物語の進行をストップしても「魅せる」楽曲と

(37) *The Music behind the Magic*, 40 に引用されたメンケンの発言；メンケン，DVD音声解説.

いえます。《強いぞガストン》にしても、ガストンという人物をコミカルに紹介する以上の機能はないように思われるのですが、アシュマンによる、韻を踏んだ爆笑ものの歌詞が終始こちらを楽しませてくれます。

この映画のために歌を指揮し合唱アレンジを施したのは、デヴィッド・フリードマンという人でした。(38) オーケストラは62人編成で、弦楽器を担当したミュージシャンの大半はニューヨーク・フィルのメンバーだったといいます。(39) 実際、『美女と野獣』のオーケストラは『リトル・マーメイド』のよりもずっと豊かな響きを奏でています。おそらく編成がずっと大きくなっているからでしょう。また、この作品における音楽は『リトル・マーメイド』ほど多様なジャンルでできていない一方、大オーケストラを使ったミュージカルとしての統一感があります。両作品ともお姫様の物語でありながら、『美女と野獣』には古典的な味わいが出ているのは、使われている音楽ジャンルとオーケストラ編成の違いに、その理由があるのかもしれません。

『アラジン』(1992)

『美女と野獣』の完成を見ずに他界したハワード・アシュマンは、もともとアニメ映画を2本と実写映画を1本、制作する契約を結んでいました。そしてアニメ第1作目は『リトル・マーメイド』、第2作目は『アラジン』になる予定だったといいます。(40) アシュマンとメンケンは『リトル・マーメイド』のプロジェクトが進行中に『アラジン』にも取りかかっていたのですが、ディズニー社の

(38) Maltin, *Disney Films*, 292-293.
(39) 柳生すみまろ『美女と野獣』(OST), ライナーノート.
(40) John Culhane, *Disney's Aladdin: The Making of an Animated Film* (New York: Hyperion, 1992) 18に引用されたクレメンスの発言より. この資料では契約に入っていたはずの実写映画の内容について触れられていないのが残念です.

ほうは『美女と野獣』にかかってほしいと指示を出しました。そして2人が『美女と野獣』が進む間にも『アラジン』は進んでいましたが、アシュマンはプロダクション途中、AIDSで亡くなってしまいます。結局『アラジン』の挿入歌については、そのあとをティム・ライスが引き継ぐことになりました（アシュマンが歌詞を担当した曲は《アラビアン・ナイト》、《フレンド・ライク・ミー》、《アリ王子のお通り》、ライスが作詞を担当した歌は《ひと足お先に》、《ホール・ニュー・ワールド》、《アバヨ、王子様》です[41]）。

その『アラジン』は、物語の舞台に従って「アラブ的要素」が音楽にも盛り込まれます。といっても、メンケンが選んだのは、オーセンティックな中近東の音楽ではなく、アメリカの観客の耳に馴染(なじ)んできたハリウッド的な「アラブ音楽」といえるでしょう。そして、アップビートな作品内容に合わせて、同時代的なアメリカン・エンターテイメントとして、ブロードウェイ／ステージ・ショー的な音楽が、この「アラブ音楽」と混在することになりました。この2つのスタイルが混在した理由についてメンケンは（1）「『東洋の神秘』に題材をおいたアクション・フィルム」であること、（2）ハワード・アシュマンが「バック・アリー、ファンキー・ジャズをもっと使っていたマックス・フライシャーのクラシック・カートゥーンのエネルギーを導入したがっていた」ことの2つを挙げています[42]（なお、マックス・フライシャーの手掛けた、アラビアン・ナイトを題材にしたアニメには、1935年の『ポパイと船乗りシンドバッド』、『ポパイのアリババ退治』、『ポパイの魔法のランプ』などがあります[43]）。

このうち1940・50年代のハリウッド映画で多用されたアラブ的なサウンドは、たとえば《アラビアン・ナイト》の冒頭で、増音程を含む和声的短音階によるフレーズを登場させたり、オー

(41) Culhane, 42； Maltin, 295.
(42) Walt Disney Company and Bobby J.G. Weiss, *Disney's Aladdin: Diamond in Rough* (Disney Comics, 1992). 50におけるメンケンの発言.
(43) 森卓也『アニメーション入門』(美術出版社，1966年)，153-54.

ケストレーションに小さいシンバル（ベンリンかフィンガー・シンバルでしょうか）のような音を入れたり、一番の盛り上がりで銅鑼を派手に入れたりすることによって作られています。

《ひと足お先に》の冒頭でホルンによって演奏されるフレーズなどもこの例でしょう。この部分のオーケストレーションは、サン=サーンスの《サムソンとデリラ》の〈バッカナール〉から影響を受けたのではないかと思われます。

作詞家のハワード・アシュマンも映画のテーマに会わせ、一般大衆に広くアピールする歌詞を《アラビアン・ナイト》に寄せています。しかしそのあからさまなステレオタイプの使用は、たとえそういった民族的ステレオタイプによる誇張がアニメ表現の1つだとしても、多民族主義が浸透しはじめた1990年代のアメリカでは、すでに抗議の対象となったようです。特に問題となったのはこの《アラビアン・ナイト》における以下の歌詞でした。

Where they cut off your ear　もしも顔が気に入らなければ
If they don't like your face　耳を切り落とされるようなところ
It's Barbaric, but hey it's home　とても野蛮だけど、そこがおいらの故郷

※オリジナル・サウンドトラックの初版にこの歌詞で歌ったバージョンが収録されています（日

本盤はポニーキャニオン PCCD-00091）。そのほかには、筆者が２００５年に購入した楽譜（Hal Leonard 社）にも改訂前の歌詞が記されています。

この部分に対し、アラブ系アメリカ人のラジオ・キャスターであるケーシー・カスメンとフリーランスの文筆家ジェイ・ゴールドワージーが、ビデオ化の際にはこの歌詞を変更してほしいと強く要望。ディズニー社もこの要望を受け入れ、「もしも…耳を切り落とされる」という下りを削除することになりました。現在の2行の歌詞は“Where it's flat and immense / And the heat is intense”（DVDでは「日の照りつける砂漠の国、荒っぽい国だが、それも故郷」）という風になりました。しかし「barbaric 野蛮」という箇所は残ったため、アラブ系アメリカ人差別撤廃委員会からはこの箇所の削除の要望が再び提出されました。これに対しディズニー側は「野蛮」という言葉は土地と灼熱に対しての表現であり、人を指しているのではないと反論しました。[44]

一方ブロードウェイ路線の音楽には、ジーニーが歌う《フレンド・ライク・ミー》があります。アシュマン／メンケンのコンビにより最初期に書かれた歌で、最終的に完成した映画まで残ることとなった挿入歌です。当初アシュマンがイメージしたのは、キャブ・キャロウェイやファッツ・ウォーラーなど１９３０年代、１９４０年代にかけてアメリカを魅了したエンターテイナーたちの歌い方だったといいます[45]（なおハワード・アシュマンがファッツ・ウォーラー風に歌ったデモ・テープはCD *The Music behind the Magic*、CD４枚目、トラック4に収録されています）。歌を歌ったのは、ジーニーの声を担当したロビン・ウィリアムズでした。彼はものまねをふんだんに取り入れたコメディが得意で、ディズニーのスタッフも、誰かの真似（まね）を歌に盛り込めば簡単だと思ったそうです。[46] しかし、ウィ

(44) Norine Dresser, *Multicultural Manners: New Roles of Etiquette for a Changing Society* (New York: Wiley, 1966), 145; David J. Fox, “Disney Will Alter Song in Aladdin,” *Los Angeles Times* (10 July 1993), section F, page 1; Jack Shaheem “Aladdin: Animated Racism,” *Cineaste* 10/2 (1993), 49なども参考になるようです．ほかには “It's Racist, but Hey, It's Disney,” *The New York Times* (14 July 1993), section A, page 18; Peter Yelton, “Change in ‘Aladdin's Lyrics Looks Like Cowerdly Censorship,” *The New York Times* (21 July 1993), section A, page 2; Stephen R. Barnett, “Disney's Dilemma” *The New York Times* (29 October 1993), section A, page 28といった，社説とそれに対する読者の投稿などもご参照ください．東南アジア諸国における『アラジン』受容については，Timothy R. White and J. E. Winn, “Islam, Animation and Money: the Reception of Disney's

リアムズはかなり緊張したそうで、音楽監督のデヴィッド・フリードマンが歌のリハーサルをおこなうことにしました。当時ロビンは映画『フック』の撮影で忙しかったのですが、夜の9時、10時に訪ねていって、練習をおこなったそうです。(47)

そして《アリ王子のお通り》もステージ・パフォーマンスを思わせるナンバーで、メンケンに言わせれば「フレッド・アステアとジンジャー・ロジャースが『コンチネンタル』を演ずるようなスタイル」で書かれたそうです。しかしエキゾチックな要素も、ここには盛り込まれています。(48)

このほかにも、《ひと足お先に》ではチャールストンが使われています。もともとは《バブカック・オマール・アラジン・カッシム》というタイトルで、アラジンと3人の友人を歌ったハワード・アシュマンの歌でした。3人の友人はプロジェクト途中で脚本から消され、歌も使えなくなりました。ところがストーリー監修のエド・ゴンバートはオープニングに「軽快なアクション・シーン」が必要だと主張し、ティム・ライスが歌詞を書きなおすことによって現在の形になりました。

今述べたとおり、『アラジン』はプロダクション途中において筋が大幅に変えられたために、初期に作られた歌が不採用になり、《ひと足お先に》のように書きなおされたり、新曲を作る必要性が出てきました。メンケンは、1987年のクリスマス・シーズンから次の年にかけて『アラジン』の初期バージョンのためのスコアを書き上げ、アシュマンのほうも必要な挿入歌の歌詞をすでに完成していたようです。しかし新曲を書く前にアシュマンは他界してしまい、最終的な作品まで生き残ったのは《アラビアン・ナイト》、《フレンド・ライク・ミー》、《アリ王子のお通り》の3曲でした。

Aladdin in Southeast Asia," *Kinema* Spring 1995 http://www.arts.uwaterloo.ca/FINE/juhde/white951.htm という関連資料があります.

(45) Alan Menken and David Morgan. "A Friend Like Me: Alan Menken on Howard Ashman and the Rebirth of the Film Musical," in *Knowing the Score: Film Composers Talk about the Art, Craft, Blood, Sweat, and Tears of Writing for Cinema*, (New York: Harper Collins, 2000) 109; 浮田文子「フレンド・ライク・ミー」,『ディズニーファン』第15巻第15号（通巻137号, 2004年11月), 52.

(46) クレメンツの発言,『アラジン』スペシャル・エディション, ブエナ・ビスタ・ホーム・エンターテイメント VWDS4934（DVD), 音声解説.

(47) マスカーの発言, DVD音声解説.

(48) Menken and Morgan, "A Friend Like Me," 110 に引用されたメンケンの発言.

この情報はディズニー公式の出版物において、ジョン・カルハーンとレナード・マーティンが述べていることで、レコードのクレジットもそのように扱われています。(49)しかしメンケン自身は、最終的に残ったものは歌が1曲、かなりカットされた歌がもう1曲だけだと主張します。《フレンド・ライク・ミー》が完全な1曲で、《ひと足お先に》がかなりカットされた曲なのかもしれません。(50)

結局物語が大幅に変更されてからは、ハワード・アシュマンに代わって登場したティム・ライスと歌を作り、スコアも新しいのを作らなければいけませんでした。ティム・ライスは『ジーザス・クライスト・スーパースター』などアンドリュー・ロイド・ウェッバーのミュージカルに携わったこともある著名な作詞家で、この作品を期に、ディズニーとの関わりを強くしていきます。ハワード・アシュマンはメンケンと常にいっしょにピアノの傍らにいて、細かいところにまで自分の意見を言う人だったようですが、ティム・ライスとのやり取りは、地理的な影響もあってか、書類や速達メール、ファックスでおこなわれることも多かったようです。(51)またライスはおだやかなアプローチでメンケンと接し、どちらかというと、メンケンがやりたいことを引き出すような役に回りました。

メンケンはロンドンにライスを訪ね、2つの曲の作曲にかかります。そのうちの1つは「カーペットのライドを楽しむ場面」で、もう1つは冒頭の市場の場面でした。前者についた歌《ホール・ニュー・ワールド》には、もともと《足元の世界》という仮のタイトルがついていましたが、ライスが「まったく新しい世界」という意味の《ホール・ニュー・ワールド》にしたらどうかと提案します。メン

(49) Maltin, *Disney Films*, 295; Culhane, *Disney's Aladdin*, 42.
(50) Menken and Morgan, 109に引用されたメンケンの発言.
(51) *The Music behind the Magic*, 26.

ケンはこの曲は確かに「私のスタイルで作られたが、ティムがアンドリュー・ロイド・ウェッバーと書くものにより近」く、音楽的にもアシュマンと書く曲よりも大胆でロマンティックなものだったと考えています。[52] ニューヨークのスタジオで75～80人編成[53] のオーケストラで録音されたこの歌は、映画全体の中でも、もっともラブ・ロマンスの要素が強い名曲になりました。

映画の後半はシリアスなアクションが多くなるので、スコアが中心となりますが、ジーニーの魔力を得たジェファーが歌を歌う場面があります。この悪役に歌を歌わせようと考えたのは、声優ジョナサン・フリーマンが歌もうまいからだったのですが[54]、新しい曲ではなくて《アバヨ、王子様》という《アリ王子のお通り》のリプライズになりました。ライスとメンケンは《思い知らせろ》というタイトルの新曲も作ったのですが、物語の進行ペースが落ちるという問題があり、アクション・シーンの多いクライマックスに早く移るため、リプライズを使おうとメンケンが提案します。

このあとは、最後のディズニーらしい《ホール・ニュー・ワールド》合唱つきバージョンまで歌がありません。しかし、スコアには《ひと足お先に》で使われたメロディが思わぬところに出てきます。アラジンとジャスミンが最後に抱き合う場面ですが、ここでトランペットのミュート音で「Riffraff! Street rat!（おいクズ！ ドブネズミ！）」部分の和音が奏されています。シリアスな場面にコミカルな音色はそぐわないようにも思われるのですが、この動機を引用し、もともと「ドブネズミ」扱いされていたアラジンをそのままジャスミンが受け入れているようなニュアンスにもなっています。「自分のままに正直に」というのがこの映画のテーマの1つですから、これはひねりの利いた引用といえるのかもしれません。

(52) メンケンの発言, Menken and Morgan, 110; *Diamond in Rough*, 56.
(53) リア・サロンガの発言, DVD 2枚目の特典映像.
(54) クレメンツの発言, DVD音声解説.

『アラジン』はロビン・ウィリアムズのジーニーがエンターテイメントぶりを発揮した、ギャグ満載のアニメ作品でしたが、音楽は派手なミュージカル風のオーケストラに、ハリウッド製アラブ音楽と、手堅い音楽スタイルを使いました。ユーモアたっぷりのハワード・アシュマンと、バラードに大胆な表現を持ち込んだティム・ライスが、それぞれメンケンによい結果をもたらしたといえます。当作品のサウンドトラックの評論には、スコアについて、『リトル・マーメイド』同様に弱いとするものもありますが、映画上ではあまりそういった問題を感じることはなく、最後まで楽しめる作品になっています。

あと、トリビア的なことを少々。『オリバー：ニューヨーク子猫ものがたり』でおこなわれている、自社アニメの引用によるギャグが『アラジン』にも見られます。(55) たとえばジーニーをもとどおりの姿に戻してやるというアラジンの言葉をにわかに信じられないジーニーが、鼻の伸びたピノキオに一瞬変身し、「アラジンはウソツキだ」というギャグにしています。音楽に密接したものだと、1つはやはり『ピノキオ』からで、アラジンがジャスミンの心をすっかり魅了したあと「姫君のハートは射止めた」というセリフを言う箇所で《星に願いを》の断片が現れます。今日ではディズニー社のシンボルにもなった歌ですが、気をつけて映画の音に耳をそばだてた人はわかるかもしれません。もう1つは『リトル・マーメイド』から。ジーニーが「王子になりたい」というアラジンの願いをかなえるための方法をマニュアルから探す場面で「これはクラブ・キング（カニの王）」というセリフの直後、セバスチャンが一瞬登場すると同時に《アンダー・ザ・シー》のフレーズが鳴ります。ディズニー・ミュージック以外の音楽の引用には、スーザの《星条旗よ永遠なれ》があります。ジャスミンとの仲がうまくいっていることを祝うジーニーが、自ら鼓笛隊となって演奏する曲で

(55) Menken and Morgan, 110に引用されたメンケンの発言.

す。アメリカでは建国記念日の祝祭にこの《星条旗よ永遠なれ》が演奏されるので、「祝祭＝《星条旗よ永遠なれ》」というイメージがしっくりくるに違いありません。

『ライオン・キング』（1994）

ディズニー社による長編アニメで最大の興行収益を得たアニメは『ライオン・キング』でした。日本ではキャラクター設定・デザインや画面割りが手塚治虫の『ジャングル大帝』と酷似しているということがスキャンダルになり（注：映画はもともと『King of Jungle〔ジャングルの王〕』というタイトルで製作されはじめました。しかしライオンはジャングルに住まないということで、現在のタイトルになります）、また物語もアメリカ的な勧善懲悪が日本のアニメからすると平板に感じられてしまうがためか、評価がいまひとつでした。しかし、その後、ディスニー社はこれをブロードウェイ・ショーとしても上演することになり、そちらのほうではじめてこの作品に触れた人もいるかもしれません。

この映画の主題歌・挿入歌を担当したのはロック・アーティストのエルトン・ジョンで、彼を選んだのは『アラジン』でメンケンと仕事をしたティム・ライスでした。ローゼンタールの伝記によると、1970・80年代のエルトン・ジョンは歌詞ができる前に曲を作ってしまうのが普通だったそうですが、『ライオン・キング』の場合は、歌詞を先行させる形で進めていったそうです。(56) ライスは、ジョンは「忙しいし、ギャラが高い」ので、ディズニーがジョンを連れてきたのには

(56) Elizabeth J. Rosenthal, *His Song: The Musical Journey of Elton John* (New York: Billboard Books, 2001), 379.

本当に驚いたといいます。(57) エルトン・ジョンを選んだ理由について、ライスは、彼が20世紀の中でも一流のメロディ・メーカーだったからだといいます。ディズニーがロックのミュージシャンを採用したのは、『オリバー：ニューヨーク子猫ものがたり』のビリー・ジョエルに続き2回目で、人気ロック歌手を選んだことについてはセンセーションを巻き起こしました。しかしライスははじめからジャンルについては意識せず、ただただジョンの作曲家としての才能に惚れ込んだというだけだったようです。(58)

その『ライオン・キング』の音楽は、形式的に見ても、それまでアラン・メンケンがおこなってきたようなブロードウェイのミュージカル・タイプとは若干違っていました。エルトン・ジョンが歌を、ジマーがアンダー・スコアという分業でおこなったためか、両者の音楽的関係がアシュマン＝メンケンのコンビほど強固にはなっていないのです。たとえば『美女と野獣』や『アラジン』では、歌の動機がアンダースコアにも現れ、物語全体を立体的にしていましたが、『ライオン・キング』の場合、スコアは独立して成立し、その中で繰り返し使われる動機があるという作りになっています。例外は《サークル・オブ・ライフ》で、この曲はオープニングとエンディングに現れるために、映画作品全体に締まりが出ています。これは映画そのものが命の循環をテーマにしているだけに、必然性が感じられるということもあります。バンビのときよりも、ずっと「文字どおり」の繰り返しに聞こえます。

しかしその一方で、この映画においてハンス・ジマーが果たした役割は大きいといえます。わずか3週間半でスコアを完成したというのも驚きですが(59)、南アフリカ出身の音楽家レボ・Mとともに音楽全体にアフリカ的な響きを彩ったことは特筆に値します。「キューバの熱狂的なリズムも、

(57) ライスの発言，DVDの映像特典．
(58) Rosenthal, 379.
(59) ハンス・ジマー（エドウィン・ブラック・聞き手），Kuga Nori 訳「ハンス・ジマー・インタビュー」*Film Score Monthly* 1999年5月号，2.

ゴスペルの力強くて感動的な響きも、アフリカ音楽を抜きにしては生まれなかった」(60)と言うジマーですが、たとえば『アラジン』に見られた「ハリウッド風民族音楽ステレオタイプ」を避け、アフリカ現地の音楽を採用したことは評価すべきでしょう。

もちろんここで聴かれるアフリカ音楽は伝統的なドラミングのようなものではなく、西洋のポピュラー音楽と融合した、いわゆる「ワールドビート」に属するアフリカン・ポップスです。レディスミス・ブラック・マンバーゾが音楽を担当したと勘違いする人もいるようです。

なおハンス・ジマーとアフリカとの関わりは1987年に南アフリカを舞台に作られた反アパルトヘイト映画『ワールド・アパート』にさかのぼり、1992年の映画『パワー・オブ・ワン』では当地の音楽にも接し、レボ・Mとはじめて仕事をしました。(61)

映画のオープニングを飾る《サークル・オブ・ライフ》で冒頭のズールー語のコーラスをリードするレボ・Mは、合唱アレンジ、指揮、共同脚本家、リード・ヴォーカリストとしてのクレジットがなされています。(62)彼は南アフリカのスウェト出身で、ズールー族からジャズ、「1960年代のデトロイト・サウンドからレゲエ」まで、幅広い音楽を吸収したそうです。(63)以前にもレボ・Mと仕事をしてきたジマーはこう言います。「ディズニーが『ライオン・キング』のサウンドトラックの作曲を持ちかけてきたとき、ぼくはいったい誰といっしょに仕事をしたいかわかっていたし、ちょうどレボ・Mを見つけるためアフリカの茂みに探索隊を送ろうとしていたところだった。彼は

(60) 『ライオン・キング』(OST), ポニー・キャニオン PCCD-00112, 解説書, 9 に引用されたジマーの発言.
(61) 柳生すみまろ『ライオン・キング』(OST), ライナー・ノート, 9. 柳生氏によると, ジマーはもともとアフリカの「力強いコーラス」に強い関心を寄せていたそうです.
(62) ディズニー・レコード公式ページに記されたレボ・Mの経歴を参照しました. なおレボ・Mの公式サイトは, http://lebom.com.
(63) 「ディズニー・ミュージックソング：サークル・オブ・ライフ」『ディズニーファン』第7巻第3号（通巻35号, 1996年6～7月), 44.

映画そのものだ。」(64)

一方作詞をしたティム・ライスは、この歌にアフリカ的な要素を盛り込むのはいいが、それをエルトン・ジョンとの創作時には無理におこなわないほうがいいという考えを持っていました。それは「自分たちが自然にできないスタイルの音楽や歌詞を猿真似（まね）して作らないほうがいいといつも信じていた」からだそうです。「完全にアフリカ的なものをやるのは間違いだと思った。それは間違っているし、正直でもなかった」とライスは発言しています。(65) つまり、われわれが耳で聴いてすぐ感じるようなアフリカ的要素は、主にハンス・ジマーが主導して積極的に取り入れたと考えることができそうです。

この《サークル・オブ・ライフ》による『ライオン・キング』のオープニングは、極めて独創的でありインパクトが強いと思います。アフリカに取材旅行して描かれたアフリカの風景や動物たちの映像がレボ・Mをフィーチャーした音楽に組み合わされて、実に美しいのです。4分あまりの間、この主題歌が流れるオープニング・シーンにはセリフが1行もないのですが、観衆はビートに乗った歌（とその歌詞）から物語の起こるアフリカを、まるでそこにいるかのように感じ取ることができます。また息を飲むような映像はわれわれをあっという間に引き込み、主要な登場人物も把握できてしまいます。そして動物世界に現れた一見不自然な封建制社会さえも、音楽と映像に圧倒されながら、難なく受け止めてしまいます。同作品の監督を務めたロジャー・アラーズによりますと、初期のアイデアでは、プライド・ロックに動物が集まり、ザズーがせわしなく動物たちを整列させる場面が想定されていました。しかし、ジマー編曲の《サークル・オブ・ライフ》を聴いて圧倒され、今日のようなスケールの大きなオープニングに急遽（きゅうきょ）変更することになったといいます。(66)

オープニング曲以外にも、編曲によるアフリカ性は重視されました。2曲目《早く王様になり

(64) ジマーのコメント, *The Hans Zimmer Worship Page*, http://www.lionking.org/~zimmer/Lebo_M.html.
(65) *Rosenthal*, 380に引用されたライスの発言.
(66) 『ライオン・キング』スペシャル・エディション, ブエナ・ホーム・エンターテイメント VWDS4714, DVD 1枚目, ドン・ハーン, ロジャー・アラーズ, ロブ・ミンコフによる音声解説.

たい》では、主にイントロに聴かれる、思わず体が動き出すようなエレキ・ギターとパンパイプのフレーズ、太鼓のリズム、男声合唱によるハミングなどがアフリカ的な雰囲気を醸（かも）し出しているようです（なお、この曲については、マーク・マンシーナが編曲をおこないました。のちに『ターザン』や『ブラザー・ベア』で活躍する作曲家です）。ほかにも、スカーがハイエナたちと悪だくみをする《準備をしておけ》や《愛を感じて》では、マリンバ、男声合唱によるハミング、そしてアフェッツェウーというラトル（ガラガラ）が、やはりアフリカ的な雰囲気を出しています。

《ハクナ・マタタ》はティモンとプンバァの人生哲学をシンバに歌って聴かせる曲ですが、シンバが子どもから大人になるまで、3人が友だちとしてずっと楽しく過ごしてきたことも表現しています。時間がぎゅっと凝縮されていて、ドラマを先へ、後半の流れへと一気に持っていく感じです。この方法は、のちの『ムーラン』において、歌が終わるころに最強の軍隊ができる場面、『ターザン』が大人になる場面など、繰り返し使われている便利なフォーマットになったようです。なお、大人になったシンバの歌声はジョー・ウィリアムズがおこないました。彼は映画音楽作曲家ジョン・ウィリアムズの息子で、TOTOのヴォーカルです。(67)

アラーズによると、この《ハクナ・マタタ》は、当初、ミーアキャットの社会になじまないティモンの歌でした。ミーアキャットは群がって暮らし、ともに労働するのですが、ティモンはそれに同調しないという内容でした。しかしうまくいかなかったようです。なお、ティモンが主人公になっている《ハクナ・マタタ》はDVDの映像特典になっています。

(67) アラーズによる，DVD 1枚目，音声解説．

この「ハクナ・マタタ」という言葉は、ディズニー映画の制作者たちが取材旅行でケニアを旅した際よく耳にしたスワヒリ語の言葉で、会議中にロジャー・アラーズが思いついたそうです。この言葉は「気楽に」といったような意味になるそうですが、アラーズはその言葉のリズムが気にっていたようで、ティム・ライスにこの言葉を入れた曲を書いてもらうことになりました。(68)

1994年のアカデミー賞を受賞した《愛を感じて》は、まだどの場面に使われるのか、はっきりと決まっていなかったうちにティム・ライスがエルトン・ジョンと書き上げた歌で、映画制作が進む中、もっとも早く仕上がったものでした。ジョンに言わせると愛し合う2頭のライオンの歌なのだそうですが(69)、これまでずっとディズニーはラブ・ロマンスに重点を置いた作品を作ってきたので、ここでも同じような歌からはじめたということだったのかもしれません。

しかし、今日映画で聴かれるような《愛を感じて》ができるまでには、数々の「紆余曲折」がありました。ティム・ライスは18回も歌詞を書きなおさねばならず(70)（ティム・ライスは、書きなおしの回数を15回としています(71)）、シンバとナラが朗々と歌い上げるバージョンやプンバァとティモンが歌うバージョンがありました。プンバァとティモンが歌ったバージョンは現在DVDの特典映像として観る／聴くことができますが、エルトン・ジョンはイノシシがこのラブ・ソングを歌うのを知って、かなり驚いたようです。ハーンによると、ジョンは「君たち、わかってないな。ディズニー映画で一番いいのは姫と王子が互いの気持ちを歌い合うところじゃないか。そのつもりで書いたのに！」と言ったのだそうです。ジョンの考えていたのは、ラブ・ロマンスはディズニーの根幹であるということなのでしょう。現在のようなティモンとプンバァの歌を冒頭と終結部に入れたのは「ラブ・ソングにコミカルな要素がないと、子どもたちがきまり悪く感じてしまう」というこ

(68) ドン・ハーンによる，DVD 1枚目，音声解説.
(69) Rosenthal, 382.
(70) ハーンの発言，DVD 1枚目，音声解説.
(71) ライスの発言，DVD 1枚目，音声解説.

とがその要因だったようです。[72] その発言からすると、制作側としては、この映画があまりにもラブ・ロマンスに傾いてしまうことへの抵抗があったと考えることも可能でしょう。事実『ライオン・キング』においては、生命の循環や、運命に立ち向かう勇気・責任感といったテーマも大きく、『白雪姫』や『アラジン』のようにはいかないということも考えられます。

ここまで挿入歌について述べてきましたが、こういった歌はシリアスな場面には向かないということがあります。『ライオンキング』においても、《愛を感じて》以降はシリアスで緊迫したシーンが多くなってくるので、最後の《サークル・オブ・ライフ》のリフレインまで、完成したナンバーは使われません。後半におけるシンバと「父」との対面など、スローな部分は、すべてハンス・ジマーのスコアが担っています。

例外はあります。ザズーが歌う黒人霊歌《誰も知らない私の悩み》、《イッツ・ア・スモール・ワールド》(スカーが「その歌だけはやめてくれ」という、大胆な内輪ギャグ)、スカーが歌う《ココナッツを山ほど》、プンバァが歌う《ライオンは寝ている》、ラフィキの《アサンテ・サーナ》など、いずれもコミカルな状況にて短く歌われるものです。

さて次は『ライオン・キング』のスコアについて考えてみましょう。実はこの映画の全編を統一しているのは歌ではなくてスコアといえます。ジマーは主要な動機3つを繰り返し映画中に提示しており、それらの動機は、いずれも映画の早い段階で耳に入ってきます。

(72) アラーズの発言, DVD 1枚目, 音声解説.

まず映画がはじまってから7分あたりのところから見てみます。場面は広大なアフリカの原野で、次第に雲行きがあやしくなり雨になっていくという流れです。ここでフルートが演奏している、ゆったりとした旋律は、「シンバの動機」を提示する布石となっています。やがて視点が大木の中のラフィキに映ると、今度はパン・フルートによってシンバの動機の一部が演奏されます。ラフィキがここで「シンバか！」というセリフを発していることにも注意してください。この動機はさり気なく提示されるため、何気なく見ているだけでは気づかないかもしれません。

続いて場面は赤ん坊から子どもに成長したシンバが、早朝に両親を起こす場面になりますが、その朝が来る場面で聞こえてくるのが「プライド・ランドの動機」と考えられる小気味よいテンポの旋律です。フルートによって演奏されるのですが、8分の6拍子の舞曲風の旋律で、装飾音もついています（のちにこの動機が現れるときは、装飾音がつかず、合唱とオーケストラの力強い響きで提示されることが多いです）。

主要な動機の3つ目は「受け継がれるものの動機」というのでしょうか。あるいは何らかの形で父親のムファサとシンバとを結びつけるような場面で登場する旋律です。この旋律は、ムファサがシンバに向かって「微妙なバランスで自然界は成り立っている」「命あるものは大きな輪でつながっているんだ（great circle of life）」というメッセージを語る背後に流れています。この旋律は短調で決然とした性格を持っており、何かしら宿命・運命的なものを感じさせるものです。

これら3つの動機は、映画を通して何度も現れます。それぞれの動機が現れる箇所を次に示しておきます。

シンバの動機

（1）ラフィキが「シンバか」という場面
（2）ティモンによって水をかけられ、目を覚ますシンバ
（3）シンバがティモンやプンバァと空の星について語る場面
（4）シンバがナラに「王になるはずだったのは遠い昔の話だよ」という場面
（5）ラフィキとシンバの対話シーン（複数回）
（6）大人になったシンバとナラが再会してじゃれ合うシーン
（7）シンバがプライド・ロックに登り、自ら王として君臨する場面。一番堂々としたアレンジ。

プライド・ランドの動機

（1）プライド・ランドの朝の場面
（2）ナラが目の前にいるライオンが、幼なじみのシンバだと気づいた場面（プライド・ランドの過去がよみがえる）
（3）シンバが亡き父の思いを胸にプライド・ランドへと帰る決心をする場面
（4）シンバがプライド・ランドに走っていく場面
（5）シンバが王として君臨するのを喜ぶ動物たちの場面

ムファサの動機（受け継がれるものの動機）

（1）ムファサがシンバへ「微妙なバランスで自然界は成り立っている」「命あるものは大きな輪で

つながっているんだ」というメッセージを伝える場面

（2）ムファサがシンバへ「お前を見失うことだ」

（3）ムファサがシンバへ「歴代の王たちがわれわれを見守っている…」「お前が独りになったときは王たちが空から導いてくれるだろう。私も見ている」

（4）ムファサが死ぬ場面

（5）父親のことを思い出すシンバ

（6）ムファサの声（エコー処理）で「自分が誰であるかを忘れるな」というセリフが語られる場面

（7）ラフィキがプライド・ロックを指し示す場面（父から受け継がれる王位）「時が来た」というラフィキのセリフがある。

これら3つの動機が一堂に会して効果的に使われる箇所があります。自分を見失ったシンバがラフィキと出会い、彼を通して父親と対面し、プライド・ランドへと戻る決意をするという、映画ではもっとも大切なターニングポイントに当たるシークエンスです。

経過時間	場面	動機
1:03:29	ラフィキ登場	
1:03:46	ラフィキ「あんたこそ何者だね」 ラフィキを追いかけていくシンバ	シンバ
1:04:31	父のことについて話すシンバ ラフィキについていくシンバ アップテンポな音楽→ストップする	シンバ

	水面に映る自分の姿を見るシンバ ラフィキ「お前の中で（父は）生きている」	シンバ
1:06:56	雲が父親の像を形作る 音楽が短調に（ト長調→ホ短調） ムファサ「自分が誰であるか忘れるな」	ムファサ
1:07:27 1:07:30	音楽が短調から長調へ（ホ短調→ト長調） 風の音 シンバ「風が変わった」	シンバ
1:08:20	シンバがプライド・ランドに帰る決心をする シンバのセリフ「変えるのさ」 たくさんの流れ星	プライド・ランド

『ライオン・キング』の音楽を簡単にまとめてみますと、まずエルトン・ジョンの挿入歌は、映画のスタイルにフィットするように、うまくアレンジがなされており、場面場面を盛り立てていきます。さらにつけ加えていうと、口を開けて歌うミュージカル風な部分と、画面のバックで流れているものとが混在しています。

一方、全体を一貫させ、統一しているのは、歌よりも、むしろハンス・ジマーのスコアだといえるでしょう。ここに紹介したとおり、彼は基本的に3つの動機をしつこいくらいに繰り返しています。しかし繰り返し聞かされていても気にならず、むしろ自然に映画の世界に引き込まれていくところは、音楽の使い方が効果的だということを証しているといえるのではないでしょうか。

現在『ライオン・キング』の音楽は、エルトン・ジョンによる楽曲提供よりも、ハンス・ジマーのアレンジとスコア作りの功績として記憶されることが多いようです。ただスコアを担当したハンス・ジマーにとって『ライオン・キング』ははじめてのアニメーション作品であったためか、その結果は必ずしも満足のいくものではなかったようです。たとえばアニメーションのプロダクションに直接的に関わらなかったこと、そのプロセスもほとんど理解していなかったこと(73)、創作期間の短さ（彼は「2倍の時間を費やしたなら『ライオン・キング』はもっといいものになっていた」と発言しています）、制作途中の白黒フィルムをもとに作曲をおこなうことが問題だったと考えているそうです。最後の点については、フィルムに色がついていなかったため、数カ所で間違ったオーケストレーションをおこなってしまったとも述べています。(74) おそらくジマーの場合、感情の起伏や物語の進行とともに、映像そのものが持つ表現が、自らの音楽創作に大きく影響しているのでしょう。また、この作品においては、そのジマーのスコアと歌との間に、それほど近い関係がなかったのか、ジマーが全体をアフリカン・リズムで統一したというくらいで、歌のメロディを積極的にスコアにも使うメンケンのやり方は踏襲しませんでした。しかし、彼のおかげでエルトン・ジョンの歌が引き立ったことは、この映画の人気に大きな影響があったと考えられます。

もちろんそう思わない人もいます。たとえば、《愛を感じて》について、「歌の背後にあるアフリカ的リズムは、エルトン・ジョンのあたたかく、リラックスしたメロディには不釣り合いだ」とするライターもいます。(75)

(73) 「ハンス・ジマー・インタビュー」, 2. 脚注(59)を参照.
(74) "Hans Zimmer Interview by Edwin Black," *Film Score Monthly* (26 December 2004) http://www.filmscoremonthly.com/features/zimmer.asp.
(75) Rosenthal, 383.

『ポカホンタス』(1995)

ディズニー社が『アラジン』に続く大作アニメとして計画していたのが、実在の人物を扱ったはじめてのアニメである『ポカホンタス』でした。イギリスからの「開拓者」たちとアメリカ先住民——アメリカでは現在「少数民族」となっている——を主人公とした話です。

歌とスコアの作曲をしたのは、すでに『リトル・マーメイド』以降の仕事で、人気の絶頂であったアラン・メンケンで、作詞にはディズニーがスティーヴン・シュワルツを紹介しました。

彼らはストーリー・ボードに提示されたアウトラインを見て、音楽を入れる箇所について話し合いました。そして作詞担当のスティーヴン・シュワルツが《カラー・オブ・ザ・ウインド》という曲を発案します。(76) シュワルツによると、この歌詞は、先住民の首長シアトルからアメリカ議会宛てに書かれた有名な手紙に、そのインスピレーションがあり、「ポカホンタスがジョン・スミスのヨーロッパ中心主義に警鐘を鳴らす」内容なのだそうです。「先住民の語法やイメージ」を積極的に使おうとし、言葉の選択に関しても、アメリカ先住民の詩に影響されたといいます。(77) 確かにこの歌は、異文化と出会ったとき、どのようにその文化と接するのか、別の視点に立つことの大切さを伝える社会的・啓蒙的内容になっているといえます。マイク・ゲイブリエル監督は、ポカホンタスとジョン・スミスが、歌の終わりには、最初と違う場所にいることが大切だと言います。幻想的な世界への「旅」を通じて、ポカホンタスがスミスの心を変えさせたことを象徴しているからで、画面手前に置かれた銃もその象徴の1つだそうです。(78) ただ、この歌は、文化的な啓蒙よりも「ロマンティックな幻想」や「思春期の誘惑」に重点を置いた形になっているため、「寛容の美徳、

(76) プロデューサーのジェームス・ペンテコストの発言, *Pocahontas: 10th Anniversary Edition*, Disney DVD 22060, 音声解説.
(77) Stephen Schwartz.com http://www.stephenschwartz.com/, accessed on 7 May 2005.
(78) ゲイブリエルの発言, 米版DVD, 音声解説.

国際感覚、他者の尊重、自然環境」といった、ポカホンタスが賛美しているものが軽視されがちで、最終的に映画も、民族差別、植民地主義、環境問題、宗教問題といったより困難な課題を最小化している、という批判もあります。(79)

《川の向こうで》はポカホンタスの恋愛観・人生観を表すナンバーです。父親の言いつけどおりココウムと結婚すべきか、安定した生活を志向するのかといった問題を自らに問うています。ポカホンタスの声はブロードウェイでも活躍するジュディ・キューンという人でした。ダニー・トゥループによる派手なオーケストレーションが、実に劇的に聞こえます。

《心の耳で聞いてごらん》は、木の精であるグランマー・ウィローの歌ですが、自分の心にじっと耳をすましてごらんという内容で、映画には何度か現れます。ポカホンタスとジョン・スミスがはじめて出会うところでも聴かれますが、英語がわからないポカホンタスが、スミスとコミュニケートするときに助けてくれる存在になっています。2人が会話できないと、その後の物語に面白さがなくなってしまうため考えられたものですが、その解決法が「心の耳で聞けば」では無理があるという批判もあったようです。

《マイン、マイン、マイン》はイギリスからやってきた「探検隊」の指揮官ラトクリフ総督によって歌われます。この探検隊が求めているのは金鉱の発見で、ラトクリフの場合はそれに加え、帰国した際に与えられる賞賛や地位向上までを考えています。音楽は、どこかしらアイルランド色を交えたような感覚で、中間部には西洋バロック音楽の象徴的楽器ともいえるチェンバロの響きが入っていたりで、この映画の挿入歌としては、やや異色な感じになっています。ただ転調をしながらオーケストラ・男声合唱が盛り上がり、歌詞がわからなければ、立派なオペラ・アリアのように聴こえ

(79) Gary Edgerton, "Redesigning Pocahontas: Disney, the 'Whiteman's Indian,' and the Marketing of Dreams," *Journal of Popular Film and Television* (Summer 1996), http://www.findarticles.com/p/articles/mi_m0412/is_n2_v24/ai_18838472/, accessed on 7 July 2005.

る可能性さえあります。映画の場合は、森林を破壊する様子が大胆に描写されており、その充実した音楽の反面、ヨーロッパ系のアメリカ人にとって耳の痛いメッセージが込められています。

ところで、アラン・メンケンの『ポカホンタス』のスコアは、とても興味深い問題を提起しています。それは、ディズニー・アニメにおける、先住民の扱い方です。『アラジン』において、ディズニーはこういった少数民族への配慮に欠けているという批判がなされたこともありました。『ポカホンタス』について書いた当時の新聞『ニューヨーク・タイムズ』は、それ以前のディズニー社がいかに少数民族に気を配っていないかを広く知らしめる記事を掲載しています。たとえば『ピノキオ』のトロンボーニ（イタリア系）、『ダンボ』のカラス（アフリカ系）、『ピーター・パン』の先住民の扱いなどです。(80)

音楽的には、アメリカ先住民を主人公としているので、それを音楽的に表す必要性に迫られます。特にその先住民音楽でもっとも顕著なのが、ドラミングの扱いです。ところがやはりここでも「少数民族」を扱う問題点が明らかになります。先ほど触れたように、アメリカ先住民が登場する作品には『ピーター・パン』がありました。しかしこの作品においては「ドンドッドドッ」というハリウッド製「インディアン太鼓」が使われており、その音楽様式も今日では差別的表現と捉えられかねません。世界の諸民族の音楽が容易に入手でき、多民族主義による共生社会が、アメリカでは特に推進されてきたという事情もあります。

そこで、この『ポカホンタス』では、安易な「ハリウッド風インディアン太鼓」をいかにして避けるかが1つの課題であったことが容易に想像されます。ところが、これまでハリウッド映画に親しんできた観客は、そういった音楽によるステレオタイプにもなじんでしまっています。つまりそ

(80) Betsy Sharkey, "Beyond Tepees and Totem Poles," *The New York Times* (11 January 1995), section 2, page 22.

ういうステレオタイプを使えば、すぐに観客は「インディアン」を感じてくれるというわけです。ですから、それを使わずにいかにして先住民らしさを音楽から感じ取ってもらうのかというのは、案外難しいかもしれません。

この映画では、そこに妥協ともいえる方法が聴き取れます。たとえば、昔流の「インディアン太鼓」のリズム・パターンを、現在の先住民が演奏するものに近づけるということがおこなわれています。先住民のドラミングはアクセントをどの拍にも置かない「ドン・ドン・ドン・ドン」というパルスに近いもので、「ドンドッドッドッ」と1拍目にアクセントを置く西洋のリズムとは違います。そこで『ポカホンタス』では、まず先住民音楽らしいパルスのリズムを基調として、そこに別のリズム系を忍ばせるということがおこなわれています。映画のタイトルが現れる箇所がそういった例になると思います。次の譜例をご覧ください。

譜例1はDVD 05：35 に現れる2つのリズムです。1小節目にあるような、単純な音の打ち込みは先住民音楽に聞かれるものですが、2小節目にあるような別のリズムを加えることによって、ハリウッド式「インディアン太鼓」を使うことなしに、先住民の雰囲気を醸し出しています。

22：39 に現れるリズム型の場合、4拍目のみに8分音符を入れることで、それとなく土俗的な雰囲気を出しています（譜例2）。また別の箇所では、ハリウッド式インディアン・ドラミングの音価を4分の1にして、わかりにくくするという方法も取られています。50：38 の箇所です（譜例3）。

ただ、アメリカ先住民への配慮が一瞬だけ脅かされる瞬間があります。《サベジズ》というナンバーです。『美女と野獣』の《夜襲の歌》にも似た、群衆が戦闘的な気分に煽り立てられる音楽なのですが、イギリスの「開拓者」たちが先住民を“savages（野蛮人）”と歌い叫ぶ箇所が、いわゆる「ハリウッ

譜例1 『ポカホンタス』における先住民音楽のドラミング

譜例2

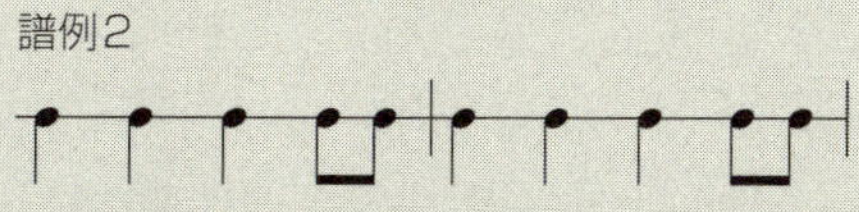

譜例3

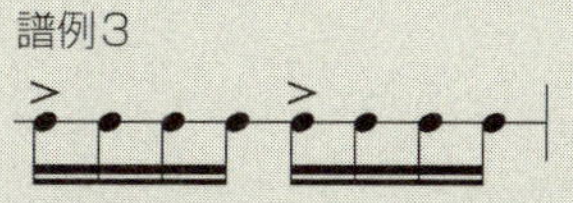

ド・インディアン・ドラミング」の響きそのものになっているのです。もしかしてハリウッドのインディアン音楽のステレオタイプはこういうところから生まれたのではないか、とさえ思わせる箇所であります。

先住民たちが"savages"という言葉を「侵略者」たちに向かって叫ぶ場面もあります。しかし、ここでは言葉の背後に聞かれるはずのドラムのリズムが聞こえてきません。まるで「ステレオタイプの『インディアン太鼓』は『先住民』とは何も関係がない」と主張しているようでもあります。先住民たちの歌の部分では「闘いの太鼓を鳴らせ」という箇所になってから、ようやくパルスのリズム型をドラミングする映像が出るのですが、先住民音楽のリズムはあくまでもパルスであって"savages"のリズム型ではないということが、さらに強調されているようです。

映画では、このようなさまざまな「工夫」のほかに、オーセンティックな先住民音楽が聞こえる箇所もあります。フィールド録音かスタジオ収録かは不明なのですが、10：05～10：38のバックに流れるのがそれです。22：55でシャーマンのケカタの唱える呪文のようなものも、おそらく先住民の伝統にもとづいたものと思われます。

先住民の扱いのほかでは、アラン・メンケンの作曲技法の充実が、この作品の特徴といえると思います。レナード・バーンスタインによるミュージカル『ウエスト・サイド物語』の《トゥナイト》を使った4重唱は、登場人物が対位法を使って複雑に絡み合い、それぞれの不安な気持ちを同時に観客に伝えることをおこなっていますが、『ポカホンタス』においても、《サベジズ》のリプライズでは、イギリスの開拓者たちとアルゴンキン族のコーラスが対比される上に、ポカホンタスのソロ・ヴォーカルが重ねられるという技法を使っていて、劇的な効果を上げています。

『ノートルダムの鐘』(1996)

ヴィクトル・ユゴーの小説にもとづいたこの「ポップ・オペラ」(ドン・ハーンが雑誌『ディズニーファン』のインタビューにて使用した言葉。彼はこの言葉をメンケンによる呼称として紹介しています(81))では、再びアラン・メンケンが起用されています。『ポカホンタス』に引き続き、スティーヴン・シュワルツがここでも歌作りに参加しています。2人は1993年10月に映画の制作チームの一員として、パリの取材旅行に同行しています。この映画の舞台が中世のノートルダム寺院とパリの人々を中心にしているためです。

『ノートルダムの鐘』の音楽は、オペラというだけあって、劇的でダイナミック。そして、メンケン自身「自分が書いた中で最高のオープニング」と豪語するのが、映画の冒頭を飾るタイトル曲《ノートルダムの鐘》です。サウンドトラックでは6分24秒もあり、『美女と野獣』のオープニング・ナンバー《朝の風景》(5分6秒)より長くなっています。もともとこの映画は長い語りによって幕開けするように考えられていたのですが、退屈でドライだということで変更がなされ、シュワルツの提案により、ミュージカル形式になりました。(82)

タイトル曲《ノートルダムの鐘》を使った冒頭の音楽シーンは構成的にも凝ったものになっています。その概要を表にしてみました。

(81) ドン・ハーン，柳生すみまろ「プロデューサー ドン・ハーンに聞く」『ディズニーファン』第7巻第4号（通巻36号，1996年8～9月），80.
(82) ドン・ハーンとゲイリー・トゥルースデイルによるコメント，*The Hunchback of Notre Dame Deluxe CAV Widescreen Edition*, Walt Disney Home Video 7955 CS (Laser Disc)，音声解説.

表5－2 《ノートルダムの鐘》の形式

※（O）は opening の意味。

時間	内容	
00：36	（O）オープニング・ファンファーレ ・暗いファンファーレ（フロローの歌《地獄の炎》の旋律を使っている） ・コーラスとオルガン、鐘が入って、ブラスとティンパニーが中心	
00：56	3拍子によって手回しオルガン風のイントロがはじまる	
01：00	（A）歌のメイン・セクション（第1コーラス）	
	a	（01：00）
	a'	（01：06）
	b	（01：13）
	a''	（01：20）
01：34	（A）のメロディを伴奏にクロパンのセリフ。中世風の楽器を使用	
02：09	（A）歌のメイン・セクション（第2コーラス） ・a－a'－b－a'' ・回想部分で、語り風の歌詞になっている	
02：42	（B）アリオーゾ（歌とセリフの間をいく歌い方） ・《神よ憐れみ給え》という合唱とクロパンのアリオーゾ	
03：07	（C）テンポ・アンプして、合唱中心に進むセクション ・《怒りの日》の歌詞	
03：57	（O）オープニング・ファンファーレの繰り返し	
04：12	（A）歌のメイン・セクション（第3コーラス） ・a－a'－b－a'' ・歌うのは司祭で、フロローのセリフを絡ませている	
04：47	（B）アリオーゾ（2回目）	
05：01	（D）（O）のファンファーレやフロローの短い歌を含めたセリフの部分	

05:38	(Coda) コーダ部分 ・歌のメロディを使っている ・冒頭のファンファーレがメジャーで演奏されて華々しく曲を閉じる

このオープニングの大枠は、もちろん道化師のクロパンが最初に歌う3拍子の歌（(A) の部分）です。第1コーラスでは朝のパリの街並みを歌って舞台設定をするシンプルなものですが、第2コーラスではカジモドの出生に触れる回想場面になり、メロディは同じでも、歌詞はずっと物語の核心に触れるようになっています。《ノートルダムの鐘》はこの3拍子の歌を根幹としながら、間にはセリフの部分、アリオーゾの部分、アップテンポの部分など、音楽的にも飽きが来ないように作られており、冒頭と最後には、なんとも意味深なコーラスとオルガンによる重厚な楽想が聴かれます。

アラン・メンケンとスティーヴン・シュワルツはモーツァルトの《レクイエム》に影響されてこれを書いたと制作者ドン・ハーンは言うのですが[83]、この重厚な音楽（特に (O) 部分）、おそらく本当はヴェルディの《レクイエム》もしくはオルフの《カルミナ・ブラーナ》から影響されたものと見るのが正しいかと思われます。華やかで表現豊かなオーケストラを駆使するオープニング曲の録音セッションには150人ものイギリスのロイヤル・オペラ・コーラスが参加し[84]、そのスペクタクルは映画の劇的要素として不可欠な存在です。一方、メインの歌 (A) の伴奏にはミュゼットが聴かれ、フレンチ・テイストを醸（かも）し出しているといえるでしょう。

主人公カジモド（前半はフロローも参加）によって歌われる《僕の願い》はメンケンとシュワルツがもっとも早く作り上げた楽曲で、その歌詞はユゴーの原作と、パリの取材旅行からインスピレー

(83) 前掲資料.
(84) 柳生すみまろ『ノートルダムの鐘』(OST). ポニー・キャニオン (Walt Disney Records) PCCD-00159, ライナーノーツ, 5.

ションを得たそうです。英語の「あの外の世界に」といったニュアンスは、「普通の人たちに混じって受け入れられたいと願うカジモドの願望を反映した」ものといえるでしょう。[85] 映画における最初の本格的な独唱アリア（前半はフロローと、アリオーゾ的デュオ）で、音域も広く、歌手の実力が試される楽曲です。歌うのは映画『アマデウス』でモーツァルト役を演じたトム・ハルスです。映画の制作に携わったロイ・コンリは「ハルスの声はすばらしく純真だが、カジモドに期待される力強さと深さも兼ね備えている」と称賛しています。[86]

この歌には、音響的にも特別な配慮がされていて、たとえば歌は明らかにサウンドトラックと別テイクで、場面場面に応じて強いエコー処理がなされています。カジモドがノートルダム寺院からパリの街角に向かって自分の思いを叫ぶフレーズ"Where they all live unaware"には、強いエコーがかかっていて、まるで声が街の建物に跳ね返っているようです。しかし、ノートルダム寺院に画面が戻ると、今度はエコーがパッと消えてしまいます。

《トプシー・ターヴィー》は「頭と足が逆」という言葉が転じ、さかさまで混乱した様子を指す言葉で、道化の祭りのバカ騒ぎを歌う曲です。メンケンに言わせれば「ダニー・ケイのナンバーとフェリーニ映画の中間の曲」[87] だそうですが、登場キャラクターが歌う以外にフィーリングを表す手段がないというような歌でもありそうです。[88] 映画冒頭の《ノートルダムの鐘》同様、派手なオーケストレーションに乗せて曲をリードするのは、クロパン役のポール・キャンデルの歌です。

エスメラルダの歌う《ゴッド・ヘルプ》は、社会に生きる不幸な人々に救いの手が差し伸べられるよう神様に祈る歌で、ノートルダム大聖堂の蝋燭（ろうそく）の光の中を歩くエスメラルダや、ステンドグラスから注ぐ陽の光の美しさが印象に残る場面になっています。マリア像が抱くキリストの幼子を

(85) 作詞家スティーヴン・シュワルツの発言，『ノートルダムの鐘』映画パンフレット（東宝，1996年），21.
(86) Stephen Rebello, *The Art of The Hunchback of Notre Dame* (New York: Hyperion, 1996), 62.
(87) 映画パンフレット，21.
(88) ドン・ハーンの発言，Rebello, 163.

見て「でも、あなたも私と同じ、かつては疎まれ、追われたほうのはず」という歌詞は、キリスト教、特にイエス・キリストの境遇を知る人にとっては、心に訴えるところがあるでしょう。それに加えて、「私に富を」「私に名声を」という利己的な信者たちが、聖堂の中でへりくだるエスメラルダと比較されると、キリスト教の信仰のあり方とは何かということにさえ、思いが馳せられます。デミ・ムーアに代わってこの曲を歌っているのはハイジ・モーレンハウアーという人で、エンディングではポップ・バージョンがベッド・ミドラーによって歌われています。

夜が訪れると、道化の祭りで出会ったエスメラルダに思いを寄せ、カジモドが《天使が僕に》を歌います。鐘を鳴らしながら教会が夜の礼拝をおこなう中、フロローは《罪の炎》を歌います。フロローも祭りで出会ったエスメラルダに魅了されたのですが、その気持ちが自分の信仰と相反する気持ちに苦しみます。「私は悪くない」「あのジプシー女が妖術で炎を放ったのだ」と、その責任はすべてエスメラルダにあると歌うバックで、コーラスの神父たちは「わが最大の過ちなり」という歌詞をラテン語で歌うものです。後半のアニメ画は『ファンタジア』の《はげ山の一夜》からインスパイアされたそうですが[89]、音楽のほうも合唱とオーケストラを派手に、カラフルに使い、力強くドラマチックなナンバーになっています。

この映画は通常のディズニー映画よりもターゲットとする年齢が上で、暗く大人っぽい題材を扱っていると考えられてきました。しかし、コミカルなナンバーもあります。その1つがノートルダム寺院の3つの彫像たちによって歌われる《ガイ・ライク・ユー》でしょう。恋に落ちたカジモドを石像たちが冷やかしたり励ましたりする曲で、シリアスなシーンの多い映画における息抜きでもあり、カジモドの希望を高める目的もあります。[90] 石像たちはカジモドがうちに潜めた陽気

(89) ワイズ，ハーンの発言，米版レーザーディスク，音声解説.
(90) ワイズの発言，米版レーザーディスク，音声解説.

な性格の表現とも考えられているので、彼の妄想の1つとして楽しむこともできるように思います。クルト・ワイル風の伴奏、アコーディオンの使用によるムードの変化にも注目したいです。もう1つのコミカル・ナンバーは《奇跡の法廷》というジプシーたちのコーラスです。

次に、メンケンのスコアについて考えてみます。まず『ノートルダムの鐘』のスコアには声楽が効果的に使われていることが指摘できるでしょう。特に、ヨーロッパ中世を醸(かも)し出す工夫として、カトリックの宗教音楽として中世以来歌い継がれてきたグレゴリオ聖歌のスタイルによる《サムデイ》冒頭の旋律を映画冒頭のディズニー社ロゴの部分に使用しています（サウンドトラックでは静かに歌われる男声斉唱による聖歌がはっきり聞こえるのですが、映画では鐘の音に埋もれてしまっていて残念です。グレゴリオ聖歌だけでは、大聖堂をイメージしにくいという配慮だったのかもしれません）。このグレゴリオ聖歌の響きは作品の宗教的文脈も醸し出しており、オープニングのほかにも、エスメラルダがノートルダム寺院に逃げ込んだ瞬間（寺院内部がはじめて明らかにされる場面）、バックグラウンドとして静かに聞こえてきます。そのほか、フロロの《罪の炎》の前、夜の礼拝のシーンでは静かに鐘が鳴らされ、グレゴリオ聖歌がオルガン伴奏で歌われています。

シュワルツは実際にラテン語で歌われるミサの聖歌のテキストをこの場面に使ったそうです。(91) ただ中世において、グレゴリオ聖歌がオルガンのハーモニーに乗せて歌われていたということは考えにくいので、音楽語法的に完全に中世を模倣したということではないようです。

(91) トゥルースデイルとワイズのコメント，米版レーザーディスク，音声解説．

メンケンは聖歌以外にも、要所に大合唱や児童合唱を配することで、オーケストラだけでは不可能な、繊細で、ときにはゴージャスな響きを醸し出しています。特にクライマックス・シーンで使われるラテン語の歌詞は、窮地に追い込まれるエスメラルダ、教会の聖域を彼女とともに高く掲げるカジモドなど、それぞれの場面にぴたりと当てはまる内容のものがつけられており、サウンドトラックのブックレットで歌詞を確認しながら見ると、合唱の効果がより一層わかるようになっています（この部分の歌詞はＤＶＤの字幕には出てきません）。

また、この映画において中世らしさを醸し出そうとする試みは、教会外の音楽にもあります。たとえばオーケストレーションを担当したマイケル・スタロービンはハンマー・ダルシマー、シターン、ショームなどの古楽器を使用し、エスタンピー風の舞踊楽曲を鳴らしています。ディズニー映画音楽で、ここまで時代の響きにこだわったのは珍しい例かもしれません（注：スタロービンはスティーヴン・ソンドハイムとブロードウェイのプロダクションに着手した経験を持っていました[92]）。

アラン・メンケンは『リトル・マーメイド』以来、主題・挿入歌のメロディを積極的にスコアに織り込み、立体的な音楽作りに努めてきました。この『ノートルダムの鐘』にもそのような、彼の卓越した手法が見られます。たとえば《僕の願い》の旋律は、カジモドが雨の降る中群衆の屈辱を受けながら寺院に戻る場面で、外（out there）への希望が打ち砕かれるシーンに聴かれます。しかもメロディは短調にアレンジされ、悲哀を誘います。一方、ラストでフィーバスとともに街の中に現れたカジモドには、より希望の感じられるへ長調で《僕の願い》が再び希望の光を放ち、少女がカジモドに触れる感動的な瞬間はイ長調への転調によって劇的に演出されています。

エスメラルダがノートルダム寺院で歌うはずだったのに不採用になり、エンド・タイトルとなっ

(92) Rebello, 162.

た《サムデイ》という歌も、スコアのあちこちに使われています（注：メンケンは個人的にこの歌が気に入っていたらしく、ミュージカルにしたときに《ゴッド・ヘルプ》と《サムデイ》の両方を使いたいと述べています[93]）。最初はパリの群衆に虐げられたカジモドを助けてやろうとステージに上がるエスメラルダの場面で、児童合唱が一般に「天使の声」とされるのを実感させる使い方であると思います。同じような児童合唱は、カジモドが水をやっても反応しないエスメラルダのシーンで聞こえてきます（そのほか、映画の冒頭のグレゴリオ聖歌風の旋律もこの歌から取られています）。

複数のメロディを効果的に使った箇所もあります。それはフロローとの対決が終わり、カジモド、エスメラルダ、フィーバスの3人がいっしょになる場面で、それぞれのキャラクターを表す動機がここでは散りばめられています。カジモドの動機は《天使が僕に》のメロディで、カジモドがエスメラルダとフィーバスの手をつながせる場面で流れます。その前後には、フィーバスが初登場したときの音楽とエスメラルダのために書かれた《サムデイ》が聴かれます。『ノートルダムの鐘』のラストは、この場面からクロパンの「カジモドに万歳三唱」までまったくセリフなしで進められるため、画と音楽のウエイトが一層高まっているといえるでしょう。

『ノートルダムの鐘』の音楽は、大オーケストラにラテン語のオペラティックなコーラス、教会のオルガンの使用と、クラシック音楽を重視するスタイルで書かれています。メンケンやシュワルツは、もっとポップなバラードも書いていましたが、最終的には取り上げられませんでした。[94]

映画作品としての『ノートルダムの鐘』は、年齢層がそれまでの作品よりも上に設定されていたことや、題材がシリアスな側面も持っていたこと、さらにはユゴーの原作を知る人たちから「古

(93) メンケンのコメント，米版レーザーディスク，音声解説.
(94) メンケンとシュワルツが不採用になった曲 “In the Place of Miracles” に対しておこなった音声解説，前掲資料.

典を蔑ろにした」という厳しい評価もありました。しかし、近年は再評価も進んでいるようです。音楽のほうも、そのバラエティの豊かさ、合唱を含めた見事なスコアから、アラン・メンケンの実力のほどが再認識されるべきでしょう。

『ヘラクレス』(1997)

『リトル・マーメイド』や『アラジン』を手掛けたロン・クレメンスとジョン・マスカーが監督した『ヘラクレス』は、『ポカホンタス』、『ノートルダムの鐘』と続いたシリアスな路線を覆し、再び子ども向けのエンターテイメントとしてのディズニー・アニメをアピールしたアップビートな作品です。それは結果として、ギリシャ神話への興味を子どもたちに持たせることにもなりました。(95) また、ギリシャを題材にしながら、同時代的なセンスを(やや無理があるくらいにまで)押し出した作品でもあり、ギリシャの都市テーベがニューヨークにあやかってビッグ・オリーブと呼ばれたり、当時はアメリカの多くのショッピング・モールにあったディズニー・ストアが出てきたり、ナイキのスニーカーCM風のポスターが出てきたりします。音楽も、本来ならばギリシャの民族楽器などを使うこともできたと思うのですが、ジョン・マスカーにいわせれば「美しいブズーキが鳴り渡るようなスコアは、私が考えるほど面白いトーンが出ない」ということで、ゴスペルを取り入れます。(96) それはギリシャの古典劇のようなコロス(コーラス)なんかよりも、ずっと「流行に敏感」なんだそうです。制作側がアラン・メンケンを主題・挿入歌・スコアの作曲家として再度招き入れたのは、彼が美

(95) Maltin, *Disney Films*, 333.
(96) "Hercules: About the Production," *Filmscounts.com* http://www.filmscouts.com, accessed on 28 April 2005に書かれたロン・クレメンスの発言による.

しいメロディを書くこと、そしていっしょにプロジェクトに携わる仲間として魅力を感じていたからでした。(97) メンケンが担当した『ヘラクレス』の音楽的な楽しさは、『リトル・マーメイド』以来のジャンルの広さも要因になっているように思います。メンケンの言葉に従えば、この映画で使われている音楽は、ゴスペルやR&B、英雄的なクラシックのテーマということになります。(98) このうち、ゴスペルの導入を提案したのはジョン・マスカーで、ゴスペルを歌うミューズが登場するという設定は制作の早い段階から考えられていました。(99) マスカーによれば、ゴスペルは「スケールも大きく」「物語にぴったりの音楽で、希望、理想、人並みはずれた出来事にふさわしい」のだそうです。(100)

なお、天国と人間世界の両方にまたがる話でゴスペルを使った最初の作品は『ヘラクレス』ではなく、ドン・ブルース監督による『天国から来たわんちゃん：チャーリーのお話』(1989)でしょう。もっともこの作品では、『ヘラクレス』ほどゴスペルを多用しているわけではありません。

このゴスペルを使用したオープニングの役割は、これまでの映画作品と同様です。つまり基本的な物語の背景を観客に知らせ、登場人物を紹介するということです（注：チャールトン・ヘストンの「超大作映画向け」ナレーションをゴスペル・シンガーによるミューズが遮るという仕掛けは、それまでのシリアス路線の明確な否定とも取れます）。この歌によるナレーションは前作『ノート

(97) 前掲資料.
(98) 『ヘラクレス』ブエナ・ビスタ・ホーム・エンターテイメント VWDS4816 (DVD), 映像特典,『メイキング・オブ「ヘラクレス」』.
(99) "Hercules: About the Production."
(100) 前掲資料;『メイキング・オブ・「ヘラクレス」』.

ルダムの鐘』とよく似た手法で、クロパンが主人公カジモドの出生やフロローやノートルダム大聖堂ならびにその司祭を紹介するように、ミューズたちもヘラクレスの出生の秘密について語っています。メンケンによれば、これはやはりミュージカル的発想なんだそうです。「ミュージカルの最初のルールの1つは、ムードを作り、これがミュージカルであることを確立するため歌でスタートするということです。ミューズたちは純粋に楽しいし、この映画には無理なく使える。この歌には『ドリーム・ガールズ』風のもの、モータウン風でちょっとセクシーなものが欲しかったのです」[101]

さらにゴスペルを使うことで、言葉遊びをすることもできます。たとえば物語の最初に歌われる《ゴスペル・トゥルース》。音楽のジャンルがゴスペルであるということのほかに、「神の福音」という意味の「ゴスペル」もあります。つまり《ゴスペル・トゥルース》という挿入歌には「これは神々の語る本当の話」というニュアンスが生み出されるのです。

こういったゴスペルのミューズが物語を語り進めるというやり方は、ギリシャ悲劇における合唱（コロス）のアイデアからきたとも考えられます。マスカーは「私たちがヘラクレスの物語や「ギリシャの」神々について研究するうちに、芸術の女神であるミューズたちに偶然出会ったのです。ギリシャを主題にしたミュージカルをやるなら、ミューズがいたほうがいいと思いました。彼女たちはすばらしいナレーション役になります。われわれのギリシャ・コーラスというわけです」と述べています。[102]

(101) "Hercules: About the Production."
(102) 前掲資料.

物語を通して語り役「だけ」のキャラクターが登場するのは、『ロビン・フッド』以来ですが（『ノートルダムの鐘』のクロパンは後半、物語の本編で活躍しますので、厳密にいうと、このカテゴリーには入りません）、この『ヘラクレス』のミューズたちは、『ロビン・フッド』のアラン・ア・ディルほど頻繁には「語り」をおこないません。《ゼロ・トゥ・ヒーロー》は、ゴスペル風音楽の中でももっとも早くできあがった作品で、冒頭には確かに語りがついていますが、歌の本体は冒頭の《ゴスペル・トゥルース》のような具体的な語りではなく、通常の歌唱に近いです。ゴスペルは映画の最後に《本物のヒーロー／スター・イズ・ボーン》として三たび登場しますが、これも、ヘラクレスたちがどうなったかを語るものではないようです。ミューズたちのコーラスはメグの歌《恋しているなんて言えない》にも登場しますが、これもナレーション役をしているのではなく、メグが否定しようとする恋心を認めるように促すような立場になって歌っています。ですから、ゴスペルの歌い手たちは、物語に直接関係しないということで、役柄としてはナレーター「役」といえますが、その歌は必ずしも「語り」ではないようです。ただミューズたちの登場はこの映画における音楽のジャンルを広げ、リフレッシュしてくれるとは思います。

ここまで述べてきたように、ゴスペルは、もっぱらナレーション役をつかさどるミューズたちの部分に使われています。ところが物語本体、つまり登場人物が実際にセリフを話す部分では、他のジャンルの音楽が使われています。ヘラクレスが自分の希望を歌う《ゴー・ザ・ディスタンス》（「ものごとを最後まで成し遂げる」というような意味）は、挿入歌の中では大きなオーケストラを使った荘厳でドラマチックな音楽スタイルを使っています。またこの歌はヘラクレスが両親を離れ、ゼウスを訪れ、ペガサスとともに英雄になるべく旅立つという長いシークエンスに使われており、アンダースコアを挟むことによって全シークエンスをカバーしています。そのため映像を観ずにサウンドトラック・アルバムのみでこの曲を聴くと、歌の開始からエンディングまでが、ちょっと間延びした感じになってしまいます。しかし映画でセリフも交えて聴くと、この効果のほどがわかります。大きなオーケストラをバックに、歌のマイケル・ボルトン（マイケル・ジャクソン風の歌い方だという人もいます）は、最後のG音を11秒も伸ばしていて、《僕の願い》（『ノートルダムの鐘』）のトム・ハルスを思い出させます。ピロクテテス（フィル）が歌う《最後の夢》もオーケストラをバックにした曲ですが、この曲は『ノートルダムの鐘』においては、石像たちが歌った《ガイ・ライク・ユー》のスタイルに酷似しているといえるでしょう。

メンケンのスコアは、いつものとおり、歌の旋律をうまくスコアに取り入れています。それは特にメグの歌《恋してるなんて言えない》について当てはまります。メグとヘラクレスが夕方2人きりになる部分には、歌に入るまでの3分半の場面に、ずっと歌のメロディがあちこちに散りばめられています。クライマックスの緊迫したシーンにおいても、たとえばメグがヘラクレスに「人はわれを忘れるの、恋をすると」と言う場面、彼女がよみがえるシーンにも、これらの旋律が現れます。

『ヘラクレス』は批評家から高い評価を得たようですが、興行成績はそれほどふるわず、作曲者アラン・メンケンも、ディズニー社が観客に媚びたと考えています。彼は「［ディズニー社は］『ノートルダムの鐘』のあと、妥協しすぎたのです。彼らは人々が『大人すぎる、暗すぎる』というのを怖がったのです」と発言しています。(103) サントラ・ファンも意見が分かれるようで、否定的な人は、ギリシャ古代の話にゴスペルを使うことがそもそも不適切だとか、メンケンの歌に前2作ほどの魅力がないなどという指摘をするようです。

(103) Lyberger, "Beauty Secrets."

『ムーラン』(1998)

『ムーラン』は新生ディズニー・アニメの中で、『アラジン』の次にアジアを題材とした長編アニメ作品です。また、アラン・メンケン以外の作曲家が歌やスコアを担当した作品としては、1992年の『ライオン・キング』以来のものとなります。フォーマットもミュージカルではなく「挿入歌＋スコア」という形で、別々の作曲家がそれぞれを担当しています。これも『ライオン・キング』と同じです。

> オーストラリアはアジアだと主張する人もいるかもしれません。そうすると、『ビアンカの大冒険：ゴールデン・イーグルを救え』も含め、『ムーラン』はアジアを題材にした3作目の長編アニメということになるでしょう。
> なお「新生ディズニー」以前の長編では、『ジャングル・ブック』がインドを舞台にしていました。

挿入歌を作曲したのはシンガー・ソング・ライターのマシュー・ワイルダー。ワイルダーがディズニーに注目されたのは、アン・ライスの本に脚色したミュージカル『天への叫び』でした。(104) そして監督のトーマス・シューメイカーと、ワイルダーの音楽のデモ・テープを聴いた音楽総指揮のクリス・モンタンは、『ムーラン』の音楽担当をワイルダーに正式に依頼します。(105) 作詞家の人選については、1995年に制作プロジェクトが『花木蘭』としてはじまっていたころには、アラン・

(104)『ムーラン』映画パンフレット（東宝，1998年)，17.
(105) 前掲資料，17；“Music of Mulan: A Brief History,” accessed on 30 December 2004.

メンケンと『ポカホンタス』や『ノートルダムの鐘』でコラボレーションしていたスティーヴン・シュワルツが選ばれていました。ところがプロジェクト途中にストーリーとキャラクターに大幅な変更があり，彼が作った《石に刻まれた》，《宿命》の2曲がカットされ，やがてシュワルツも，同じ時期にオファーが来たドリーム・ワークス社の『プリンス・オブ・エジプト』のほうへと仕事の重点を移していったようです。結局作詞については，シュワルツに代わってデヴィッド・ジッペルが参加することになりました。ジッペルも，やはり『ヘラクレス』でメンケンと仕事をしています。

映画『ムーラン』は珍しくオーケストラのみでスタートします。『ビアンカの大冒険：ゴールデン・イーグルを救え』以来です。しかしそのオケが奏でるメロディは，短い挿入歌《家に名誉を》から取られています。ある評論家が指摘したように，『ムーラン』という映画は単純な恋愛ロマンスではなく，家の名誉が主人公を突き動かしていったという風にも考えられ，その映画の根底に流れるテーマを冒頭の音楽の主眼＝テーマ音楽としたということなのかもしれません。テーマ曲を作曲したジェリー・ゴールドスミスはこの序曲によって，アジア音楽に対する尊敬の念を表現しているかのようで，作品全体も，気品の高いものにしています。

映画の最初の重要な挿入歌は《リフレクション》という曲です。ムーランが自分らしくありたい一方，父親も喜ばせたいという2つの感情が扱われています。65人のオーケストラ(106)に合わせて歌うのは，『アラジン』でジャスミン姫の歌声を担当したリア・サロンガでした。彼女の歌唱力は見事で，実に感動的な楽曲に仕上がっています。

もう1曲，この映画で光っているのは，《闘志を燃やせ》という歌でしょう。リー・シャンの弱い兵隊は歌が進むにつれて訓練を積みどんどん強くなり，最初は嫌われ者だったムーランも次第に仲

(106) DVD 2枚目，特典映像．

間として認められるいう、印象的なシーンに力強く響く曲です。イントロのオーケストレーションには日本の太鼓らしき音も入っていてアジア風な色もついています。歌っているダニー・オズモンドは、音楽一家オズモンド・ファミリーの1人で、彼が兄弟と結成したオズモンズは1970年代に人気を博しました。(107) 1980年代以降はやや活動が地味になったそうですが、40歳を目前にしてレコーディングされた《闘志を燃やせ》を聴いた彼の子どもたちは、さもダニー・オズモンドがディズニー映画で有名になったかのようにして喜んだといいます。なお、この歌は、クライマックスで、リー・シャンの兵士たちが女装して皇帝を助ける場面でもリプライズとして使われています。その女装兵士の活躍の場で《闘志を燃やせ》のサビの部分、「男になれ」という箇所が流れ、笑いを誘います。

『ムーラン』のスコアの部分を担当したのは、先述の通り、ハリウッド映画音楽の大家、晩年のジェリー・ゴールドスミスでした。もともとディズニー側は『Emma エマ』(1996)でアカデミー賞を受賞していたレイチェル・ポートマンを起用することを考えていたのですが、彼女は妊娠中だったためにほかの人を探さねばならなくなりました。(108) ゴールドスミスを選んだ理由について映画の制作者パム・コーツは、「彼のアクションに関するスコアはすばらしい。雪崩(なだれ)のシーンなど、彼がやったら絶対にすごいものになると思ったんです」と述べています。一方依頼を受けてさっそく制作途上のフィルムを観たゴールドスミスも、涙を流して感動したといいます。(109)

そのゴールドスミスは数々の映画音楽を手掛け、アニメ音楽についてもすでに『ニムの秘密』(ドン・ブルース監督)で経験していました。それでも『ムーラン』は決して容易なプロジェクトではなかったようです。「通常なら日に2分の作曲ができるところが、アニメでは半分しか進まな」かったとゴールドスミスは言います。それは「それはさまざまな出来事が短時間に凝縮した形で発生し、

(107) 浮田文子「Disney Music Song：闘志を燃やせ！」『ディズニーファン』第16巻第2号（通巻140号, 2005年2月), 58.
(108) “Review of *Mulan*” (OST), *Jerry Goldsmith Online*, http://www.jerrygoldsmith.com/mulan_review.htm, accessed on 27 December 2004.
(109) パム・コーツ, 永野寿彦「アジアの文化を正確に伝える義務と責任を感じていました」(インタビュー)『キネマ旬報』第1263号（通巻2077号, 1988年下旬号), 94.

音楽がそれを克明に描写・強調してゆかねばならないから」だったそうです。[110] そんな彼の音楽はスケールが大きく、扱う音楽スタイルも実に多彩です。ムーランと父親が語らう庭の場面に聴かれるように、キャラクターの心の揺れ動きも、場面に合わせて、ていねいに織り込まれています。

『ムーラン』は中国を舞台に繰り広げられる話であるため、当然その音楽にも中国風の色彩が与えられています。実際に中国の民族楽器も使われており、その中で一番よく聞こえるのは笛（ディイ）という楽器でしょう。文字のとおり笛の一種（横笛）なのですが、穴の1つに幕が張ってあるので独特の濁りが入り、力強い響きになります。《愛しい女よ》で、この楽器の音を聴くことができます。ほかには風琴という楽器も使われています。この風琴の音はそれほど大きくないので聴き取りにくいのですが、注意して聴くとさまざまな箇所で中国的色彩を与えていることがわかります。こういった民族楽器は、ときに西洋音楽の12音階では出せない音程、いわゆる「微分音」を出すこともあります。動物の鳴き声を模倣する箇所もあるのですが、中国伝統音楽においては、生き物を描写したり鳴き声を真似るということは、よくおこなわれているようです。

一方で厳密に中国ではなく、もっと広くアジア的といえる要素もあります。たとえば挿入歌《闘志を燃やせ》の冒頭には日本風の太鼓の音色が聴き取れますし、クライマックスのシャン・ユーとムーランの戦闘シーンでは、さながら日本の祭りの音楽から影響を受けたような大太鼓と鉦の音が使われています。

『ムーラン』の音楽にはほかにも、直接アジアや中国とは関係ないのですが、シンセサイザーがオーケストレーションに加わっていて、さらにバラエティ豊かになっています。シンセサイザーの音がもっとも顕著なところはムーランが出征する場面でしょう。もともとは違う音楽が考えられてお

(110)『200CD 映画音楽 スコア・サントラを聴く』(立風書房, 1999年), 153.

り、ディズニーの公式サウンドトラックには、その古いバージョンが収録されています。おそらくプロダクション完成直前に変更を強いられたと考えられます。

楽器法以外で、中国もしくはアジアを感じるところは、オープニングで聴かれる5音音階を使った流麗な旋律でしょう。水墨画による万里の長城をあしらった鮮やかな映像とともに強いインパクトを残します。前述したように、この弦楽器群によるメロディはムーランのお見合いシーンに現れる挿入歌《家に名誉を》から取られています。

ゴールドスミスのシンフォニックな音楽が極めて高い効果を生んでいる箇所の1つは、雪山におけるフン族の襲撃の場面でしょう。たかだか10人もいないリー・シャン将軍の部隊に何万の騎馬隊で襲いかかるチェン・プーの作戦は、リアルに考えると実に馬鹿(ばか)げています（注：フン族の軍勢は二千騎であるという記述もあります。[111] もちろん実際どのくらいの数であったかというのは、こういった場面ではたいした問題ではありません）。ところがCGを駆使した、セルゲイ・エイゼンシュタインの『アレクサンドル・ネフスキー』ばりの映像の迫力とそれを支える音楽は、そのようなリアルな発想をさせる暇もなく、壮大なスペクタクル・シーンを展開させ、記憶に残る名場面にしました。「G－B♭－C－D－C－B♭－G」というペンタトニックのモチーフがアジアン・テイストを残しながら効果的に使われています。

また『ムーラン』の音楽において特徴的なのは、合唱を映画の幕切れに用いていないということです。合唱が使われているのは皇帝がムーランを讃え群衆がひれ伏す場面、ならびに仲間たちと抱き合って勝利に感動する場面になっています。エンディングに現れたのは《トゥルー・トゥ・ユア・ハート》というポップ・ソングで98°&スティーヴィー・ワンダーによって歌われています。マシュー・

（111）柳生すみまろ『ディズニー・アニメ大全集』, 55.

ワイルダーによると「最後はアップビートな曲でいこうと考えていたのですが、モータウン・スタイルというのは最高のアイデアでした。ノリのいいリズムで、完璧にムードを盛り上げています」とのことですが(112)、それまでの、しんみりとした場面に対してこういったエンディングがよかったかどうかについては、依然疑問に感じる人もいるようです。

『ターザン』(1999)

メンケンがディズニー・アニメから離れ、ジェリー・ゴールドスミスが『ムーラン』を担当したあとは、映画音楽の作曲家がしばらくディズニー長編アニメのスコアを担当することになります。ただし、何かしらの歌を入れるというフォーマットは変わってないようで、『ターザン』においても、ソング・ライターとスコア作曲家がチームとなり、全体の音楽を作り上げるということになりました。ただ、『ターザン』以降のディズニー・アニメにおいては、歌を入れるにしても、あからさまなミュージカルにしないような配慮をしているように見えます。たとえばこの映画の場合、登場キャラクターが歌う場面は例外を除いてまったくありません(注:カーラが幼いターザンに歌う子守歌の出だしと、タークが《トラッシン・ザ・キャンプ》でスキャットするのが例外です)。このやり方は『バンビ』の例に続くものと考えられます。

『ターザン』の主題歌・挿入歌創作に加わったのは、1951年生まれのイギリスのロック/ポップ・ミュージシャン、フィル・コリンズでした。コリンズとアニメとの関わりはこのディズニー以

(112)『ムーラン』映画パンフレット, 17.

前にもありました。スティーヴン・スピルバーグ監督のアニメ・プロジェクト・ユニット「アンブリン」制作（ユニバーサル配給）による『バルト』（１９５５）において、北極熊のムクとルクの声を担当しているのです。(113) 当時６歳の娘が彼の声に大喜びし、アニメの仕事に興味を持つようになりました。(114) さらに、彼の親類には漫画家やディズニー・オン・アイスで活躍するプロのスケーターがおり、ディズニーには昔から親しみがあったそうです。

ディズニーからアプローチがあったのは、１９９５年の夏のこと。ディズニー・ミュージックのクリス・モンタンが映画制作者を代表して、『ターザン』の歌を書いてくれるようにアプローチします。そして、ディズニー側からディレクターのケヴィン・リマとクリス・バックに加え、トーマス・シューメイカー、クリス・モンタンが、コリンズ側からは、彼のエージョントのヒラリー・ソーア、マネージャーのトニー・スミスが、ジュネーブのメトリポール・ホテルで、コリンズを交えた最初のミーティングをおこないました。(115)

ディズニーからお声がかかったときは、喜んでプロジェクトに参加したそうですが(116)（これには「子どもといっしょに楽しめる作品に参加したい」「流行に関係なくずっと残る音楽を作りたい」という気持ちがその背景にあったといわれています(117)）、不安もありました。それは、ディズニーがそれまでおこなってきた「物語を先に進めていくような歌詞が書けるかどうか」という心配と、アラン・メンケンやエルトン・ジョンの例に続かなければならないのかという不安でした。結局ディズニー側はフィル・コリンズ自身のありのままの才能を求めていることがわかり、こういった不安は解消され、彼はこのプロジェクトに４年に渡って従事することになります。その過程で彼は５曲の歌を提供し、そのうちの４曲については、コリンズ自身がヴォーカル、ドラマーとして演奏にも参加しています。(118)

(113) "Tarzan (1999 film)," *Wikipedia*, http://en.wikipedia.org/wiki/Tarzan_(1999_film), accessed on 7 July 2006.
(114) 浮田文子「Disney Music Song：ルック・スルー・マイ・アイズ」『ディズニーファン』第15巻第14号（通巻136号，2004年10月），54.
(115) Howard E. Green, *The Tarzan Chronicle* (New York: Hyperion, 1999), 163.
(116) Nick Orlando, "A One-on-One with the Legendary Phil Collins," *Broadway World. com*, http://www.broadwayworld.com/viewcolumn.cfm?colid=9751, accessed on 6 July 2006.
(117) 浮田文子,「Disney Music Song: ルック・スルー・マイ・アイズ」, 54.
(118) Andy Culpepper, "'Tarzan' Swings to Phil Collins' Beat," *CNN.com*, http://www.cnn.com/

テーマ曲《トゥ・ワールズ》は、その歌詞にあるとおり、「2つの世界、1つの家族」という、この映画の根底を流れるテーマを扱った主題歌です。コリンズは初期の段階から、オープニングは民族色の強い8分の6拍子にしたいと考えていたそうで、1996年の夏、会議をしたときには、ディズニー社のビルの廊下の手すりを叩きながら、そのフィーリングを感じていたといいます。(119)

この歌は、映画の最後にも登場し、高い効果を上げていました。後述するように、マーク・マンシーナの見事なアレンジも彼の音楽に彩りを添えることになります。

《ユール・ビー・イン・マイ・ハート》は、よりダイレクトに《子守歌》と題されていました。(120) カーラ役のグレン・クローズが幼いターザンを眠りにつかせようと歌い出し、フィル・コリンズがそれを引き継ぎます。コリンズはこの曲を娘のために書いたとされていますが、スイスにあるコリンズ家の近くの友人宅をクリスマス・シーズンに訪ねた夜にアイデアが浮かんだそうです。ピアノで弾いて、そのアイデアを忘れないように、彼は包装紙にメロディの音名やコード進行を書き記します。(121) とっさに思い浮かんだアイデアをメモしておいたのは正解だったということでしょう。

《サン・オブ・マン》は《トゥ・ワールズ》同様、フィル・コリンズがもっとも早くデモを作成した曲で、映画では、ターザンがジャングルの環境に適応しながら、5歳から20歳へと成長していく場面に使われています。(122) もともとは「人間の子よ、いつかお前は王になる」という歌詞も書かれていたそうですが(123)、最終的に変更になっています。また映画のエンディングをこれで締めくくるという案をコリンズは提案したそうですが、ターザンがジャングルを統治するよりも動物と共生する人間という立場が強調された《トゥ・ワールズ》が採用されたようです。

《トラッシン・ザ・キャンプ》の場面制作には2年半かかったとされています。それは、歌とそ

SHOWBIZ/Music/9906/18/tarzan.phil/, accessed on 6 July 2006. なお，このインタビューは1999年6月付で公表されたことになっています．
(119) Green, 164; アーノルドとリーマの発言, *Tarzan: Collector's Edition,* Disney, DVD 19320,（以下「米版DVD」）音声解説．
(120) バックの発言，米版DVDの音声解説．
(121) 前掲資料; Green, 169. この*The Tarzan Chronicles*の当該ページには，コリンズがメモをした包装紙の写真が掲載されています．
(122) Green, 174.
(123) アーノルドの発言，米版DVDの音声解説．

れに合わせた場面を作るため、歌と映像の内容がコリンズとスタッフの間で何度も作り替えられたからです。スタッフはいい加減やめたいと思ったくらいでしたが、ターク役のロジー・オドーネルが歌を欲しがったため、最後まで進めることになったといいます。(124) コリンズは、キャンプ地にあるいろんな人間の道具(『美女と野獣』の野獣も登場)をゴリラたちが触ったり壊したりして楽しむ場面に、いろんな音を持ち込もうとしたようです。スタジオにある、ありとあらゆるものを手とドラム・スティックで叩き、周囲は彼はどうかしちゃったんじゃないかという目で見ていたそうです。しまいには、コリンズは自分のおでこをげんこつで叩いたりまでし、テイクを2回やったら、頭が真っ赤になってしまいました。この次のセッションでは、ゴリラが競争して騒々しい雑音を作り出す場面をやったそうで、カズー(真鍮あるいはプラスチックの管の一部に羊皮紙またはビニールを張り、口にくわえながら声を発し、振動させて演奏する膜鳴楽器のこと)を加えたり、スタッフにKマートやターゲットといったディスカウント・ストアに行って、ティー・ポットやフライパンを買いにいかせたりして、それらも打楽器として使いました。

《ストレンジャーズ・ライク・ミー》は、《サン・オブ・マン》同様、ターザンの成長過程に密着した内容になっています。好奇心いっぱいのターザンが、イギリスから持ち込まれたスライドを使って人間のことを学ぶ、ターザンの精神世界の広がりが感じ取れます。その歌が進む間、映画の映像には、ジェーンとのラブ・ロマンス、人間になりたがるターザン(森のゴリラたちとの距離)、クレイトンの野望など、いろんな問題が盛り込まれています。また、子どもらしい好奇心と学ぶことの喜びを表現するこの場面と歌は、映画館を訪れる子どもの両親たちにも、「教育的」な価値があると判断されるのではないかと思われます。

(124) リーマ, アーノルドとコリンズの発言, 米版DVDの音声解説 ; Green, 179.

今回フィル・コリンズはディズニーのプロジェクトにはじめて関わりましたが、制作過程でいろんなことが学べたといいます。その1つは制作開始の段階において本来の意味での台本が存在しないということでした。通常の映画ならば撮影用の台本があるのに、アニメーションでは、その台本自体が常に変更を加えられることが、彼にとっては新鮮でした。映画のはじめ方が最終的なものになるまで3年もかかるとは思わなかったそうです。(125)

もっと実際の曲作りに関して学んだこともありました。その1つは曲の長さです。「レコードの歌は3分から6分の間で自由に決められますが、アニメ映画のために書くときは、もっと簡潔でなければいけません。2分半から3分が最長です」とコリンズは述べています。また、歌詞についても、サビの部分となるコーラスを何度も繰り返すことはできないと実感します。そしてその内容は、ずっと具体的なもので、最終的に映画に役立つものでなければならないと言います。「世界一いい歌が書けても、映画のためにならないのであれば、採用されません」(126)

フィル・コリンズとともに『ターザン』の音楽、特にそのスコア部分を担当したのはマーク・マンシーナという作曲家でした。『ライオン・キング』のスコアの作曲家でもあるハンス・ジマーを通して映画音楽業界入りを果たした人で、キアヌ・リーヴス主演の『スピード』のスコアで一躍有名になりました。彼がおこなったのはできるだけコリンズの作った旋律を大切にしながらスコアを作るということでした。(127) ソング・ライターとスコア作曲家のコラボレーションの緻密さは、『ライオン・キング』におけるエルトン・ジョンとハンス・ジマー以上のものが感じられます。

そのコリンズ＝マンシーナのコラボレーションが見事に実った例に、映画のオープニングがあります。主題歌の間にもう1つの音楽（セイボアとカーラの白熱のシーン）を挟み込むという構成で

(125) Culpepper.
(126) Green, 169.
(127) Don Goldwasser, "SoundtrackNet Interview: Mark Mancina," *SoundtrackNet* http://www.soundtrack.net/article-detail.html?id=14, accessed on 17 June 2006.

す。音楽・効果音とパントマイムのみで進めていくので、この部分における音楽のウエイトは必然的に高くなります。マーク・マンシーナは次のように、オープニング・シーンについて語っています。「映画の最初の8分は、音楽で物語のすべてを設定します。私にとって挑戦となったのは、歌の適切なアレンジを作るだけでなく、スコアをそれに編み込むことでした。これは私が歌をもらって、スコアの中に合わせていくというプロセスとは違います。フィルと私は映画の中に聴かれるべきものを捜索するため協力して取りかかったので、スコアと歌のアレンジは1つのものとしていっしょになりました。」(128) 冒頭に使われている歌はもちろん《トゥ・ワールズ》で、運命に身を委ねることと、愛による2つの世界の結びつきというキーワードが繰り返されます。しかしその中で、画面上に進む物語に直結した歌詞が随時使われています。

主題歌を場面に合わせて作るだけではありません。マンシーナは、アラン・メンケンがおこなったように、歌の旋律をスコアにも使うこともおこなっています。《トゥ・ワールズ》の場合、そのメロディは、ターザンの出生の秘密がカーラによって明らかにされる場面にも使われています。ハープらしき音によって、この歌の断片が現れるので、注意して聴いてみてください。核心を突くメッセージの込められた歌が、まさに物語の核心部分に使われていることがわかります。

さて『ターザン』は、ディズニー長編アニメにおいて、ジャングルを舞台にした第3番目の作品であり、アフリカを舞台とした作品としては、『ライオン・キング』に続くものになります。『ターザン』のスコアを担当したマンシーナは、『ライオン・キング』と同じ音楽にならないように強く意識していました。そのためにおこなったのは、アフリカ以外も含めた、幅広い地域からの民族楽器を使うことでした。実はマンシーナは数々の民族楽器をコレクションしており、いろんな楽器を持ち込みま

(128) Green, 167.

す。それらには南米のフォルクローレで使われるチャランゴや、アフリカから渡来し南米の黒人系伝統音楽で使われているビリンバウ(129)、さらにオーストラリアのブルロアラーなどの音具が含まれています。(130) 彼がこのように、アフリカ以外からの民族楽器を積極的に使ったのは、映画におけるアフリカ性を醸(かも)し出すのに、アフリカ以外の楽器も十分使い得るという考え方があったようです。「なぜならこの映画は『ライオン・キング』よりもジャングルっぽいからです。『ターザン』は、ずっと人間の精神について、真のアフリカについての映画です。有機的なアプローチにずっと大きな意味があるのです。この映画は、ジェーンと父親がイギリス人という事実を考えてみても、『アフリカと西洋の出会い』という感じがずっと濃厚です。この2人はアフリカに来て、ジャングルにいるゴリラを見つけようとしている、彼らの生活方法を学ぼうとしている、そんな中でターザンにも会ったのです」(131) つまりマンシーナにとって重要なのはジャングルであり、そこにはオーセンティックなアフリカ音楽以外の要素も持ち込めるということでした。ですから西洋のオーケストラをここに使うことも、「アフリカと西洋の出会い」を主題にした映画では不自然ではないということなのでしょう。

マンシーナの『ターザン』のスコアにおける工夫は、ターザンの雄叫びを音楽の一部と考えたところにも見られます。ターザンの雄叫びは「e〜f〜e」という音程になっているのですが、マンシーナは、これをメリスマを伴った「歌声」と考え、コードをつけているのです。この実例はまず、サボーをやっつけて、ターザンがこの豹(ひょう)の体を高く掲げる場面で聞かれます。直前がト長調のファンファーレになっているのですが、ここは劇的に「A、F、G、A」というコード進行になっています。もう1か所は映画本編の最後で、《トゥ・ワールズ》のエンディングのコード、Cを装飾する形で入れられています。児童合唱を加えた実に感動的なアレンジによる主題歌をターザンのトレードマー

(129) Green, 178. この資料ではビリンバウはBirembauとつづられていますが, Berimbauの誤りだと考えられます.
(130) 前掲資料, 178-179.
(131) Mark Mancina and Helen San. "Mark Mancina: From King of the Beast to King of the Jungle." *Cinemusic.net* http://www.cinemusic.net/spotlight/1999/mm-spotlight.html, accessed on 27 June 2006.

クである雄叫びによって閉じるという、粋な計らいです。

『ラマになった王様』(2000)

2000年のクリスマスにアメリカで公開された『ラマになった王様』は、もともと『太陽の王国』というタイトルで1994年からプロジェクトが進められ、当初はラブ・ストーリーも盛り込んだミュージカル映画でした。しかしながらプロジェクトは難航し、公開予定日寸前になっても仕上がらず、やがてマイケル・アイズナーがプロジェクトを取りやめると言い出してしまい、大混乱。結局路線をミュージカルからギャグ満載のワーナー・ブラザーズ型のアメリカン・カートゥーンにすることになり、登場人物なども、大幅に変更されました。ミュージカルとして作られはじめた『ラマになった王様』のために、6曲も歌を作ったのはスティングでした。しかし物語・設定がプロジェクト途上で大幅に変更され、形式もミュージカルでなくなったため、3年間で書き続けたそれらの歌も使えなくなりました(注:不採用になった歌のうち3曲――《スナッフ・アウト・ザ・ライト》(アーサ・キット)、《ウォーク・ザ・ラマ・ラマ》(ラスカル・フラッツ)、《ワン・デイ・シール・ラブ・ミー》(スティング&ショーン・コルヴィン)はサウンドトラックCDに収録されています)。アンダースコアをつかさどる映画音楽作曲家ならば、自分の作った曲に大きな変更が加えられたりカットされたり、途中で違う作曲家に変えられたりすることも珍しくありません。ところが有名なスティングのようなポップ・スターにとっては、こういうカットというのは珍しい体験であったようです。

実はスティングが『ラマになった王様』の話を引き受けたのには、登場人物が歌うミュージカル・アニメにこの作品がなるという要因が大きかったのでした。彼の好きなディズニー映画は、いずれもシャーマン兄弟が音楽を担当した『ジャングル・ブック』や『メリー・ポピンズ』で、彼もアニメ作品を通してヒット曲を出すことを夢見ていたのです。スティングによると、歌が使われなかった理由は、前述したように、台本がうまくいかなかったことに加えて、ディズニーによる「調査」の影響もありました。なんでもその調査によると、キャラクターが歌っている間、子どもたちは映画に集中できなかったそうなのです。スティングは、この調査の結果や、最終的に歌が「背景」として使われることが不満で、何度もこのプロジェクトをやめようとしたのですが、ディズニー側が説得したそうです。(132) ただ最終的にはスティングはストーリー変更を快く受け入れ、それに合わせた曲も書いたとする情報もあります。(133)

そういうわけで、『ラマになった王様』の音楽的特徴は、キャラクターが歌わないということで、いわゆるミュージカル・アニメにはならないということでしょう。例外的に歌が使われるのはオープニングと映画のラストです。

そのほかの例外は、(1)クロンクがラマになったクスコを袋に入れて運び出すときにスキャットされる、クロンクのテーマ、そして(2)やはりクロンクがパチャの家で子どもたちとなわとび遊びをするときに歌っている遊び歌です。

(132) Sting and Charles Bernstein, "The Score Interviews-Songwriter/Recording Artist: Sting Talks with Charles Bernstein," *The Society of Composers & Lyricists*, http://www.thescl.com/site/scl/content.php?type=1&id=5994, accessed on 11 July 2006.

(133) Jim Hill, "The Long Story Behind the Emperor's New Groove (Part 2)," *LaughingPlace.com*, http://www.laughingplace.com/News-ID115160.asp, accessed on 22 July 2006.

ここで（「テーマソングの人」というキャラクターによって）歌われる《パーフェクト・ワールド》はサルサを使っていますが、おそらくこれは物語が、南米を場所として設定しているということと、現代的でアップビートな音楽を入れたかったことに由来していると考えられます。歌ったのはソウルフルな歌唱を聴かせるイギリスのトム・ジョーンズ。プロデュース担当のランディ・フルマーはこの曲を、作曲したスティング自身に歌ってもらいたかったそうなのですが、自分はこの曲を歌えるほど若くないといって断ったそうです。(134) しかし実際はトム・ジョーンズのほうが10歳年上だったそうで、声の若さというのは実年齢とは関係がなかったということでしょうか。

スコアを担当したのは、ジョン・デブニーという人でした。カリフォルニア州グレンデール生まれの彼の父親ルイス・デブニーは、ティーンのときから40年以上もディズニー・スタジオで働いていました。『ディズニーランド』など初期のテレビ番組の制作にも関わっていましたが、ときどき家にクラシック・ディズニー映画の16ミリフィルムを持ってきて、息子といっしょに楽しんだようです。楽譜が読めるようになってからは、ジョン・デブニーも『眠れる森の美女』の楽譜を見ながら映画の映像を追っていったりして、映画音楽のプロセスに興味を持っていきました。(135)

そのデブニーによると、通常の映画とアニメ映画の違いは、後者に「2次元的」で「雑音を立てるような生きた、呼吸をする人間がいない」ことだといいます。そこでアニメ映画では人物の状況設定や感情表現における音楽の役割が、実写映画よりもずっと大きいのだと主張しています。(136)

デブニーのスコアでは、スティングがエンディングで歌う《マイ・ファニー・フレンド・アンド・ミー》が映画本編に繰り返し使われているのが特徴です。そのメロディは、クスコとパチャの関係が少しずつ深まっていくシーンで使われています（最初にこのメロディが現れるのは、パチャが寒

(134) *The Emperor's New Goove: The Ultimate Groove: 2-Disc Collector's Edition*, Disney DVD 22311, 音声解説.

(135) John Debney and Jim Steinblatt, "John Debney —— and the Art of the Film Score," *Playback Magazine* (February-March 2003), http://www.ascap.com/playback/2003/march/debney.html, accessed on 29 July 2006.

(136) 前掲資料.

がるクスコを自分のポンチョで暖める場面です)。またイズマとパチャにはキャラクターに合わせた旋律が考えられており(注:イズマのテーマはクロンクによって彼女が紹介される場面の背景に流れているものです)、イズマの旋律にはエキゾチックさが色濃く、『101匹わんちゃん』のクルエラにも似た個性的キャラクターが映えるようになっています。

またこの映画は場面転換のタイミングが早いことが特徴で、イズマがラマに化けたクスコを探しにパチャの家にやってくる場面では、イズマのテーマ、パチャのテーマ、なわとびの音楽が頻繁に入れ替わり立ち替わり使われています。表にしてみましょう。最短では6秒で違う音楽になる箇所もあります。

表5-3『ラマになった王様』:めまぐるしく入れ替わる音楽の例

57:24	イズマのテーマ
57:37	なわとびの音楽
57:43	イズマのテーマ
58:06	なわとびの音楽
58:15	イズマのテーマ
58:33	なわとびの音楽
58:42	パチャのテーマ
58:51	イズマのテーマ
58:57	パチャのテーマ
59:11	イズマのテーマ
59:25	パチャのテーマ
1:00:00	イズマのテーマ

音楽が次々と入れ替わる場面としてはクライマックスも凝ったものですが、この場面ではどこで音楽がピタッとストップするかも笑いを誘うポイントになっており、今度DVDで観るときは、この点に注意して観ると、デブニーのスコアのうまさが実感できるでしょう。

全体として『王様になったラマ』は、オープニング・エンディングのサルサ、イズマとクロンクがクスコとパチャを追いかける場面で使われる《ラン・ラマ・ラン》（ジーン・グルーパーというビッグバンドにインスパイアして書かれた曲。サウンドトラックに全曲収録）など、随所にジャズを挿入し、スコアはフル・オーケストラ、一部にマリアッチ（ポカポカゲームの場面）と、実にジャンルの広い音楽が効果的に使われているのが特徴といえるでしょう。

あと、この映画に関して、トリビア的な知識を2つ。スティングはこの作品に早くから関わっていたためか、『ラマ』のエンディングの変更を要求したといいます。この映画のエンディングでは、クスコがパチャの住む家が建っている丘の近くにある別の丘に遊園地クスコトピアを作るというものでした。ところがスティングはエコロジストだったため、クスコが遊園地建設のために熱帯雨林を破壊するという物語に反対しました。そのため、作られたのはパチャの家のようなものになっています。

もう1つはボサノバの名曲《イパネマの娘》が引用されていることです。これは、マーク・ディンダルによると「〝ディナー・ミュージックの典型〟という考えに立って起用」されたもので、「ソフトで心地よく、アメリカのディナー・パーティーには不可欠の音楽」だったからだそうです。(137)

(137) ディンダルの発言，マーク・ディンダル，柳生すみまろ「監督が語るDisney's New Groove」『ディズニーファン』第12巻第11号（通巻92号，2001年9-月），95.

『アトランティス：失われた帝国』(2001)

『アトランティス』においてはエンディング・クレジット以外に歌はなく、本編はスコアのみになっています。つまり『ラマになった王様』同様に、非ミュージカルのフォーマットが徹底して使われたということになると思います。プロデューサーのドン・ハーンによると、その理由は「汗まみれの探検隊が、道中でミュージカル・ナンバーを歌い出すのは不自然」だと思ったからだそうです。(138) そして歌を入れないということを最初から考えていたため、スコアを作る作曲家には「スケールが大きく、デリケートで、冒険心あふれた、すごいテーマを書ける」人材が必要ということになり(139)、すでに3Dアニメーション『ダイナソー』でディズニーと関わったジェームズ・ニュートン・ハワードが選ばれます。ディズニーとの経験について、ハワードは次のように言っています。「ディズニーのやり方というのは、仕事をはじめたら、すぐに映画の制作者と会うんです。まるで『委員会』です。作曲家が象牙の塔で仕事をするのではなく、ラウンドテーブル・ディスカッションなんです。多くの労働者の中の1人になるのです。台本作家も、アニメーターも、監督も、音楽監修役も、みんなで取り囲んでいっしょにやっていくのです」彼は1年半、そのようにしてディズニーの制作チームとしてプロダクションに参加します。(140)

ハワードはアニメ作品『アトランティス』に対し、実写のアクション・フィルムとしてアプローチしたため、最初のインスピレーションや構想などは、彼がそれまでにやってきた映画と同じようにおこないました。(141) しかしディズニーの場合は、プロジェクトの最初で、映画の主要なテーマとなる旋律を先にスタッフ相手に発表する必要があり、それを考えるのが難しかったといいます。

(138) 『ディズニー・アニメーション大全集』に引用されたドン・ハーンの発言, 115.
(139) エレン・ケネシアの発言, *Atlantis: The Lost Empire: 2-Disc Collector's Edition*, Disney DVD 23835, 2枚目に収録された特典映像.
(140) トーマス・シューメイカーの発言, 前掲資料.
(141) ジェームズ・ニュートン・ハワードの発言, 前掲資料.

というのも、これまで彼は、映画と長い間向き合っている間に、そういったテーマを考えるという方法をとってきたからです。(142)

また、アニメーション映画特有の問題は、「微細な点がひどく重要なこと」だそうで、自分のアプローチについて、かなり広く考えてないといけないということでした。「ファンファーレ、ビッグバンド、コミカルな音楽、悲劇的な音楽がすべて1つの映画」に盛り込まれる可能性を考えねばならず、しかも「一瞬一瞬で移り変わる」ので、細かな対応が必要だったということでしょう。(143)

『アトランティス：失われた帝国』の前半は、この帝国発見までの探検物語が主で、後半は見知らぬ土地での珍しい事象の体験、さらにはアトランティスを巡る謎を解き明かす場面やアクション・シーンが続き、アトランティスのスケールの大きさを改めて感じるという流れになっています。

冒険シーンの前半は潜水艦で進むのですが、アトランティスの入り口を守るレビアタンが現れる部分はもっとも派手なアクションになり、オーケストラもコーラスとともに大いに活躍します。この長いキューは戦いで命を落とした隊員たちの追悼式にまでつながるもので、ハワードの実力を感じさせます。探検の旅は、その後、軍用車やトラックで進むため、戦争映画に出てくるようなマーチ風の音楽になります。洞窟の中を進むその様子はセリフなしで長く続き、音楽が時間を埋めていくような形になっています。

アトランティスに入ってからの音楽は「地上の音楽」(ハワードの言い回し)と区別をつけるため、インドネシアのガムランをヒントにした電子音が使われています。人類が誰も知らない未知の文明を描くということになっているようで、エキゾティシズム的なアプローチを取ったようです。あからさまな民族音楽の使用ということはしませんが、キダと海中を探検するシーンや、アトランティ

(142) James Newton Howard and Dan Goldwasser "SoundtrackNet Interview: James Newton Howard," *SoundtrackNet* http://www.soundtrack.net/features/article/?id=128, accessed on 17 June 2006.
(143) 前掲資料.

スの人たちの生活が映し出される場面には、明らかに非西洋を思わせる太鼓の響きが聴かれます。電子音に関してはクリスタルを表現すると思われる音もあります。

音楽ジャンルの上から考えると、前半はオーケストラのシンフォニックなスコアが大半です。例外は、ヘルガが登場したときのジャズと、南部訛り(なま)のクッキーが登場したときのハーモニカやバンジョーでしょう。後半もシンフォニックなスコアが中心ですが、サッチがアトランティス人と遭遇してからは、ポップなビートが聴かれるようになり、シンセサイザーの音も入るため、全体にジャンルが広がった印象を受けます。

アクション・シーンが中心となったスコアのみのディズニー映画ですが、（おそらく非西洋的な）架空の民族のための音楽スタイルを創出したため、作曲家の、特にオーケストレーションにおける、イマジネーションが豊かに反映された作品になりました。

『リロ&スティッチ』（2002）

『リロ&スティッチ』はフロリダのスタジオで制作された作品で、どちらかといえば、ディズニー社的にはあまり主力作品（Aプロジェクト）として考えていない、いわゆる「Bプロジェクト」として進んだものでしたが、ディズニー長編アニメとしては、久しぶりのヒット作となりました。当初は閑散としたカンザスの町を舞台とするはずだった『リロ&スティッチ』ですが、のちにこの舞台はハワイに変更されます。アメリカという国の中でも、独自の文化を継承しているハワイを選んだのは、物語を彩る意味で、そして音楽にもひとひねりできる可能性ができるため、よい選択だったと思われます。

この映画で使われている主な音楽は、今述べた(1)物語の舞台となったハワイの音楽のほかに、(2)エルヴィス・プレスリーの名曲、(3)アラン・シルヴェストリ作曲による、大オーケストラのスコアということになるでしょう。

物語は大宇宙をその背景としているため、10分あまりのイントロダクションはずっとシルヴェストリのスコアになっています。しかしタイトル表示がなされたとき、最初に登場する歌はハワイアンです。映画の制作者たちはハワイを取材し、フラダンスが実際に踊られているのを撮影し、ひょうたんの太鼓を叩く画も取り入れています。またアニメに登場するフラの先生には、クネワ・ムックという、本物のクム・フラ(フラのマスター)を配しています。[144]

エルヴィス・プレスリーの名曲ですが、まず既成曲がここまで大胆に使われた例は(『ファンタジア』と『眠れる森の美女』を除く長編では)ありませんでした。またエルヴィスが全盛のころにディズニーが彼の音楽を使うということは考えにくかったのに対し(何しろ親の世代から目の敵にされていましたから)、この作品が作られた時期には、彼の音楽も大人となった世代に広く受け入れられるようになったということでしょう。このエルヴィスの名曲を『リロ&スティッチ』に使うアイデアは監督・脚本担当のクリス・サンダーズ、ディーン・デュボアによって提案されました。[145]彼によると「リロがエルヴィスのレコードをかけるシーン」を考えたことがその発端だったようで、やがてそれは、6曲もの歌を入れることに発展したのでした。

なお、この映画ではプレスリー本人以外の歌唱による録音も使われています。《バーニング・ラヴ》

(144) Aunty D., "Lilo and Stitch: Thoughts on The Movie, Soundtrack & DVD/Video Release." *Hawaiian Music Directory*, http://www.reocities.com/~olelo/hmd/liloandstitch-mahalo.htm, accessed on 23 Jannuary, 2011.
(145) トーマス・シューメイカーの発言,『リロ・アンド・スティッチ』スペシャル・エディション,ブエナ・ビスタ・ホーム・エンターテイメント VWDS5064.

はグラミー賞受賞のカントリー歌手ワイノナ・ジャッドが、《好きにならずにはいられない》はスウェーデンの人気ヴォーカル・グループA★TEENSが、それぞれ新しく録音しています。(146)

スコアは『バック・トゥ・ザ・フューチャー』3部作や『フォレスト・ガンプ』の作曲家として知られるアラン・シルヴェストリが担当しました。ディズニーとのプロジェクトには満足したようで、特に、ディズニー・ミュージックのクリス・モンタンが、映画制作過程に積極的に関わっていたやり方に感心したといいます。(147) またアニメ映画に取り組む魅力については「観衆が非人間のキャラクターに感情的な反応を見せるのがすばらしい」と言っています。音楽を交えた「ストーリーテリングと感動的なシーンがこういった反応につながる」ことに、彼は手応えを感じているのです。(148)

『トレジャー・プラネット』(2002)

日本では2003年の7月に公開された少年冒険ファンタジーです。この作品の音楽も、『ムーラン』以降の慣習となったソング・ライターとハリウッド映画音楽作曲家という組み合わせでできています。歌の作曲に携わったのは、グー・グー・ドールズのヴォーカリスト、ジョン・レズニック。グー・グー・ドールズは1987年のデビュー以来、このときまでに7枚のアルバムを発表しており、『トレジャー・プラネット』への楽曲提供は、レズニックにとって、グループ結成以来初のソロ活動となります。(149) 彼はディズニーから声がかかったとき、「もちろんやりたいと思ったけど、最初

(146) "Lilo & Stitch Guide-Production Notes: 'Lilo & Stitch' Production Information," *LaughingPlace.com*, http://www.laughingplace.com/Info-ID-Movie-Stitch-ProdNotes.asp, accessed on 27 July 2006.
(147) Don Goldwasser, "SoundtrackNet Interview: Alan Silvestri," *SoundtrackNet*, http://www.soundtrack.net/features/article/?id=137, accessed on 7 July 2006.
(148) "The Henry Mancini Award: Alan Silvestri," *ASCAP*, http://www.ascap.com/filmtv/2002/silvestri.html, accessed on 7 July 2006.
(149) 浮田文子「Disney Music Song：アイム・スティル・ヒア(ジムのテーマ)」『ディズニーファン』第14巻第12号(通巻122号, 2003年10月), 54.

は躊躇(ちゅうちょ)した」そうです。「だってぼくにはミュージカルのような曲は書けないからね」というのがその理由。しかしディズニーのスタッフからは「『リトル・マーメイド』のような曲は求めていない、君自身の音楽が欲しいんだ」と言われ、納得したようです。ちょうどフィル・コリンズが『ターザン』のプロジェクトをやるときに感じた不安と同じですね。それだけアラン・メンケンの成功が大きかったということでしょう。(150)

『トレジャー・プラネット』本編に使われる歌は《アイム・スティル・ヒア（ジムのテーマ）》と《オールウェイス・ノウ・ホエア・ユー・アー》です。後者はギリギリ本編にかぶっていますが、映画の物語と密接に関わっているのは、前者のみかもしれません。『ムーラン』以降、ディズニー映画はミュージカルを避ける傾向が続いており、「ディズニーといえばキャラクターが歌う」ということであれば、この作品も肩すかしを食うということになるのかもしれません。

その挿入歌《アイム・スティル・ヒア》が流れる間、映画の場面は、シルバーの手伝いをさせられるジムの様子だけでなく、ジムの生い立ち、父親との決別、シルバーの父親代わりとしての存在など、さまざまな要素がモンタージュ(151)にして盛り込まれています。この回想シーンを入れるアイデアを持ち込んだのはグレン・キーンでした。もともとこのシーンはジムの働く姿を描いただけのものだったのですが(152)、キーンはそのストーリー・ボードに納得がいかなかったのだそうです。さらに、このシーンには、テンプ・トラック（場面の音楽構成をつかむために仮に既成の音楽作品を入れるもの）としてU2の曲が入っていて、画のほうも若干違っていたそうです。(153)しかしキーンがこれをグー・グー・ドールズの《アイリス》（映画『シティ・オブ・エンジェル』の挿入歌）に替えたところ、その違いに驚くことになります。(154)曲の依頼を受けたレズニックは、まずメロディ

(150) 前掲資料, 54.
(151) 視点の異なる複数のカットをつなぎ合わせること.
(152) 音声解説におけるクレメンツの発言,『トレジャー・プラネット』ブエナ・ビスタ・エンターテイメント VWDG4734（DVD).
(153) マスカーの発言, DVD音声解説.
(154) クレメンツの発言, 前掲資料.

から構想したようで、ボブ・ディラン風のスキャットで《アイム・スティル・ヒア》のメロディを歌って聞かせ、その後に歌詞を入れたといいます。(155) マスカーによると、レズニックには、主人公ジム・ホーキンズに相通ずるものがあって、それはたとえば父親との関係でさまざまな問題に直面したり、悩み多き少年時代を送ったこと、「師の助けで立ち直った」ことなどでした。(156)

さて、大オーケストラによるスコアを担当したのは、『アトランティス』でもプロジェクトに参加したジェームズ・ニュートン・ハワードです。未知なるものを目指す冒険アクションという点では『アトランティス』とよく似たジャンルの映画に従事するようになったようですが、『トレジャー・プラネット』にはあまり未来的な響きはなく（映画自体はＳＦの要素も入った、未来的なものです）、ケルティック・ミュージックのフィドル、パイプ、ホイッスルなどを使い、ノスタルジックな味つけをしているのが特徴となっています。(157)

一方エレキ・ギターの使用は、この作品ならではの特徴あるオーケストレーションといえるでしょう。15歳になった主人公ジム・ホーキンズがサーフボードに乗る場面ではじめて聞かれます。ロックというジャンルが「若者文化」の代表として、大人も観るディズニー映画に使われているということは、この音楽ジャンルの幅広い受け入れと定着を示すものかもしれません。また、このサーフボードの場面では、映画作品中何度も登場するメイン・テーマが提示されています。ジムがタービンの中をすり抜けた瞬間に流れる勇壮なテーマで、その後も冒険心あふれる場面に使われています。

(155) マスカーの発言，前掲資料．
(156) クレメンツの発言，前掲資料．
(157) "Treasure Planet," OST Review, *Filmtracks*, http://www.filmtracks.com/titles/treasure_planet.html.

『ブラザー・ベア』(2003)

『ターザン』でチームを組んだフィル・コリンズとマーク・マンシーナによる音楽作りの第2弾です。コリンズは、その『ターザン』を制作している最中に新しい映画への参加を打診されました。(158) 監督のチャック・ウィリアムズがコリンズに持っていったのは、おおまかなアウトラインだったそうですが、コリンズはその内容に興味を持ち、《ブラザー・ベア》という曲を即座に書き上げてきたそうです。

インターネット上におけるこの映画の感想に、『ブラザー・ベア』の音楽は『ターザン』の二番煎じではないかという意見が、しばしば見られます。おそらくそれは、フィル・コリンズの強い個性を持った声と音楽によるものかもしれません。実はコリンズ自身も、『ターザン』のときは以前にやったことがないことが怖かったが、『ブラザー・ベア』のときは自分のやったことを単純に繰り返してしまうのではないかということを恐れたと言っています。(159)

『ターザン』との違いを出すために考えられたのは、歌において多彩な声が必要ということであり、オープニングには女性の歌手を持ってくるということでした。(160) 映画の挿入歌の1曲目《グレイト・スピリット》にティナ・ターナーを持ってきたのには、そういう経緯がありました。そのほかの歌にはフィル・コリンズの声があり、彼の声が個性的なため、どうしても『ターザン』との関連性を感じなくはないのですが、キナイが自分の犯したことを告白する場面の《ブラザー・ベア》は、彼のヴォーカルが魅力となっていますし、《ようこそ》にはソウル・ゴスペル/ブルースのグループ、ザ・ブラインド・ボーイズ・オブ・アラバマも加わり、音楽に厚みが加わっています。なお、

(158) 浮田文子「ディズニー・ミュージックソング：ルック・スルー・マイ・アイズ」『ディズニーファン』第15巻第4号（通巻136号、2004年10月), 54.
(159) コリンズの発言, *Brother Bear 2-Disc Special Edition*, Disney DVD 31553, DVD 2枚目, 映像特典.
(160) ロイ・E・ディズニー、マンシーナの発言, 前掲資料.

コリンズによると、この曲にはソウルフルなものが欲しいという要望があったといいます。

一方『ターザン』と『ブラザー・ベア』とが共通していることは、歌のフォーマットです。やはりこの作品においてもメンケン風のミュージカル色を避けるため、登場人物が歌うのを避けています。この映画では《ぼくの旅》というコーダの歌において、このキャラクターが冒頭部分を歌うのが唯一の例外といえるでしょう。歌の使い方も2作品で共通しています。《ぼくの旅》の場合、場所の移動、時間の経過などの機能を持っていて、キナイとコーダが親しくなっていく過程を、楽しい仲間たちを交えて進めていきます。こういった時間の経過やキャラクターの成長を描く場面の歌というのも、『ターザン』には見られました。

『ブラザー・ベア』独自のスコアの特徴として、作曲家マンシーナが挙げているのは、いろんな種類の打楽器です。ホエール・ドラム（アメリカ先住民の使う太鼓）、日本の和太鼓のほかに、先住民ホピ族の楽器も使っているそうです。(161) また、コリンズの提供した歌をイヌイット語に翻訳し、さらに、日本でも有名になったブルガリアの女声合唱団にこれを歌ってもらうということをマンシーナはおこないました。日本でも「ブルガリアン・ヴォイス」として爆発的ヒットをしたことのあるブルガリアの女声合唱ですが、マンシーナは、長らくこの合唱音楽のファンで、ヴォーカル・アレンジと指揮を担当したエディ・ジョブソンという人も、このグループと仕事をした経験がありました(162)（なお、アメリカ版2枚組ＤＶＤの2枚目の映像特典には、ブルガリア女声合唱団による録音風景と当該の映画のシーンとをコラージュ風にミックスした映像が収録され、フィル・コリンズによる英語の歌詞が画面下に現れます）。

このように『ブラザー・ベア』の舞台となったイヌイット（エスキモー）を多少なりとも音楽的

(161) マンシーナの発言，前掲資料.
(162) 前掲資料.

に尊重したマンシーナでしたが、本物のイヌイット音楽をそのまま映画に使うことはできなかったようです。もちろんこの民族に固有な楽器の絵は出てきます。しかし、やはり彼らの音楽には旋律を奏でる楽器が使われないということがありますし、太鼓によるシンプルな音楽は、豊かなオーケストラや合唱を使ったディズニー作品、あるいはハリウッドの映画音楽には向かなかったのかもしれません。そこで、マンシーナがさまざまな諸民族の音楽を援用することになったのでしょう。

『ホーム・オン・ザ・レンジ』(2004)

『ホーム・オン・ザ・レンジ』の音楽を担当したアラン・メンケンは、実写でも珍しくなったウエスタン映画の世界に挑戦しました。興行成績のほうはあまり芳しくありませんでしたが、「ディズニー・ルネサンス」の立役者であるメンケンが再びディズニー映画のために音楽を書いたということが話題になり、歓迎されたようです。

ただこの映画が、メンケンが以前に取り組んできたような「ミュージカル」なのかどうかには、微妙なところがあります。確かに《リトル・パッチ・オブ・ヘブン》では、歌に合わせて動物たちが楽しい踊りを披露しますし、物語の状況説明や感情表現などを、スコアだけでなく歌でおこなう箇所も多くあります。その一方で、悪役アルメダ・スリムを除いたキャラクターは、誰も歌わないのです。

この映画で使われた音楽のジャンルを考えてみると、次の5つに集約できると考えられます。(1)アーロン・コープランド/エルマー・バーンスタイン風のスコア、(2)エンニオ・モリコーネ風のマカロニ・ウエスタンの音楽、（3）カントリー・ミュージック、（4）ヨーデル、（5）ロック。

映画のタイトルでもあるオープニング・ソング《ホーム・オン・ザ・レンジ》は、（1）に分類したアーロン・コープランドのバレエ音楽やエルマー・バーンスタインらによる西部劇の映画音楽から影響を受けているように思います。もともとは《ヒーロー、悪役、牛》というタイトルでマリアッチ風の歌が考えられていましたが（注：『ホーム・オン・ザ・レンジ：にぎやか農場を救え！』、ブエナ・ビスタ・ホーム・エンターテイメントVWDS5008（DVD）の特典映像で聴くことができます）、現在のような、非常にテンポがよく、歌詞にもひねりが利いていて、楽しいナンバーに変更されたのは幸いといえるでしょう。

馬のバックがヒーローになった夢を見る場面では、（2）に分類したように、モリコーネの『続・荒野のガンマン』を想起させるエレキ・ギターや男声合唱によるバック・コーラスが聴かれます。わざわざ画面の大きさを変え、セルジオ・レオーネ監督のマカロニ・ウエスタンのスタイルでこの場面を作り、その映像のスタイルに音楽を合わせたということでしょう。また、映画のクライマックスには、西部劇の「最後の決闘」に当たるシーンがパロディ化されており、牛たちとスリムが対面する瞬間に、モリコーネ風の音楽が流れます。

> この場面以前にも、賞金稼ぎのリコがはじめて登場した場面にエレキ・ベースの音が聞こえるのですが、これもモリコーネ風といえるかもしれません。実はリコはマカロニ・ウエスタンにはなくてはならない存在であるクリント・イーストウッドにインスパイアされたそうですから、音楽にもそのテイストが必要だったということになるのでしょう。

(3)のカントリー・ミュージックに関しては、まず挿入歌の数々にカントリーのミュージシャンを配していることが挙げられるでしょう。k. d. ラングのヴォーカルによる《リトル・パッチ・オブ・ヘブン》は主題・挿入歌の中でも最初に完成した作品で、1999年に録音されました。(163) フィドリングやスチール・ギター、バンジョー、アコーディオンなどが入ったバンドに乗せて楽しく歌われています。

もう1曲は、厳密にいうとカントリーではなくて、どちらかというとブルース/フォーク系のヴォーカルかもしれませんが、ボニー・レイットが歌う《ウィル・ザ・サン・エヴァー・シャイン・アゲイン》です。今いったようにカントリー色はそれほど強くないのですが、おそらくこの映画ではもっとも印象に残る挿入歌ではないかと思います。はじめ、この3匹の牛が決裂する場面には、既存の歌のリプライズを使うことになっていました。メンケンは《リトル・パッチ・オブ・ヘブン》を短調にしたバージョンを作ろうと考えていたのですが、トーマス・シューメイカーやクリス・モンタンらは、失望感が漂う新曲が必要だと主張します。(164) これに対しメンケンは、「途方に暮れる歌なんて楽しくない。そんな歌、何になる」と、最初は乗り気ではありませんでした。しかし2001年に連続テロ事件が起こると、「ほかの芸術家と同じで、ぼくも何か作り出したかった。自分やほかの人たちを癒やす何かを作り出したかった」と、気持ちが変わります。そして紡ぎ出されたメロディにグレンが歌詞をつけ《ウィル・ザ・サン・エヴァー・シャイン・アゲイン》という曲になりました(165)(ゴールドストーンによると、メンケンはこの曲を書く前日、ブルーグラスの歌手アリソン・クラウスの公演に行き、彼女の音楽に感化されて、一気に作曲できたそうです(166))。

これらの歌に加えて、カントリー色は、歌以外の場面にも現れます。まず「数々のテレビドラ

(163) ゴールドストーンの発言,『ホーム・オン・ザ・レンジ:にぎやか農場を救え!』ブエナ・ビスタ・ホーム・エンターテイメント VWDS5008 (DVD), 音声解説.
(164) ゴールドストーンの発言, DVD, 音声解説.
(165) メンケンの発言, DVD, メイキング映像.
(166) ゴールドストーンの発言, 前掲資料.

マでも演奏している」トミー・モーガンによるハーモニカ(167)が1つ、ホンキー・トンク・ピアノなども、「西部」を感じさせる要因になっています。

（4）のヨーデルは前述したアルメダ・スリムの挿入歌です。ただしスリムのヨーデル部分は声を担当したランディ・クエイドではなく、別の歌手が当てています。ヨーデルの大部分を歌ったのはランディ・アーウィンで、ケリー・クリステンセンの声もミックスされています。それら3人の声を編集してできたのが映画のバージョンです。(168) スリムのヨーデルによって、牛たちは「ハメルンの笛吹き」のような(169) 催眠術にかかるのですが、この歌の魔法を思いついたのはロバート・レンスで、ヨーデルを使おうと提案したのはトーマス・シューメイカーでした。「西部でなぜヨーデルなのか」というのは、おそらく多くの人が感じたのかもしれませんが、おそらくその意外性が面白さにつながったのでしょう。意外性といえば、3頭の牛の中で、グレイスだけがスリムによるヨーデルの催眠にかからないことになっています。これは3頭とも催眠にかかってしまうと、あまりにも受け身的に見えて話を展開させにくいというジョン・サンフォードの提案によるもので、マギーがヨーデルに「酔わない」のは音痴だから、という設定につながるのでした。

このヨーデル入りの曲、《ヨーデル・エイドル・イードル・アイドル・ウー Yodel-Adle-Eedle-Idle-Oo》というタイトルで、もちろんメンケンのオリジナル作品なのですが、中間部には既成曲も引用されています。引用されているのは3曲で、ジョアキーノ・ロッシーニの《ウィリアム・テル》序曲、《ヤンキー・ドゥードル》、ルートヴィヒ・ヴァン・ベートーヴェンの《第九》の、それぞれ一部です。このうちロッシーニの《ウィリアム・テル》はアメリカの西部劇ドラマ『ローン・レンジャー』のテーマソングとしても有名ですので、西部劇アニメにはぴったりと思えるのですが、次

(167) サンフォード，ゴールドストーンの発言，前掲資料.
(168) DVD，音声解説；*Home on the Range*（OST）Disney Records 61066-7に記述されたクレジット表示.
(169) ゴールドストーンの発言，DVD，音声解説.

の《ヤンキー・ドゥードル》になると、アメリカの愛国歌であるというつながりしかないようです。さらに《第九》が映画の内容とどう関係あるのかはまったく謎です。ただ、意外に流れとしてそれほど不自然には感じません。

スリムのヨーデルはこれに留まりません。エコー・マインのシーンでは、このほかワーグナーの《ワルキューレの騎行》、チャイコフスキーの《1812年》が、楽園農場でのクライマックス・シーンではロッシーニの《セビリアの理髪師》からアリア〈俺は町の何でも屋〉の冒頭が、それぞれヨーデル・バージョンで歌われます。このうち《ワルキューレの騎行》は、ワーナーのアニメ『ルーニー・テューンズ』で、エルマー・ファッドというキャラクターがバックス・バニーに向かって「Kill the wabbit!」と歌うときのメロディとしてポピュラーなので（彼はバックス・バニーのことを、いつも「wabbit」と呼んでいます）、アメリカでは客席からも大きな笑いが出たのではないかと思います。（5）のロックですが、エンディングのビュー・シスターズの歌のほか、マギーが登場するシーンにも使われています。マギーは別の農場からやってきた個性的なキャラクターで、音楽においても、それが強く印象づけられるという仕掛けになっているようです。

『ホーム・オン・ザ・レンジ』は映画として、それほど成功しなかったようです。しかしアラン・メンケンが健在であることは、ファンにとっては歓迎すべきことだったでしょう。メロディ・メーカーとしての才能は確かですし、スコアも、オーケストレーターのマイケル・スタロービンも手伝って、ウエスタン映画の世界をアニメに持ち込むことができました。幅広いジャンルへの適応能力も見せ、メンケンの曲が聴ける次の長編アニメを期待する人が出現したとしても不思議ではありません。

まとめ

ディズニーは『リトル・マーメイド』以来、本格的ミュージカル路線へと転回しました。それまでは物語の端々に歌を挿入し、物語本体は、それぞれの場面に応じたスコアをつけるという路線が濃厚でした。しかしハワード・アシュマンの影響もあり、ステージ・ミュージカルの音楽を大胆に取り入れ、歌とスコアの親密な関係を作品の核としました。メンケンも対位法を駆使したアンサンブルの曲を作ったり作曲技法を上げながら、『ノートルダムの鐘』では聴き応えのあるスコアを完成しました。メンケンは自らの才能を活かし、ディズニー全盛時代に、自分の才能を使いきったのではないかと思えるほどの貢献をしたと考えられます。

一方メンケンが関わらなかった『ライオン・キング』では、ポピュラーなソング・ライターとハリウッドのスコア作曲家の組み合わせという可能性を保持しました。1998年の『ムーラン』以降、メンケンが2004年に『ホーム・オン・ザ・レンジ』で復活するまでは、ずっとこのタイプです。その中では、『ターザン』で成功したフィル・コリンズとマーク・マンシーナは『ブラザー・ベア』を担当し、『アトランティス：失われた帝国』で評判のよかったジェームズ・ニュートン・ハワードは、『トレジャー・プラネット』にも参加しました。また『リロ&スティッチ』は、これまでのディズニー長編アニメではおこなわれなかった既成曲の積極的な利用をおこないました。

コラム『ファンタジア／2000』（2000）

1940年に『ファンタジア』が作られたとき、ウォルト・ディズニーが考えていたのは、映画館に行くたびに、クラシックとアニメ映像を組み合わせた新しい作品が古い作品と組み合わされてオムニバス形式で上演されるというものでした。『ファンタジア／2000』は、旧作から《魔法使いの弟子》を取り入れ、新しい作品と組み合わせてオムニバスにしたということで、ウォルトの意志を実現したということになっています。ただし最初と最後に提示される曲のコンセプト、つまり抽象的なアニメと「死と蘇生」といったテーマを持ってきたり、《時の踊り》に影響されて《動物の謝肉祭》を持ってきたり、完全に独立としたオムニバス作品というよりも、長編として『ファンタジア』続編を作ってしまったという印象が拭いきれません。

『ファンタジア／2000』がオリジナルと違うのは、曲の間に挟まれる解説が前作ほど詳しくなく、シンプルな曲目紹介に留まっていることでしょう。ディームズ・テイラーの解説はそれなりにためになるのですが、やはり今日のエンターテイメントの文脈では、それも難しいということだったのでしょうか。

選ばれた作品は、ベートーヴェンの交響曲第5番（第1楽章）、オットリーノ・レスピーギの交響詩《ローマの松》、ジョージ・ガーシュウィンの《ラプソディー・イン・ブルー》、ドミトリー・ショスタコーヴィチのピアノ協奏曲第2番からアレグロ、カミーユ・サン＝サーンスの《動物の謝肉祭》から終曲、エルガーの《威風堂々》第1・2・3・4番を編曲したもの、《火の鳥》（1919版）から〈カスチェイ王の魔の踊り〉、〈子守歌〉、〈終曲〉です。時代的にもっとも古い作品は、1808年初演のベートーヴェンで、もっとも新しいものは1957年初演のショスタコーヴィチとなります。オリジナルは1750年に亡くなったバッハから、20世紀前衛の口火を切ったストラヴィンスキーの《春の祭典》までありますから、2000年バージョンの音楽はぐっと保守的になったことがわかります。

オリジナルと共通なのは、演奏メディアがオーケストラであり、交響曲・管弦楽のレパートリーがメインになっているということで、声はアレンジによって短く挿入されるだけになっています。

1940年の『ファンタジア』でもおこなわれたクラシック名曲の改変は、1940年の作品よりも大胆になっています。ロイ・ディズニーは、このような、大幅なカットを許容してくれる音楽家を探しており、ジェームズ・レヴァインと面会したときも「ベートーヴェンの第5交響曲が3分になっているのをどう思う」と尋ねたそうです。(170) 実際このベートーヴェンはサウンドトラックのタイミングでは2分54秒と3分以下になっています。また《威風堂々》は4つの行進曲からのミックスというアクロバティックな編曲で、これを担当したのは、冗談音楽P.D.Q.バッハでもおなじみのピーター・シックリーでした。

全体としては、オリジナルよりもドラマ性が強く、楽しみやすい作品ですが、逆にそれが批判の対象ともなったようです。(171)

(170) John Culhane, *Fantasia 2000: Visions of Hope*, (New York: Disney Editions, 1999), 20.
(171) たとえばMaltin, *Disney Films*, 341など.

第6章

３Ｄ時代のディズニー

『チキン・リトル』(2005)

『ホーム・オン・ザ・レンジ』に続く作品は、ディズニー社にとっての初の3DCGアニメとなった『チキン・リトル』でした。この映画には1970年代・80年代のポップ・ソングが数多く引用されているのですが、それは主に楽曲が特定の場面における人物の感情を表現するのにもっとも適したものであるというドラマ上の必然性もありますが、それよりも特定の楽曲やその歌詞がアップビートな感覚を映画に与えるという効果を狙っているという側面が強いと考えられます。制作のランディ・フルマーによると、どのような音楽をどのように物語とつなげるのかということについては、「知的な理論づけ」を重視するのではなく、マーク・ディンダル監督とクリス・モンタン(ディズニー社の音楽スーパーバイザー)とトム・マクドゥーガル(ディズニー社の音楽副スーパーバイザー)がいっしょになって、それぞれの場面に合ったベストの歌を挙げる方向でおこない、結果的に1970年代周辺に流行した名曲が多く使われることになりました。そして、実際にできあがった作品を観てみますと、アニメ映画には歌が入ることをまず前提とし、プロットやキャラクターのセリフから思いつく歌詞の楽曲を次々と選んで挿入したという印象も強くなっています。

では、この映画に引用されたポピュラー・ソングをまず紹介してみましょう。《オール・アイ・ノウ》は、主人公であるチキン・リトルがなんとか父親から認められ、支えてもらいたいと苦悩する場面で歌われるナンバーです。シンガー・ソングライダーのジョン・オンドラジック(この映画では、彼のソロプロジェクトであるファイヴ・フォー・ファイティング名義で参加。ヴォーカル、ピアノ、ギターも担当）がカバーしています。もともとは1973年にサイモン&ガーファンクルのアート・ガーファンクルが歌ってヒットしたジミー・ウェッブ作曲の歌でした。制作のフルマーは「彼の声に純粋さと透明さが映画に合っている」と称賛しています。特にチキン・リトルの父親との境遇に共感を抱いて歌ったというその歌唱は、スタッフの涙を誘ったといいます。

C&Cミュージック・ファクトリーの《エブリバディ・ダンス・ナウ！》は、チキン・リトルが騒動を起こすドッジボールのシーンで使われています。ドッジボールの試合と、このナンバーとの関係はわかりませんが、このエキサイティングな場面に合っているということはいえそうです。続いて登場するのはグラミー賞を受賞したソウル・シンガーの大御所、パティ・ラベルが自らの代表曲である《スター・イット・アップ》をイギリスの歌手ジョス・ストーンとデュエットでリメイクしています。[1] この曲は、父親や周囲の人間が呆れるのをよそに、チキン・リトルが野球で自己顕示をしようと躍起になっているモンタージュ・シーンで流れます。クイーンの《伝説のチャンピオン》は、チキン・リトルが野球の試合で大活躍し、父親だけでなく町のみんなから認められ、喜びにあふれて歌うもので、無伴奏で歌っていますが、完全に自己満足な歌であるところが笑いを誘います。スパイス・ガールズの《ワナビー》は、友人のアビーとラントがカラオケでセットに合わせて歌う曲で、映画の雰囲気作り、2人の仲の良さを示す役割を示しているようですが、映画のプロットやキャラクターの感情などといった深い意味で使われているのではなさそうです。ビー・ジーズの《ステイン・アライヴ》とグロリア・ゲイナーの《恋のサバイバル》は、いずれも宇宙人と遭遇したときのラントと結びつけられて登場します。これらは、あえて言えば「宇宙人にやられて死ぬな」というのをユーモラスに表現したということになりそうです。反対にR.E.M.の《世

(1) この曲は，1984年の映画『ビバリーヒルズ・コップ』のために歌われたバージョンが有名になりました．作曲はアリー・ウィルスです．

界の終わる日》は、宇宙人がやってきて、地球の一大危機（映画の設定では、地球というよりは、町1つという感じもしますが）がやってきたという文脈で使われています。そのほかダイアナ・ロスの《エイント・ノー・マウンテン・ハイ・イナフ》は、チキン・リトルを英雄として扱う映画（劇中劇ともいえるでしょうか）のエンディングで登場し、華々しく本編を閉じます。

その後、エンディング・クレジットでは、まずエルトン・ジョン&キキ・ディーの《ドント・ゴー・ブレイキング・マイ・ハート（恋のデュエット）》が聞かれます。まず友人のフォクシー・ロクシーとラントが歌いはじめ、途中からチキン・リトルや父親ほか、主なキャストがにぎやかに入ってきます。さらに1963年のヒットソング《シェイク・ア・テイル・フェザー》のチーター・ガールズによるカバーが続きます。

このように『チキン・リトル』には多くの既成曲が引用されているのですが、映画のために作られたオリジナル・ソングもあります。ベアネイキッド・レディースの《ワン・リトル・スリップ》がそうで、映画前半におけるチキン・リトルの境遇を音楽に乗せています。自らが招いてしまった過去をなんとか乗り越えたい、たった1つでもチャンスがあれば、と歌います。「ずっとベアネイキッド・レディースのファンだ」というマーク・ディンダル監督は「このグループには私たちと同じ感覚があり、とても楽しかった。私たちが求めていたテーマにぴたりと焦点を合わせ、音楽によってシーンに強いエネルギーがもたらされた。私が歌に欲していたのは、この小さな主人公が世界に対抗し、諦めないという積極的な姿勢なのです。これは彼［チキン・リトルへ］の賛歌なのですが、同時に彼の葛藤についても語っています(2)」と述べています。ベアネイキッド・レディースは「冒頭部分をスケッチの段階から」見て、歌を作曲する際のインスピレーションにしました。

(2) Chicken Little Production Information, http://www.bvifinland.fi/uploads/text/ChickenLittle_ProdNotes.doc, 15.

そのほか、セリフの中に音楽ネタをユーモアにする箇所があります。たとえばラントやチキン・リトル、アビーが宇宙人を見たと街中の人たちに告げようとし、それが失敗するのですが、ここでラントの母親は人騒がせなことをした息子のラントに「あんたのストライサンド・コレクションを取り上げるわよ」といいます。もちろんこのストライサンドというのは、バーブラ・ストライサンドのことで、ラントはかなりの数のストライサンドのCDを集めていたことがわかります。「ママ、バーブラは関係ないよ」とラントは答えます。また、ビバリー・ロス、ジュリアス・ディクソンの1958年のナンバー《ロリポップ》もセリフのように引用されていて、フォクシー・ロクシーがラントにラブラブになってしまうという最後のシーンで登場します。

このように多くの歌であふれるにぎやかな『チキン・リトル』ですが、スコアを担当したのはジョン・デブニーでした。ハイスピードに展開する映画の中で、音楽の作品も多彩であり、92人によるハリウッドのトップクラスのスタジオ・ミュージシャンによって演奏されるスコアは、いろいろなスタイルを折衷しながら、映画の流れを作っています。その中で、チキン・リトルが大活躍する野球のシーンのスコアには古き良きアメリカ（「アメリカーナ」と呼ばれます）のスタイルの音楽が登場します。クラシックではアーロン・コープランドが開拓し、その弟子で映画音楽作曲家のエルマー・バーンスタインが、師のスタイルを受け継いだといえるのですが、そのアメリカーナの音楽は、現在でも多くのハリウッド映画に使われています。また宇宙人に関連するシーンでは、合唱や電子音（テルミンのような音がします）も含んだ、1950年代のSF映画スタイルの音楽が流れます。これはデブニーが好きだったという「1950年代のSF映画へのオマージュ」でした。(3)

もちろん、デブニーのスコアは、アメリカーナのスタイルやSF映画風の音楽による場面の設定

（3） Chicken Little Production Information. に引用されたデブニーの発言.

というだけではありません。映画の核となるチキン・リトルと父親との関係を効果的に表現するためにも音楽は強い力を持っています。[4] 特に父親とのコミュニケーションがうまくいかず孤独に陥ってしまうチキン・リトルを描くときは、クラリネットやピアノのもの悲しげな旋律が聞こえてきます。特に父親が「無理だよ、信じられない」という一言を発し（0：51：40）、この一言に反応するチキン・リトルの寂しげな顔のアップではじまる箇所は、この映画の中でも決定的な場面といえるかもしれません。

ここまで見てきたように、『チキン・リトル』の音楽はミュージカル・スタイルを取っていないものの、アップビートなポップ・チューンが多数引用されたり作られたりすることによって、歌声あふれる映画のスタイルを作り上げています。スコアについていえばアメリカーナ、ＳＦ映画風音楽、そして心温まる叙情的な曲と、めまぐるしく幅広い音楽が使われているのが特徴といえるでしょう。

『ルイスと未来泥棒』（2007）

『ルイスと未来泥棒』は、アメリカの作家ウィリアム・ジョイスが１９９０年に出版した子ども向け絵本『ロビンソン一家』を原作とし、その作者ジョイスがディズニーのチームがともに制作したアニメ映画作品です。映画になるまでに原作はさまざまに改変されたのですが、ジョイスによると、映画のデザインには彼の意志が反映されているのだそうです。彼が思い描いたのは１９３９

（4） Chicken Little: *Production Information*, 16.

年にニューヨークで開催された万国博覧会や、1930年代・40年代に見られた工業デザインに見られた未来主義であり、また1920年代・30年代に人々が抱いていた、テクノロジーに対する驚異の念だったということです。あとに述べるように、この感覚は、映画のスコアに大きく影響したと考えることができるでしょう。

映画は主人公であるルイスの出生に関わる話からはじまります。赤ん坊が6丁目子ども養護施設の前に置いていかれるというものですが、音楽は弦楽器に支えられたピアノやフルートのやわらかな音色で、観る人が感情移入しやすい状況が作られていきます。子どもを捨てた母親は許されないことをしたのかもしれませんが、その境遇に何となく寄り添う形になりますし、そもそもの赤ちゃんの姿がとてもかわいいところが強調されています。この赤ん坊のルイスが登場する場面で聞こえてくるメロディは、未来に行ったルイスとウィルバーが、タイムマシーンを直し、母親に会わせるという約束を交わす場面、ドリーに追い詰められたルイスが必死にタイムマシーンを直すシーン、そして未来のロビンソン一家とルイスとの別れの場面などの背後に登場しています。

これらのスコアを担当したのはダニー・エルフマンでした。彼は以前に『ナイトメアー・ビフォア・クリスマス』(1993)、『コープスブライド』(2005) などの長編アニメーションの仕事をしたことがありましたが、これらは人形を1コマずつ動かしながら撮影して作る「ストップモーション・アニメーション」によるミュージカルでした。(5) エルフマンによると『ルイスと未来泥棒』のような「普通のアニメーション」は、あえて避けてきたということだそうです。ただ『ルイスと未来泥棒』についてディズニーから打診が合ったときは「とてもクリエイティブでクレイジー、それでいてエモーショナルなストーリーに心を打たれた」ということでした。ただ監督のスティーヴン・J・

(5) この段落の情報は浮田文子、『ルイスと未来泥棒』サウンドトラック(日本盤) Walt Disney Records (Avex) AVCW 12636のライナーノーツ，ページ番号なし，を参考にしています.

アンダーソンとは初仕事だったので、緊張したところもあったそうです。監督はアニメーター出身であったため、細かいところまで、音符の1つひとつにまで注文が入るのではないかとエルフマンは感じていたのです。エルフマンは（多くの作曲家がそうなのかもしれませんが）細かいところにまで指示を出すタイプではなく、自由にやらせてくれる監督が好みだったのでした。しかし実際やってみると、アンダーソン監督は、エルフマンにとって、とてもやりやすい監督だったようです。(6)

エルフマンは、1曲だけですが、歌も作曲しています。エンディング・クレジットで歌われる《ここは未来》で、オール・アメリカン・リジェクツというバンドが演奏しています。このメロディは、エルフマン自身が作曲したということもあって、映画本編のスコアにも、重要なモチーフとして使われています。特に希望のある未来の世界がこの映画のトーンを決めているともいえるのですが、タイムマシーンに乗ったルイスが、未来をこの目で見たときに「未来はすでにはじまっている」という歌詞が歌われています。なおここでは女声コーラス、ハモンド・オルガン、テルミンという楽器の組み合わせが聞かれます。音楽スタイル自体は現代的でも、使っている電子楽器に時代を感じるところがあり、エルフマンの音楽に「フューチャー・レトロ」的な側面があるという指摘があっても不思議ではないでしょう。ちなみに似たような編成のスコアはロビンソン一家について、主人公のルイスとウィルバーの2人で交わされる「クイズのシーン」などでも使われております。「未来はすでにはじまっている」のコーラス、ハモンド・オルガン、テルミンのほか、トランペットのグリッサンドも加わり、アメリカ50年代のテレビ番組を思い起こさせます。子ども向けアニメーションとはいえ、やや大人っぽい響きがするジャズとラウンジ・ミュージックをかけ合わせたような音楽様式といえるでしょうか。

(6) "Danny Elfman (interview)," *IGN*, http://www.ign.com/videos/2007/03/29/meet-the-robinsons-movie-interview-danny-elfman, accessed on 1 March 2016.

エルフマンのほかには、ルーファス・ウェインライトというアメリカのアーティストが3曲の挿入歌をこの作品に提供しており、《君のハートはどこ?》以外の2曲については、自らが歌っています。[7]《あきらめないよ》は、「メモリー・スキャナー」を作るために試行錯誤するルイスの様子を映し出すモンタージュ・シーンで流れるナンバーです。ルイスは大学を含めた学校に足しげく通い、とてつもなく勉強し、ジャンク品から機械を作り、学校の先生から科学フェアへの出品を求められるという一連の流れが提示され、歌が終わった時点で、彼の発明が完成します。「もう一度のチャンスさえあれば、信じてもらえるようなものを見せることができる」という希望と力強さを持ったナンバーです。

《モーション・ワルツ(エモーションでいっぱいの渦)》はロマンティックな1曲です。この曲は本編ではなく、エンドクレジットの2曲目として登場するのですが、かといって本編に無関係というわけではなく、この曲のイントロ部分と歌い出しのメロディが、エルフマンのスコア、特に前述した、映画冒頭の出生に関わるシーンなど、心温まる場面で使われる音楽の動機にかなりの影響を与えているように考えられます。

ウェインライトが作った3曲目は、未来世界で聞かれます。ウィルバーの母親であるフラニーが指揮をするカエルのビッグバンドが演奏するナンバーで《君のハートはどこ?》です。グラミー賞ノミネートの経験があるイギリスのシンガー・ソングライター、ジェイミー・カラムが歌っています。「こういう、ちゃんとしたルーツがあって、それでいてモダンなポップ・ミュージックの感覚も持っているタイプの曲は大好きです」というカラムですが、[8] この曲は物語の核心に迫るようなメッセージを残すというよりは、とにかく前向きで楽しいロビンソン一家を象徴するような奇想天外

(7) 前掲資料.
(8) "Meet the Robinsons (2007): Danny Elfman, Rufus Wainwright and Bob Thomas Join the Fun" *Visual Hollywood*, http://www.visualhollywood.com/movies/meet-robinsons/about7.php, accessed on 4 August 2013.

な感覚を起こさせるものです。擬人化を不思議ともなんとも思わなくなってしまうのは、こういった音楽を含めたアニメの表現力といえるのかもしれません。

そのほか、グラミー賞受賞経験のあるシンガー・ソングライターであり、マッチボックス・トゥウェンティのリード・ヴォーカルでもあるロブ・トーマスが作詞・作曲をした《いつの日か》があります。これはルイスが明るい希望の未来に向かって歩き出す最後のシーンで歌われます。「前へ進もう」と歌いはじめ、すでに見てきた明るい未来に向かってルイスが進んでいくモンタージュになっていて、映画を感動的に締めくくります。

『ボルト』(2008)

『ボルト』は、ピクサーで仕事をしてきたジョン・ラセターがディズニーの制作チームに加わったはじめての作品でした。ピクサー3Dアニメーション映画の人気や高い評価に比べると、「老舗」であるディズニーがいまひとつパッとしなかったということもあり、起死回生を狙うための1つの手段がジョン・ラセターを招くということでした。

スコアを担当したのはジョン・パウエルです。パウエルはこれまで『アンツ』(1998)、『チキンラン』(2000)、『ロボッツ』(2005)など、子ども向け映画の音楽を担当してきましたし、制作のクラーク・スペンサーも『アイス・エイジズ2』(2006)、『ボーン・アイデンティティー』(2002)、『ミニミニ大作戦』(2003)におけるパウエルのスコアに注目してきたそうです。

主人公ボルトは子役女優のペニーによって育てられた愛犬なのですが、のちにいっしょにテレビ・スターとなり、そして強大なパワーを持った、悪に立ち向かうスーパー・ドッグとしてアクションテレビ・ドラマ『ボルト』に出演することになります。これはいわば「劇中劇」なのですが、製作総指揮のジョン・ラセターはこの劇中劇を、実際にネットワーク局が放送したいと思うようなものにしてほしいと指示します。(9) ラセターの指示に従い、クリス・ウィリアムズ監督はマイケル・ベイのアクション映画のようなものを狙って『ボルト』の「テレビ番組シーン」に取りかかりました。彼らの熱意に応えパウエルは、本格的でエキサイティングなアクション・シーンを盛り立てます。ここにシンセサイザーによる力強いビート、パーカッションを多用し、そこに生の楽器の音を乗せて、新しい感覚を持ったスリリングで輝かしく、パワフルなサウンドが繰り広げられるのでした。(10) 子ども向けアニメーション映画の音楽とは思えないほど本格的な作りで、このシーンは、音楽とともども圧倒されます。

このアクション・ヒーローとしてのボルトの音楽は、ペニーがドクター・キャリコに捕らえられてしまう『ボルト』のテレビ・エピソードにも当然使われますが、実はスタジオが火事になりボルトがペニーを助け出すシーンにも、このアクション系のスコアが登場します。この時点でボルトはテレビのスーパードッグではなく、リアルな犬として救出活動をするのですが、ヒーローとしての活躍はテレビでもリアルでも同じということが、音楽的に表現されています。

しかしボルトのアクション・シーンは、続きます。ペニーとボルトは火事のあと、スタジオを去ってしまうのですが、ペニーの家にあるテレビでは『ボルト』の新シリーズが2代目のペニーとボルトによって続いており、この番組で使われているスコアは、前シリーズと同じスタイルのアクショ

(9) Annemarie Moody, "Disney Goes Deeper Into Bolt," *Animation World Network*, http://www.awn.com/news/films/disney-goes-deeper-bolt, accessed on 5 September 2013.
(10) ハワード監督はパウエルの音楽について，彼は「アヴァンギャルドな音楽のチョイスをした」と述べています．*Bolt: Production Notes*, 25. http://disney.com/bolt, accessed on 3 August 2013.

ン系スコアを使っているのです。その「相変わらずさ」がテレビ番組なのだという感じの皮肉にもなっているようにも見えます。しかし、ハリウッドに案内してくれる（あまり頭のよさそうでない）鳩でも考えるような宇宙人ネタで、さすがにテレビっ子でハムスターのライノでも、呆れるほど「ありえない」内容となったようです。

このように、映画の主人公ボルトは、テレビで活躍するスーパー・ドッグなのですが、映画の中心となる話は、テレビ・スターとしてのボルトだけではありません。ちょっとしたアクシデントでボルトはハリウッドの撮影所からニューヨークへと「宅配」されてしまうのですが、テレビで与えられていたフィクションのパワーを持たない、リアルな犬としてのボルトの人生が、ここでスタートすることになります。自分の主人であるペニーのもとに帰りたい一心でまっすぐにヒーローの行動をするボルト。周りの風景は普通のニューヨークの街角でも、頭の中では完全にヒーロー犬になりきっているため、しばらくはテレビ・ドラマ風のアクション・ムービー風の音楽が続きます。ボルトの心の中の「現実」と外界の現実とのギャップが楽しめる趣向になっています。

ただボルトはその後、ニューヨークでメスの野良猫ミトンズに出会い、オハイオのオートキャンプ場では、テレビっ子のライノに出会い、これら楽しいキャラクターたちと繰り広げる心温まるドラマへと物語は発展していきます。ボルトは仲間たちとともにハリウッドへ向かう旅をし、道中でミトンズはボルトに備わっている動物らしさを取り戻す役割を果たしますし、ライノはテレビのスターを演じていたボルトがリアルな世界でも勇敢であることを鼓舞してくれます。随所でアクション・シーンが展開されているのですが、面白いことに、ここでのアクション・シーンは、シンセサイザーっぽい音を控え、オーケストラを中心に据えています。また、擬人化された動物たちが心温まる物語を展開しているということもあり、ここでのスコアは、人間味のあるもの、ハワードの言葉を使えば「手作り感覚のあるもの」、あるいは「よりリラックスした、より感情豊かなもの」になりました。(11)

ボルトとミトンズ、ライノがオハイオからラスベガスに旅する道中を絵画的な背景とともに描き、3人の絆が深まってくるモンタージュ場面で背後に流れるのが、《生まれ変わった僕》です。ライロ・カイリーというインディー・ロックのユニットのメンバーでもあるジェニー・ルイスによって作られました。

この《生まれ変わった僕》は映画の最後でリプライズされます。この歌詞がとてもふるっています。して、本来の動物（正確にはペット）としての心地よさを取り戻したと同時に、新しい仲間とともに本当の故郷／家にたどりつくことができたというメッセージを受け取ることができます。

フォーマット的に考えると、『ルイスと未来泥棒』同様、『ボルト』には登場人物が歌うナンバーが1曲もありません。ですから、引き続き、非ミュージカル路線が続いているということになります。

さて映画の本編以外のエンドクレジットにも歌が登場します。ボルトとペニーの声を演じたジョン・トラヴォルタとマイリー・サイラスが歌う《アイ・ソート・アイ・ロスト・ユー》です。サイラスが友人のジェフリー・スティールと共作した楽曲で、本編で使うことも考えていたようですが、どうやらエンドクレジットに登場ということになったようです。(12)

(11) *Bolt: Production Notes.*
(12) 前掲資料.

『プリンセスと魔法のキス』(2009)

『プリンセスと魔法のキス』は，３Dが続いてきたディズニー作品の中で，従来からの手書きアニメの可能性を追求した作品でした。またピクサーで数々の３Dアニメーション作品を監督してきたジョン・ラセターが，プロダクションの最初から製作総指揮として本格的に関与したディズニー作品ともいえるでしょう。題材となったグリム童話『かえるの王子』ですが，『美女と野獣』に取りかかっていたころから，ディズニーはこの話の可能性に注目していました。偶然にラセターのほうも，ピクサーの側で，このおとぎ話をアニメ作品にしたいと考えていたようです。(13) それで，ピクサー・バージョンにおける物語の舞台は，最初はシカゴになっていたのですが，すぐにニューオーリンズに変わることになります。ジョン・ラセターのお気に入りの街というのが，その理由でした。ラセターがディズニーのアニメーション部門の責任者となり，監督や制作者は，２００６年3月に，これからの構想をプレゼンテーションするのですが，このときに，舞台は正式にニューオーリンズで，黒人のヒロインが１９２０年代を舞台とするミュージカルとし，音楽はランディ・ニューマンが担当することが決定されたのでした。(14) このニューオーリンズは，実はランディ・ニューマンの母の実家がある場所で，15～16歳のころのお気に入りの音楽といえば，ニューオーリンズのものがほとんどだったようです。

作品制作に当たって，ディズニー社の作品は常にそうするようですが，制作スタッフがニューオーリンズを訪問しました。本作の脚本，原案，監督をしたロン・クレメンツによると，「現地で聴いたいろんな音楽」が作品に影響しており，マスカーもニューオーリンズで直に触れた食べ物と音楽

(13) ロジャー・クレメンツの発言.『プリンセスと魔法のキス』DVD所収の音声解説.
(14) 当初，この作品の音楽を担当するのは，監督で脚本も担当したマスカーとクレメンツとの縁が深いアラン・メンケンではないかと噂されていました．しかし，これも「製作総監督」となったラセターがランディ・ニューマンを提案することになります．浮田文子『プリンセスと魔法のキス』オリジナル・サウンドトラック，ライナーノーツ．ページ番号なし．

は忘れられず、それを脚本や映像に活かしたいと考えます。(15)

映画はサウンドトラックCDでは《それがニューオーリンズ（プロローグ）》というタイトルのついた曲ではじまります。この冒頭で聞かれるのは主人公ティアナの声優アニカ・ノニ・ローズの歌です。美しい星空と魅力的な声に魅了され、どんな映画なのか、とても期待が高まります。おとぎ話のはじまりというと、ディズニー的には絵本がひとりでに開き、おとぎ話が語られるパターンが多いといえます。ここではもうひとひねり利かせて、ティアナの友人シャーロットの家で本を読む場面となり、ここで主要な登場人物が紹介されるということになっています。そしてティアナと彼女の母親が屋敷を去るあたりから、金管五重奏のスコアがはじまります。(16) 場面転換をすると同時に、ティアナとシャーロットの境遇の違い、異なる2つの家族を際立たせています。マスカーが述べているように、ニューマンはほかの場面では金管合奏を使っていないので、この場面が際立ちます。この金管楽器の響きが何を表現しているのか明確にはわかりません。しかしマスカーが指摘するように「切なく古き良きアメリカを思わせる」というのは当たっているように思います。

大人になったティアナが、朝の出勤をする場面で聞こえてくるのが、主題歌の《それがニューオーリンズ》です。この音楽スタイルは、もちろん設定にあった1920年代の音楽ではないのですが、ジャズっぽい雰囲気にあふれたナンバーになっています。また、街角に現れる楽隊も登場するのに合わせて、音楽も、通常のドラムセットの音とは違うシンバルやバンジョーが聴こえてきます。またアドリブのように聞こえるクラリネットの装飾も入り、ディキシーランド・ジャズのスタイルを意識した伴奏も入っています。ジョン・マスカーによると、「これは昔々の物語…」という雰囲気を出すためだったとか。(17) なお《それがニューオーリンズ》のデモ・テープは作曲者ランディ・ニュー

(15) クレメンツとマスカーの発言．DVD所収の音声解説．
(16) “Brass quintet” とマスカーが言っているため，そのまま日本語にしました．前掲資料．
(17) マスカーの発言．前掲資料．

マンが自分で歌って作ったものだったそうなのですが、クレメンツはじめ、監督・制作者たちはドクター・ジョンという人に歌わせました。彼は映画の舞台となっているニューオーリンズのミュージシャンでしたし、「ニューマン自身が歌うピクサー作品と差別化したかった」というのも、ニューマンの歌声を使わなかった大きな要因でした。(18)

この主題歌の歌われる中、画面は一種のモンタージュになって進んでいきます。映画本編で歌われる曲は、すべてキャラクター本人による歌唱なのですが、この1曲だけは違いますし、誰かが「歌う」という動作はありません。このモンタージュでは、マルドニア（という空想の国）からやってきたナヴィーン王子や召使のローレンス、ブードゥーの秘術を操る悪役のドクター・ファシリエが登場し、ティアナがどこでどんな仕事をしているのか、どんな働きぶりをしているのかが紹介されています。その主人公ティアナですが、こつこつと貯めたお金で、ついに自分のレストランを持つまでになろうとしていました。不動産屋に案内された物件はおんぼろですが、それでも《夢まで、あとすこし》と歌います。母親はそろそろすてきな男性といっしょになったらどうかと言いますが、ティアナは完全に空想の世界で、夢に向かって突っ走るキャラクターを全開させます。父親のジェームズから受け継いだレストランのイメージ（雑誌の1ページらしきもの）にもとづいた空想世界が展開されるため、絵柄もリアル色がなくなりますし、音楽のほうも、たとえば『美女と野獣』の《ひとりぼっちの晩餐会》に通ずる鮮やかで派手なスタイルになっています。

さて、ティアナの親友シャーロットの家でナヴィーン王子を迎える仮装パーティーがおこなわれ、裕福なシャーロットは王子に首ったけ。(19) 通常のプリンセスならかなわぬ恋を嘆きそうですが、ティアナは別の理由で嘆きます。ティアナが手に入れようとした建物に別の買い手がつくかも

(18) クレメンツの発言．前掲資料．マスカーも「ピクサー作品と一線を画した独自性」を持てたと発言しています．前掲資料．

(19) ダンスの場面には，ニューマンがかつて『ラグタイム』という映画のために作ったワルツが仮の音楽（テンプ・トラック）として入れてありました．その後ニューマンは，この映画のために新しくワルツを作ったそうです．マスカ　の発言．前掲資料．

しれないからです。ここで《夢まで、あとすこし》のリプライズが歌われます。リプライズはミュージカルではよく使われる手法で、同じ旋律を繰り返しながらも、違う歌詞を当てはめるものです。これによって、言葉が若干違ったりして、違う感情が込められ、表現が立体的になります。マスカーによると、当初《夢まで、あとすこし》というナンバーは2度使う予定ではなかったのですが、ティアナがもはや夢を諦めなければならないのか、という場面で切なくティアナに歌わせると「ミュージカルらしい構成」になると考えたのでした。[20]

さてプリンスのナヴィーンですが、ファシリエの魔術によってカエルに変えられてしまいます。このときに歌われる曲が《ファシリエの企み》です（原題は「あちら側の世界の友たち」という感じでしょうか）。『リトル・マーメイド』の《哀れな人々》に通ずるところがありますが、ナヴィーンがファシリエと握手をした瞬間から画面が「サイケデリック」（マスカーの言い方）になります。[21]この歌のアニメはディズニーの過去の作品をかなり意識していたらしく、『ダンボ』の《ピンク・エレファンツ・オン・パレード》、『メリー・ポピンズ』のディック・ヴァン・ダイクとペンギンのシーン、さらには『ファンタジア』にも「引けを取らない」世界を作り出したかったといいます。[22]音楽のスタイルとしては、ジャズっぽいミュージカル・ナンバーという感じでしょうか。悪霊たちの怖さを幾分ユーモラスにするのは楽しげなコーラス、つまり音楽の威力によるものといえるでしょう。

その後、ナヴィーンだけでなくティアナもカエルになり、ルイジアナのバイユー（小川）をさまよいますが、ここに楽しいキャラクターが登場します。まずはワニのルイス。カエルのナヴィーンによるバンジョーにつられての登場となります。マスカーによると、最初ルイスは音楽のできない人間で魔術によってワニにされたという設定でした。しかし話が複雑になりすぎたので、最初か

(20) マスカーの発言．前掲資料．
(21) 前掲資料．
(22) 前掲資料．

らトランペットを吹くワニということになりました。テレンス・ブランチャードのトランペットが見事です。ルイスの歌う曲《もうすぐ人間だ》は、ディキシーランド・ジャズのスタイルで書かれています。『ジャングルブック』にもディキシーランドのナンバーがありましたが、そのオマージュとして、またアップテンポの曲によって、ほかのキャラクターとの性格を描き分けるために、この曲の登場となりました。「プレイボーイの王子とまじめな働き者のティアナ、客の前で演奏を披露したいルイス[23]」が、それぞれに人間になったときのことを歌います。

次に登場するのがホタルのレイモンド（レイ）です。このキャラクターはフランス系（ケイジャン）なので、彼の歌う曲もケイジャン・ミュージックのスタイルを取っています。映画のプロットに大きな影響を及ぼすような歌ではありませんが、ルイジアナ・テイストを与えるのに貢献しています。

さらに、魔術を解いてくれる存在として3人が探していたママ・オーディが登場。2人の「望み」ではなく「必要」とするものを考えなさいと諭すナンバー《もう一度考えて》となります。歌うのはオーディ役のジェニファー・ルイスですが、実は彼女の歌う声は、セリフの声とかけ離れていたので違和感があったそうです。それで、セリフの声で歌いなおしてもらいました。[24] ちなみに画面上のヘラサギの合唱は、地元のザ・ピナクル・ゴスペル・クワイアが歌っています。

このあたりから「愛」というのが少しずつテーマとして持ち上がってきます。レイのナンバー《ぼくのエヴァンジェリーン》は、もちろん星となって輝くエヴァンジェリーンに思いを寄せるレイの歌でもありますが、ワルツによってティアナとナヴィーンが恋に落ちるという場面を設定する役割も担っています。

ここまで見てきたとおり、映画制作者たちは、舞台がニューオーリンズということもあって、地

(23) 前掲資料.
(24) マスカーの発言．前掲資料.

元の音楽を映画にできるだけ使おうと腐心しました。しかし全部が全部地元の音楽そのものというわけではありませんし、本当は地元の音楽を使おうと思ったのにやめたということもありました。その1つの例が、レイの葬送の音楽でした。ニューオーリンズの伝統的な葬送音楽を知っている人は大丈夫かと思うのですが、映画を観に来る大半の人からは、「コミカルに見えてしまう」と判断される可能性が大きかったのでした。(25) ニューマンが現地の音楽スタイルにもとづいたスコアを作曲しましたが、そういう理由で、通常の悲しい響きの曲となりました。

映画のエンディングですが、最初は仮の曲として歌のないアップテンポの曲が当てられていました。そのほかにも《ぼくのエヴァンジェリーン》や《もうすぐ人間だ》も考えられました。しかしジョン・ラセターが「絶対に《それがニューオーリンズ》だ」と意見を出し、決定となりました。(26) またティアナ役のアニカ・ノニ・ローズに歌わせることも大切と制作者たちは考えました。なんといっても彼女がプリンセスですし、映画のプロットの中心的存在ですから、よい選択だったといえるでしょう。

『塔の上のラプンツェル』（2011）

『塔の上のラプンツェル』は、3Dによる初のプリンセスものアニメでした。そして3Dアニメとしては、これまであまりなかったミュージカル路線に挑戦したはじめてのディズニー作品といえるかもしれません。このミュージカル路線の3Dアニメ作品の音楽を担当したのはアラン・メンケ

(25) たとえばYouTubeで“New Orleans Funeral”というキーワードを入れて検索すると，ニューオーリンズの葬送曲の演奏が聴けるかもしれません．ぜひ試してみてください．
(26) マスカーの発言．前掲資料．

ンでした。ご存じのとおり『リトル・マーメイド』以降のミュージカル・アニメ映画によってディズニー王国を復興させた立役者です。『ホーム・オン・ザ・レンジ』以来ごぶさたしていたディズニー作品を担当するに当たって、3Dフォーマットに何か以前の作品とは異なった難しい問題があったかという質問に対して、メンケンは特になかったと答えています。ただ、やはりディズニーというブランドはミュージカルの形式をあと押ししてくれる存在だったという認識は持っていました。もちろんピクサーが、そういった主人公が歌うような3Dアニメをいつやっても不思議ではなかったともいえますが、そのピクサー自身は、主人公が歌うミュージカル形式は意識的に避けてきました。『トイ・ストーリー2』の《ホエン・シー・ラヴド・ミー》でさえも、どちらかというと、モンタージュ・シーンであり、歌のシーンではなかったとメンケンは指摘します。(27)

一方のディズニーについても、2Dの『プリンセスと魔法のキス』は別として、ミュージカル路線は使ってきませんでしたし（むしろピクサー風に、モンタージュ・シーンで使うパターンが多かったようです）、実はこの『塔の上のラプンツェル』に関しても、音楽スタイル上は、どちらかというと、いかにもブロードウェイ・ミュージカルというスタイルではなく、フォーク・ロックのサウンドを使っています。フォーク・ロックというジャンルにメンケンが注目した背景には、物語の主人公であるラプンツェルが「自由を求める長い髪の主人公」という設定から来たといいます。(28) 長髪と自由を求める若者というと、1960年代の後半から1970年代のカウンターカルチャーを想起させるものですが、メンケンはそういった文化との結びつきから、ジョニ・ミッチェル、ジェイムス・テイラー、キャット・スティーヴンス、ジャクソン・ブラウンといった、70年代を彩ったアーティストたちの楽曲に目を向けることになりました。(29) 特に映画の冒頭に登場する歌に関しては、

(27) Christian Blauvelt, "Present, and Future of the Animated Musical," *EW.com* http://insidemovies.ew.com/2010/11/24/alan-menken-tangled/, accessed on 3 February 2011.
(28) 浮田久子『塔の上のラプンツェル』サウンドトラック（日本盤）Avex AVCW-12820, ライナーノーツ. ページ番号なし.
(29) 前掲資料.

キャット・スティーヴンス風の物語歌をラプンツェルに歌わせたかったとメンケンは述べています。(30)

ディズニー長編映画としては第50作目に当たる『塔の上のラプンツェル』はグリム童話を原作としています。森の奥にそびえる高い塔に閉じ込められたラプンツェルは、育ての親マダム・ゴーテルから外に出ることを禁じられています。外の世界に憧れる彼女は、自分の誕生日に遠くの空に現れる無数の灯りの正体を知りたいと願っていましたが、大泥棒フリンとめぐり合ったところから、チャンスが訪れます。

映画の冒頭の歌《自由への扉》は、ラプンツェルが塔の上で過ごす1日を楽しく描きながら、一方では「自分の人生はまだはじまっていない」という不満も表現されます。ミュージカルではよく使われる"I Want Song"に当たるものでしょう。ちなみに、メンケンがオープニング・ナンバーを歌詞を担当したグレン・スレーターと考えていたときは《ほかに一体何が必要っていうの?》というタイトルで、ラプンツェルの塔の上での生活をもっと賛美するものでした。「ここではすべてがすばらしく、完璧だ」という内容でしたが、「メッセージが肯定的すぎる」ので取りやめになりました。(31)

塔の中から飛び出して、見知らぬ外の世界に出たいと思うラプンツェルを諭すマザー・ゴーテルのナンバーが、次に歌われる《お母様はあなたの味方》です。ラプンツェルの歌が、フォーク・ロックのスタイルを使い、モダンな感覚を持っているのに対し、ドナ・マーフィーが歌うこのナンバーは、「母親の属する世代」ということなのか、もっと古いタイプのミュージカルを想起させるスタイルのアレンジになっています。

ミュージカル的といえば、この作品ではリプライズという、いかにもミュージカルという音楽の使い方もなされています。それはラプンツェルが、ついに塔を脱出して、新たな世界へと向かうと

(30) Jon Burlingame, "Alan Menken: 'Tangled' Up in Cues," *Variety*, http://www.variety.com/article/VR1118027102?refcatid=16, accessed on 3 February 2011.

(31) Christian Blauvelt, "Alan Menken Discusses 'Tangled' and the Past, Present, and Future of the Animated Musical," *Entertainment Weekly* 24 November 24, http://www.ew.com/article/2010/11/24/alan-menken-tangled, accessed on 2 March 2016.

いう場面で歌われています。彼女が18年間持っていた、ささやかな夢の実現、そして母親からの自立を感じさせる、喜びあふれる瞬間のリプライズです。

フリンとの珍道中が続きお腹が減ったラプンツェルは、フリンに連れられて「かわいいアヒルの子」という酒場に入ります。そこには強面の荒くれ者たちがたむろしているのですが、彼らの1人ひとりも夢を持っているという歌が《誰にでも夢はある》です。これによってラプンツェルは夢を持つすてきな仲間を持つことになり、喜びを歌い、盛り上がります。また《自由への扉》のリプライズにおいて、すでに「扉」を開けたラプンツェルが次に持つ夢を披露する場にもなるということが物語的には大切といえるでしょう。

このあと2人は追跡されてアクション・シーンとなり、それを乗り越えたフリンはラプンツェルの髪の秘密を知ります。この過程で2人は関係を深めていくのですが、今度はゴーテルが登場し、母親として娘に忠告しようと《お母様はあなたの味方》のリプライズを歌います。

その後、街に入り、夜になり、ラプンツェルとフリンは無数の灯り、ランタンをついに見るのですが、その美しい光を背に、ラプンツェルとフリンが舟の上で互いを見つめ合うロマンティックなナンバーが《輝く未来》です。「光の正体」を知ったラプンツェルが追いかける次の夢が提示される瞬間なのですが、2人はすぐに歌わず、それぞれの気持ちを歌に託しつつ、デュエットになった瞬間に口を開いて歌い出します。気持ちの変化がより具体的に、感動的に表現されます。

メンケンがディズニーで取り組んできたミュージカル形式のアニメでは、本編で登場する歌とスコアとの密接な関係が面白いのですが、『塔の上のラプンツェル』の場合、そこまで密接な関係が出ているところは多くありません。ただ一度は死んでしまったかと思われたフリン（ユージーン）

がよみがえるシーンでは、《輝く未来》の旋律が、フル・オーケストラによって演奏され、ラプンツェルの感動を体感させてくれます。《輝く未来》に歌われた「新しい夢」はラプンツェルとユージーンとの決定的な夢として実現するということかもしれません。

そのほかスコアとして面白いのは、ラプンツェルとフリンが、王国の街に入ったときに演奏される楽曲です。街を散策する中で2人は祝祭の雰囲気を味わい、やがて踊りに加わり盛り上がります。メンケンはここで、中世ヨーロッパ風の響きを取り入れたと言っています。事実、画面にはマンドリン風に見えるリュート、ヴィオール、オーボエ・ダモーレ風の楽器が見えてきます。ただこの音楽をはじめて聴いた人にとっては、ヨーロッパの中世というよりは、ケルティック／アイリッシュ・ミュージックの民族的な味わいを感じることになるかもしれません。

またラプンツェルが街で見たことや、家の天井に描かれている太陽から自らの出自についての真実を知るシーンでも、用意周到にオーケストラが盛り上げていく音楽が使われていて、やや強引とも思える展開を何となく納得させてしまう力があります。

それとともに注目したいのが、行方不明のプリンセスが見つからないことを悲しむ王と女王の場面です。2人は安堵の瞬間にちょっと声を出すだけで、基本的には顔の表情とパントマイムのみで気持ちを表します。このアニメーションのすばらしさは言うまでもないですが、音楽も気持ちを込める役割を果たしています。

『くまのプーさん』(2011)

ウォルト・ディズニー生誕110周年記念作品である『くまのプーさん』は、意外にも過去の作品の続編でした。長編作品の続編では『ビアンカの大冒険：ゴールデン・イーグルを救え』に続く2つ目です。

スコアを担当したヘンリー・ジャックマンによると、音楽に関しては、挿入歌のほうが先に作られたそうです。(32) 彼は、まずトム・マクドゥーガルとクリス・モンタンに会います。映画はまだ初期の段階で、そのときまでに進んでいたことについて2人が紹介し、ジャックマンの印象をうかがいました。ジャックマンが特に関心を引いたのはプーさんというキャラクターが時代によって色あせず、まさに現代に生きるものだということでした。ただジャックマンは、ディズニーが『くまのプーさん』を、たとえばプーさんがｉＰｏｄをもち歩くような現代風なものに作り替えてしまうのではないかと心配したそうです。しかし実際は監督もオリジナルを尊重することを目指していたため、ジャックマンも安心し、自らの音楽もオリジナルの感覚を残すことを「任務」と考えました。(33) 彼なりに、そのバディ・ベイカーのオリジナルの音楽を考察したところ、50％がハリウッド製であり、ライト・ミュージック（イギリス版のセミクラシックで、オリジナル作品が多い）やガーシュウィンなどの影響があるとしました。またオーケストラの響きとして《魔法使いの弟子》のデュカス、クルト・ワイル、和声的にはヴォーン・ウィリアムズやディーリアスの感覚をも持っているという認識でした。また、オーケストラのみを使うことを強く意識しており、特に近年のスコアで軽視されているという木管楽器の音色の使い方に注目したと述べています。またオーケストラであってもたとえばジョン・アダムズやマイケル・ナイマンとは遠く離れるべきだという、い

(32) 彼が映画に関わりはじめたときに，すでに挿入歌のほうは進行中だったとインタビューで述べています．Jérémie Noyer, "Winnie The Pooh's Henry Jackman, a 'First Class' Composer," *Animated Views*, accessed 18 July 2011, http://animatedviews.com/2011/winnie-the-poohs-henry-jackman-a-first-class-composer/, accessed on 10 August 2013.

(33) ジャックマンの音楽についての記述のほとんどは前掲資料を参考にしました．

かにもクラシックの勉強をした作曲家らしいコメントを残しており、電子楽器を使わずに物語の感情表現をおこなうことを強く望みました。実はテンプ・トラックにバディ・ベイカーによるオリジナルの音楽がついていたらしいのですが、弦楽セクションの編成がヴァイオリン×6、ヴィオラ×4、チェロ×4、コントラバス×4と非常に小さな編成でできていたことは驚きだったとのこと。

監督たちとの作業はとても芸術的なものであったと語るジャックマンですが、彼らのスコアに対するコメントはまるで大学の授業で課せられるブック・レポートに対する先生の返答のようなものだったそうです。「自分たちは音楽についてあまり知らない」と言いながらも、ジャックマンにいわせれば、監督たちはとても映画における音楽について知的に話したので、彼らのコメントによって混乱したり、困惑することはなかったとジャクソンはインタビューで答えています。

では歌について簡単に解説しましょう。まず主題歌の《くまのプーさん》は、シャーマン兄弟による名曲ですが、ズーイー・デシャネルによる歌唱になっています。《スグモドルの歌》は、8分の6拍子であり、その狂気を感じる興奮度も、『ダンボ』の《ピンク・エレファンツ・オン・パレード》を想起させます。エンディングのしつこさでは『メリー・ポピンズ』の《お砂糖ひとさじで》に通じます。そして、この作品のセリフから自然に歌に入っていくところは、ミュージカル風のナンバーの特徴を兼ね備えています。映画全般を観れば、やはりナレーションも含めたセリフが中心となっていますが、いつの間にか歌になるのは、やはり編曲のうまさといえるでしょう。

『シュガー・ラッシュ』(2012)

ピクサーにはおもちゃが活躍する『トイ・ストーリー』がありますが、ディズニー長編としては、はじめてゲームの世界に挑戦した作品ではないでしょうか。その一方で、ピクサーはプリンセスを主人公にした歴史物『メリダとおそろしの森』を作っており、ピクサーとディズニーのアニメーションの違いがわからなくなってきそうです。

本作品の音楽を担当したのは『くまのプーさん』(2011)に引き続いてヘンリー・ジャックマンで、トム・マクドゥーガルが制作スタッフに紹介したようです。マクドゥーガルは、『くまのプーさん』でシャーマン兄弟の作風を損なわずにやった音楽でジャックマンの真摯で器用な面を表したといえます。しかしマクドゥーガルは『シュガー・ラッシュ』のようなオリジナル作品でこそジャックマンの本領が発揮できると思ったでしょう。ただリッチ・ムーア監督は、『くまのプーさん』の音楽担当者がゲーム・キャラクターの活躍する映画の音楽を作曲すると知って、戸惑ったといいます。ジャックマンはアクション・スコアも書ける人というイメージがディズニーの中にはまだ浸透していなかったということかもしれません。

『シュガー・ラッシュ』はどことなくそこかしこからユーモアあふれる作品です。オープニング・クレジットの部分から仕掛けがあります。これまでの数作のオープニング・クレジットでは、ミッキーマウスの第1作『蒸気船ウィリー』のミッキーマウスが登場し、当時のスタッフが作ったこの作品のテーマソングが流れます。この映画もそうなのですが、わざわざ、そのテーマソングを懐かしのゲーム音楽風にアレンジしています。チップチューンとも呼ばれるこの音楽スタイルは、当時のゲーム機に搭載されていた内蔵音源が乏しかったために必然的に生まれ出たサウンドといえると思うのですが、この音をバックにして、8ビットのミッキーが登場します。これは1980年代にゲームを楽しんだ人には懐かしいものではないでしょうか。

この映画には3つの架空ゲームが登場し、それぞれが独自の世界観と音楽を持っています。まずは、主人公である（邦題は『シュガー・ラッシュ』となっていますが、原題は『壊し屋ラルフ』といったところでしょうか）ラルフが悪役として活躍する、フィックス・イット・フィリックス（「直し屋フィリックス」といったところでしょうか）です。映画の制作時期が2010年代初頭で、このゲームがゲームセンターに登場したのが「30年前」ということになっていますので、ゲームは1980年代ということになるのでしょう。冒頭に懐かしのゲーム音楽のスタイルが聞こえてきます。古いゲームの音楽というのは、当時のコンピュータのデータ処理能力などの問題もあって、音楽的には非常に限られたことしかできませんでした。特に発声する声部の数に制限があり、限られた声部の中でセリフや効果音も処理するので、音楽のほうに使えるデータも限定されており、音色的にもあまりバラエティがなく、和音も簡素化して書くなどしなければならなかったようです。ジャックマンは古いゲーム機を入手し、どんな音楽が使われているかを検証して、フィックス・イット・フィリックスにふさわしい音楽を作りました。このゲームが30年間愛され続けていることを語る際に流れる音楽はゲーム音楽ではありませんが、やはりシンセサイザーの音が前面に出る音色を使っています。また「悪役の会」でのグループセラピーに納得できない表情のラルフとともに流れるテーマ音楽も、1980年代の音楽を彷彿（ほうふつ）とさせるスタイルです。この「C－C－B－D、G－C－C」という動機は、映画を通して繰り返し登場する重要なテーマで、たとえばついに自分用のカートができてレースに出られることを喜ぶヒロインのヴァネロペの場面、そしてクライマックスで自らを犠牲にするラルフが山の上にたまっているメントス（キャンディ）に飛び込んでいく場面のスコアにもこの動機が織り込まれています。

一方、作中2つ目のゲーム、ヒーローズ・デューティは「最新FPSゲーム」で、ダブステップ（2000年代前半、ロンドンのクラブ・シーンで誕生したエレクトロニック・ダンス・ミュージックの一種）のスタイルで書かれた《バグ・ハント（ノイジア・リミックス）》という曲が使われています。(34) コンピュータの精度もキャパシティもアップしたので、キャラクターの解像度も高く、話し声も自然で語彙も豊か。音楽も日常的にゲーム外で聞かれているものとあまり変わらないということになります。このゲームのボーナス・ステージの塔によじ登って、ラルフはメダルを受けることになるのですが、司令官らしき人物からメダルが授与されるときには、『ライオン・キング』のスコアも担当したハンス・ジマー風のビートと堂々としたホルンの旋律が奏されています。

歌について考えてみますと、日本で特に注目されたのは、AKB48の歌う挿入歌《シュガー・ラッシュ》でしょう。ラルフは忍び込んだヒーローズ・デューティでサイ・バグという危険なキャラクターといっしょに避難用飛行機に乗ってしまいます。そして別のゲーム世界に飛び込みます。最初は何というゲームにやってきたのかわからなかったラルフが、自分がどのゲームにやってきたのかを知ることになります。作中3つ目となる、このお菓子の国のレースゲーム（シュガー・ラッシュ）は1997年に日本から発売されたという設定になっています。(35) ですから、このゲーム機は1990年代の音楽をフィーチャーするのが自然なのですが、人間がコインを入れてシュガー・ラッシュを楽しむ画面は非常に短くしか登場せず、むしろフィックス・イット・フィリックスやヒー

(34)『シュガー・ラッシュ』サウンドトラックのライナーノーツ.
(35) Walt Disney Animation Studios, "1997 Litwak's Arcade Commercial featuring Sugar Rush Speedway," *YouTube*, https://www.youtube.com/watch?v=-LEY2rO5Sl4.

ローズ・デューティから来たキャラクターがシュガー・ラッシュのキャラクターたちと絡む場面が圧倒的ですので、音楽的にはゲームというよりは、擬人化されたゲーム・キャラクターたちのための音や音楽が大半ということになろうかと思います。そのほかには《シャット・アップ・アンド・ドライヴ》があります。ついに自分のカートを手にしたヴァネロペがラルフにカートの運転を教わり上達していく様子をモンタージュにしたものです。

『シュガー・ラッシュ』はゲームを扱っているということもあり、チープなシンセ音、ダブステップのシンセ音などもありますが、人間的な温もりの場面では弦楽器などオーケストラのみによるスコアになります。またアクション・シーンでは、エレキ・ベースのビートとオーケストラという組み合わせもあり、全体としてバラエティ豊かな音色やスタイルの音・音楽が使われているといえるでしょう。

『アナと雪の女王』(2013)

北欧をモデルに考えられた架空のアレンデール王国を舞台とし、王家に生まれた姉妹を主人公にした『アナと雪の女王』は、『ライオン・キング』を超える大ヒット作品となり、アカデミー賞長編アニメ映画賞ならびに歌曲賞を受賞します。この作品の音楽は、ソングライター・チームとスコア作曲家が別の人になるという形を取っており、歌のほうは2011年公開の『くまのプーさん』に歌を提供したロバート・ロペスとクリステン・アンダーソン=ロペス夫妻が担当しました。ミュージカル『ブック・オブ・モルモン』の仕事でロサンゼルスにいた夫のロバートは、「Frozen という新しいアニメ映画の絵を見にこないか」という電話を受け取りました。(36) すぐに彼はニューヨークにいる妻クリステンに連絡をし、プロジェクトに参加しないかという提案をします。ディズニー側も、夫婦2人で参加してほしいということだったらしく、当時5歳と1歳の子どもの世話で忙しかったクリステンのもとに、プロジェクト・チームがこぞって出かけ、参加を打診しました。(37) ニューヨーク在住の2人はストーリー作りの段階からこの映画に関わり、2012年の1月から作曲をはじめます。ロサンゼルスのスタジオにいる制作チームとは、毎日2時間のテレビ会議を2年間おこない、音楽や物語について話し合います。子育てをしながらの創作活動でしたが、自分たちの作った曲をすぐに子どもたちに聴かせ、うまくいった曲はそのままディズニーに送り、うまくいかなかったときは、もう一度練り直したりしたそうです。(38)

映画は、いつものとおりディズニーのお城やロゴ、ミッキーマウスなどのクレジットではじまります。しかし『アナと雪の女王』は、すでにここから観客を映画の世界に誘うべく、映画の舞台設定のために《Vuelie／ヴェリィ》という曲を登場させます。この《Vuelie／ヴェリィ》という曲は、既成の合唱曲を映画用に作りなおしたものです。オリジナルはノルウェー在住の作曲家フローデ・フェルハイムという人が作った《大地の歌（Eatnemen Vuelie）》という合唱曲でした。(39) この合唱曲はノルウェーからロシアにいる先住民族サーミ(40)の「ヨイク」という詠唱（チャント）のスタイルで作曲された旋律（特に意味のある言葉で詠唱しているわけではないそうです）と、それに乗せて歌われる賛美歌で構成されています。作曲者フェルハイムはディズニーから、賛美歌の部分を除いた新しいバージョンを

(36) Heather Wood Rudulph, "Get That Life: How I Co-Wrote the Music and Lyrics for 'Frozen,'" *Cosmopolitan* 27 April 2015, http://www.cosmopolitan.com/career/interviews/a39513/get-that-life-kristen-anderson-lopez/, accessed on 11 September 2015.

(37) 前掲資料.

(38) Adam Hetrick, "'The Cold Never Bothered Them Anyway': Songwriters Robert and Kristen Anderson-Lopez Revamp the Fairytale with 'Frozen,'" *Playbill* 27 Sebrary 2014, http://www.playbill.com/features/article/the-cold-never-bothered-them-anyway-songwriters-robert-and-kristen-anderson-215470/print, accessed on 2 September 2015.

(39)《Vuelie／ヴェリィ》が作られた経緯については，次を参照にしました．"Composer Frode Fjellheim on Frozen's Native Spirit," *Animated Views* http://animatedviews.com/2014/composer-frode-fjellheim-on-frozens-native-spirit/, accessed on 23 August 2015.

作れないかという打診を受けました。(41) そこでフェルハイムは映画のスコアを担当しているクリストフ・ベックと協力して映画のための新しい版を作ります。映画に使われている《Vuelie／ヴェリィ》は、結局のところ《大地の歌》にあった「ヨイク」の部分ほとんどを残すことになりましたが、その上で歌われている別のソプラノのメロディは、2人で新しく作ったものとなりました。

なおこの曲は、エルサの魔法がアナの愛によって解かれるというクライマックスのシーンで再登場します。冒頭では何気なく聴いていた《Vuelie／ヴェリィ》ですが、ここでは永遠に続くかのような冬が終わって命が生まれる春の訪れを力強く象徴するように使われています。

なおこの《Vuelie／ヴェリィ》についてですが、作曲者のフェリハイムはサーミでしたが、演奏したカントゥスはサーミではないそうです。そのため自らをサーミだと名乗るほうからすれば、この曲には異国趣味的な感覚が強く感じられるといいます。(42) 映画を通して北欧の民族や習慣に興味を持つのは悪いことではなさそうですが、一筋縄ではいかない問題もありそうです。

さて《Vuelie／ヴェリィ》に乗せて、美しい雪の結晶の映像が映し出されたあと、映画の場面は湖底へと移り、今度は《氷の心》が歌われます。ロペス夫妻によるこの曲は、北欧の雰囲気を、人々を通して描くのに役立っていますし、歌詞の中に登場する「氷の心 frozen heart」という言葉は、あとの話の展開につながるキーワードにもなっています。《氷の心》はまた、単純な繰り返しの作業をリズムに合わせておこなうときに歌われる「労働歌」でもあります。労働歌といえば『ダンボ』に《テント張りの歌》というのがありますが、ジェニファー・リー監督も、この歌は『ダンボ』へのトリビュートだと考えていたようです。(43) さらにロバート・ロペスによればこの歌の「男性的エネルギー」は、映画の主題が幅広いものであることを感じさせるものであり、『アナと雪の女王』

(40) 藤井奏帆「平成12年度『国際青年育成交流事業（青年海外派遣）』団体報告〜音楽から見たフィンランド〜」『フィンランド団のホームページ』http://www.geocities.co.jp/SilkRoad-Forest/2914/REPORT_KANAHO.html, accessed on 8 September 2014. この記事は，ヨイクやサーミの歌についても詳しく述べられています．

(41) 《大地の歌》に登場する賛美歌の旋律は，日本のプロテスタントの賛美歌集にも掲載されています．たとえば『讃美歌21』では482番の《わが主イエス いとうるわし》という曲の旋律がそれで，チューンネーム（賛美歌の旋律部分につけられているタイトル）はCRUSADAR'S HYMNといいます．フェルハイムによると，19世紀デンマークの詩人ベアンハード・セヴェリン・インゲマンはこのメロディに《素晴らしきかな この地球》という歌詞を当てており，英語圏では "Fairest Lord Jesus" というタイトルで知られています．"Composer Frode Fjellheim on Frozen's Native Spirit."

にはアクション・シーンもあるのだということを示唆するものだとしています。彼はそれを『リトル・マーメイド』の冒頭で聞かれる《海の底で》と比較しています。(44) プリンセスものではどうしても欠けてしまう男性的要素が盛り込まれており（作業をおこなっているのは全員男性であり、それゆえ歌声も男声による斉唱になっています）、それは観客の中にいる男の子に、この映画が単なる「女の子のためのプリンセス・ミュージカル」ではないということを知らせるものでもありました。(45)

《雪だるまつくろう》は、主にアナの視点から歌われる曲です。魔法の力によってアナを傷つけしまったエルサは、自らの力を隠そうとするため、アナと遊ぶことを拒絶します。一方のアナは幼いころの楽しい思い出のみを覚えているため、もう一度姉妹で遊びたい、そのアナの思いが伝わってきます。この歌では成長していくアナを3段階に分けて描いており、それぞれに違う声の歌手を当てています。幼少期のアナはロペス夫妻の長女ケイティーが担当し、十代前半のアナはリー監督の娘アガサ、そして1人の女性となったアナの声はクリステン・ベルが歌声を披露します。(46) そして歌が歌い終わるころに、姉エルサが戴冠式を迎えるほどにアナも成長しています。つまり、十数年の流れが、ここでは3分あまりに凝縮されているのです。また、スコアを担当したクリストフ・ベックによって作られた間奏部分(47)では、姉妹の難しい人間関係や、両親の乗った船が難破して2人が死んでしまうこともドラマチックな音楽で表現されています。特に後者についていえばセリフによる説明が一切ないにも関わらず、画面上の出来事と悲しい音楽によって、何が起こったのかが明確にわかるようになっています。このように時間の経過を自然に見せる歌には、たとえば『ライオン・キング』の《ハクナ・マタタ》（歌いながら、ティモン、プンバァ、シンバの仲良し生活が長年続き、成長したシンバだけが巨大化する）、『ムーラン』の《闘志を燃やせ》（弱い兵士たち

(42) "Thoughts on 'Frozen'" *Nam Aonar ri Taobh na Tuinne* http://selchieproductions.tumblr.com/post/73650608784/thoughts-on-frozen, accessed on 23 August 2015.

(43) "Review: 'Frozen' Soundtrack: Disney's Best since 'Beauty and the Beast,'" *Stitch Kingdom*, http://www.stitchkingdom.com/disney-review-frozen-soundtrack-66731/, accessed on 31 August 2015.

(44) Esther Zuckerman, "Explaining Five Songs from 'Frozen.'" *The Wire* 26 November 2013, http://www.thewire.com/entertainment/2013/11/explaining-five-songs-frozen/355512/, accessed on 31 August 2015.

(45) "Songwriters behind 'Frozen' Let Go of The Princess," *Fresh Air* (transcription), http://www.npr.org/2014/04/10/301420227/songwriters-behind-frozen-let-go-of-the-princess-mythology, accessed on 2 August 2014. ちなみにディズニーの「作業歌」には『白雪姫』の《ハイ・ホー》（の前半部分）もあります.

が終わるころには最強の部隊に成長）などがあります。またこの間奏部には"Conceal it（力を隠して）"、"Don't feel it（感情を抑えて）"、"Don't let it show（人に見せない）"など、のちの《レット・イット・ゴー》の歌詞につながっていくセリフも盛り込まれています。ちなみに《雪だるまつくろう》は、その内容が悲しすぎること、また1つの曲の中に多くの内容が含まれているために混乱を招くとして、不採用にすべきだという意見もディズニー側から出されましたが、制作スタッフの強い要望により、最終的には残ることになりました。(48)

《生まれてはじめて》は、エルサの戴冠式の朝に歌われるアナの喜びの歌で、祝いに訪れる客人の中に「運命の人」との出会いがあるかもしれないと、彼女は心を躍らせます。ミュージカルのはじめのほうで登場する、自分の願望を歌い上げる"I Want"ソングといえますが、この映画の場合は、同じ曲にエルサの「恐れ」、つまり「望んでいないこと」も表現されています。『アナと雪の女王』は、主人公（プリンセス）が2人登場するため、通常は願望を歌う曲に1人の主人公の望みを託すのに対し、この曲では2人の対照的な感情を盛り込んでいるということになります。ちなみにこの曲を作るに当たって、ロペス夫妻は《サウンド・オブ・ミュージック》や『リトル・マーメイド』の《パート・オブ・ユア・ワールド》、『美女と野獣』の《朝の風景》などを"I Want"ソングの前例として検討したといいます。(49)

さて、エルサの戴冠式には《アレンデール王国》という合唱曲が聞かれます。この映画のスコアを担当したクリス・ベックによるもので、映画では聖歌隊によって歌われる場面が短く登場します。《Vuelie／ヴェリィ》同様、北欧の雰囲気を醸(かも)し出しているのでしょう。ディズニーの音楽監督は、この古代ノルウェー語による合唱曲のためにノルウェー語の言語学者を雇いました。そして

(46) 浮田久子『アナと雪の女王』サウンドトラック，ライナーノーツ.
(47) Paul Tingen, "Inside Track: Disney's Frozen: Secrets of the Mix Engineers: David Boucher & Casey Stone," *Sound on Sound* April 2014, http://www.soundonsound.com/sos/apr14/articles/inside-track-0414.htm, accessed on 10 September 2015.
(48) John August and Aline Brosh McKenna, "Scriptnotes, Ep 128: Frozen with Jennifer Lee: Transcript," http://johnaugust.com, http://johnaugust.com/2014/scriptnotes-ep-128-frozen-with-jennifer-lee-transcript, accessed on 11 September 2015; "'Frozen' Soundtrack Disney's Best since 'Beauty and the Beast,'" *Stitch Kingdom*, 4 November 2013, http://www.stitchkingdom.com/disney-review-frozen-soundtrack-66731/, accessed on 11 September 2015.
(49) Zuckerman, "Explaining Five Songs from 'Frozen.'"

ノルウェーに出かけ、カントゥスという女声合唱団による演奏を録音しました。(50)

《とびら開けて》では、パーティーにやってきたハンス王子がアナと恋に落ち、２人で愛を誓います。ロペス夫妻にとってこの曲を作るのは一苦労だったようです。というのも、この歌を通して、それまで寂しい思いをしていたアナが数時間のやり取りをしただけで結婚を決断するということを、観客に信じさせなければいけないからです。ロバートが考えたのは、考えうる「最高のファースト・デート」でした。そのデートではいろいろな遊びをしたり、カラオケに行ったり、お互いのことをすべて打ち明けたりする中で、相手が生涯の伴侶となるのだということを考えていくのだと言います。(51) その発想のもととなったのは、１９８４年の映画『ベスト・キッド』における、ダニエル・ラルーソーとアリのファースト・デートのモンタージュでした。(52) 挿入歌に乗せて、ゲームに興じたりしながら、２人の仲が急速に深まっていく場面です。『アナと雪の女王』においても歌に乗せてアナとハンスが打ち解けていく過程が描かれています。なおロペス夫妻はこのナンバーを「カジュアル」なものにするため、コールドプレイやブルーノ・マーズなどの音楽を聴いたそうです。(53)

なお叶精二氏の指摘によると、この歌に登場する「とびら」の開け閉めは、映画全体において、さまざまな象徴になっています。たとえば《雪だるまつくろう》では、エルサは自分の部屋を閉じてしまう一方で、アナはそれを開けてほしいと願います。また《レット・イット・ゴー》では、アナが魔法の力で作った氷の城のとびらを閉じることで、自らを解放します。もちろん《生まれてはじめて》では城のとびらを開けること、そして「二度と閉じない」ことが重要なエルサやアナにとってとても重要なことであることが示されています。(54)

(50) "Walt Disney Animation Studios' 'Frozen' Lets Go With Dynamic Soundtrack," *The Wall Street Journal*, 22 October 2013, http://online.wsj.com/article/PR-CO- 20131022-904142.html, archived at *Wayback Machine*, http://wayback.archive.org/web/20131029193404/http://online.wsj.com/article/PR-CO-20131022-904142.html, accessed on 13 September 2015.

(51) Zuckerman, "Explaining Five Songs from 'Frozen.'"

(52) "Frozen FANdemonium: A FANtasy Come True!, " *D23*, https://d23.com/frozen-fandemonium-a-fantasy-come-true/, accessed on 7 September 2015.

(53) Zuckerman, "Explaining Five Songs from 'Frozen.'"

(54) 叶精二『「アナと雪の女王」の光と影』七つ森書館，2014年，22ページ．

なお《とびら開けて》の場面には、《君は君》という別の歌が作られていました。米盤のサウンドトラック2枚目に収録されています。アナにはいろいろと欠点があるのだが、それを含めてのアナが好きだというハンスの歌詞は悪くなさそうですが、ハンスが悪役であることが観客に悟られてしまう可能性があるようです。採用しなかったのは正解といえるでしょう。

次に登場するのは、この映画から出た大ヒット曲、《レット・イット・ゴー～ありのままで》です。クリステン・アンダーソン＝ロペスによると、“let it go”には複数の意味があり、その1つは自分の過去を捨てること、もう1つは自分の力を解放することだそうです。(55) この“Let it Go”というフレーズが思い浮かんだのは、スタッフとのミーティングの場であったそうです。(56) ちなみに叶精二氏は、映画本編中に歌われる《レット・イット・ゴー》には、「孤立無援でいい」という「ネガティヴ」なメッセージが表される一方、デミ・ロヴァートが歌うエンド・ロールのバージョンには「『ありのままで皆と生きる』という別のポジティブな解釈」が可能としています。(57) ちなみにこの歌の英語詞に登場する否定的な言葉を数えた人がおりまして、“don't”が5回、“never”が4回、“no”が3回使われているそうです。(58)

もともと映画監督とロペス夫妻の間には、作品のある箇所に「Elsa's Badass Song（エルサの強気の歌とでも訳せるのでしょうか？）」を入れるというアイデアがありました。そこでロバートは『リトル・マーメイド』や『美女と野獣』など、ディズニーを復活させた名作を参照しただけでなく、アデルやエイミー・マン、アヴリル・ラヴィーン、レディー・ガガ、キャロル・キングなど、ディズニーのソングライターとは離れたシンガー・ソングライターの楽曲も聴いて、インスピレーションを受けようとしました。(59)

(55) Zorianna Kit, “Awards Spotlight: Robert Lopez & Kristen Anderson-Lopez Make Beautiful Music Together for Disney's ‘Frozen.’” *SSL Insider* 27 November 2013, http://www.vulture.com/2014/01/frozen-bobby-lopez-kristen-anderson-lopez-rate-fan-song-versions.html, accessed on 3 September 2015.

(56) Hetrick, “‘The Cold Never Bothered Them Anyway’.”

(57) 叶『「アナと雪の女王」の光と影』, 22ページ

(58) William College, “The Magical Power of ‘Let It Go’: Prof. W. Anthony Sheppard on ‘Let It Go,’” *YouTube* https://www.youtube.com/watch?v=lHQqNIGQIEE, accessed on 10 September 2015.

(59) Chris Willman, “How the ‘Frozen’ Soundtrack SnowBalled to No. 1,” *The Hollywood Reporter* 15 January 2015, http://www.hollywoodreporter.com/news/how-frozen-soundtrack-snowballed-no-

歌詞のコンセプトが思い浮かんだのは、2人が自宅の近くにあるニューヨーク州ブルックリンにあるプロスペクト公園に散歩に行ったときでした。そこでロペス夫妻はエルサの歌を「感情的な視点」から考えます。クリステン・アンダーソン＝ロペスは、「アーティストが自分の声を見つけ出そうとするもの。他の人がなんて思うかを気にするのをやめて、自分の心の中にあるものを表現しようとする経験がどういうものかと私たちは考えるようになったのです」と言っています。(60)

それまでディズニーの制作サイドでは、原作である『雪の女王』にもとづき、エルサは悪役にされていました。しかしこの歌を聴いて、映画全体のプロットを作りなおすことにします。そうしてエルサは当初考えられていたよりも感情的にずっと複雑な存在になりました。

《レット・イット・ゴー》は、イントロ部分に演奏されるコード進行（Fm－D♭－E♭－B♭sus－B♭m）からして不思議な魅力を持っていて、それが何度も繰り返されます（左手には長調・短調を判断する第3音は抜けていますが、右手のモチーフによって短調が明確になります）。また、音域や音価の使い方が手堅いのも特徴でしょう。冒頭は低い音域で言葉を多めに語りかけるようにしていますが、少しずつ音域を上げ、反復音型を増やしていきます。“Let it go”のフレーズが出るところでは、冒頭のヘ短調の平行長調である変イ長調に転調し、さらに声域を上げ、パンチの効いたE♭を出すところで虜（とりこ）にさせられます。このように旋律はイディナ・メンゼルの音域や声質を最大限に使っています。中間部の氷の城を作る場面（コーダの部分）では、気分がどんどんとアグレッシブになっていく箇所でD♭→E♭→Fとベースライン（持続低音）がアップする中、メンゼルの緊張感ある声が響きます。そして“Let it go”のリフレインとなり、エンディングでは最高音のE♭が長く伸ばされています。ジョン・ラセターは、この手堅く構成された楽曲を車の中で何度も聴き、頭から離

670649?utm_source=feedburner&utm_medium=feed&utm_campaign=Feed%3A+thr%2Fnews+(The+Hollywood+Reporter+-+Top+Stories), accessed on 11 September 2015.

(60) Keegan, Rebecca. “Husband-Wife Songwriting Team's Emotions Flow in ‘Frozen,’” *Los Angeles Times* 1 November 2013, http://articles.latimes.com/2013/nov/01/entertainment/la-et-mn-ca-sneaks-frozen-disney-20131103, accessed on 2 September 2015.

れなくなってしまったといいます。(61)

一方、この歌の登場は、映画の物語進行の上では、やや唐突な感じもなくはありません。たとえば妹のアナとの関係が決裂したのに、清々しく、完全に解放されたかのように歌っていること、アレンデールが大変なことになっているのを気に留めていないかのように思えてしまうこと(のちにエルサは知らなかったことになっていますが、観客がそこまで察することができるようにされていたか、という問題)が挙げられます。この辺はエルサのキャラクターの問題とか歌の欠陥ということではなく(「悪役エルサ」の名残があるといえるかもしれませんが)、映画制作やディズニー作品における歌の扱いの難しさといえるかもしれません。もちろんそういった問題点を残しつつも、エルサという存在がどういうものなのかを気にさせるというところでは、歌がとてもうまく機能しているということでしょう。

ところで《レット・イット・ゴー》の録音手順は、いかにもイマドキのやり方といえそうです。イディナ・メンゼルを含め主要キャストの歌声の録音は、は2012年の10月に、サウンド・エンジニアのデヴィッド・ボウチャーの監修のもとで、ハリウッドのサンセット・サウンド録音スタジオでおこなわれています。しかし背後で伴奏しているオーケストラの録音は2013年2月で、当該シーンのアニメーションが完成したずっとあとのことなのです。つまり歌声の録音時にメンゼルが乗せて歌っていたのは、オーケストラではなく、ロバートのピアノ伴奏のデモ録音だったということになります。メンゼルが歌ったときはもちろん、ロペス夫妻の歌声はなくピアノだけですが、デモ録音に合わせた歌のファイルをもとに、オーケストラが演奏され、アニメも作られたということになりそうです。(62)

(61) Rob Lowman, "Unfreezing 'Frozen': The Making of the Newest Fairy Tale in 3D by Disney," *Los Angeles Daily News* 19 November 2013, http://www.dailynews.com/arts-and-entertainment/20131119/unfreezing-frozen-the-making-of-the-newest-fairy-tale-in-3d-by-disney, accessed on 15 July 2014.

(62) Tingen, "Inside Track."

エルサを求めて冬の山に入ったアナは風変わりな山男クリストフに出会います。彼が歌う曲には《トナカイのほうがずっといい》という歌があります。一分にも満たない短い歌ですが、幼いころから仲良しのクリストフとスヴェンの関係が伝わります。スヴェンは言葉を話さない設定になっていますが、非言語コミュニケーションはできるかのような素振りを見せます。しかしスヴェンのことはあくまでもリアルな動物として見てもらいたかったようで、オラフのように人間の言葉を話せるという設定にはならなかったようです。ただスヴェンがどう思っているか、クリストフはとてもよくわかっているので、このトナカイの気持ちも代弁できるようです。ちなみに英語のタイトルは"Reindeer(s)"という括弧つきのsがついているのですが、これはトナカイの複数形はreindeerと単数形と同じでsがつかないということに対するユーモラスな言及ということかもしれません。それでも歌の中にsが入っているのは、たとえばウィキペディアに説明されているように、"Reindeers are"としたほうが"reindeer are"よりも歌いやすいということなのでしょうか。(63)

エルサが幼いころに魔法の力で作ったという「話す雪だるま」オラフにも《あこがれの夏》という曲が用意されています。クリストフの《トナカイのほうが…》同様、プロットに大きな影響を与えるものではありませんが、ミュージカルの舞台を感じさせる派手なスタイルで、オラフの望みが楽しく語られていきます。ロペス夫婦はオラフの声を担当するジョシュ・ギャッドとは以前仕事をしたことがあり、ギャッドの声がどんなものかを知っていたため、それを念頭にして歌を作りました。曲の終わりをオペラっぽくしたのもそのせいで、ギャッドもこのエンディングを楽しんで歌いました。(64)

コミカルな歌としてはトロールたちが歌う《愛さえあれば》というナンバーがあります。このゴ

(63) "Reindeer(s) Are Better Than People," *Wikipedia*, https://en.wikipedia.org/wiki/Reindeer(s)_Are_Better_Than_People, accessed on 13 September 2015.

(64) "Josh Gad on Frozen, being influenced by Robin Williams, and singing In Summer". *Hitfix.com*, http://www.hitfix.com/news/josh-gad-on-frozen-being-influenced-by-robin-williams-and-singing-in-summer, accessed on 29 August 2015.

スペル風の曲には、「怒りや恐れが判断を誤らせる。そんなときには愛を。真実の愛が目覚めさせる」というフレーズがあります。軽いノリの曲ですが、さり気なく、映画のテーマである「恐れ」（エルサ）と「愛」（アナ）を歌詞に織り込んでいます。この歌にはロペス夫妻の次女アニー、[65] またニューヨークでミュージカルのプロダクションに携わっている歌手が参加しています。

ミュージカル風といえば、この作品には「リプライズ」があります。《生まれてはじめて》を使ったものでした。アナが氷の城にやってきて、アレンデール王国を永遠の冬から解放してほしいと訴える場面です。もともとエルサは徹底して悪役だったため、この場面にも別の歌が考えられていました。

さらに映画をミュージカル風にするものとして、クリステン・アンダーソン＝ロペスが考えていたのが、映画本編の最後に歌を持ってくることで、エルサとアナがスケートをしようとする場面で2人がお互いに向き合い《雪だるまつくろう》のリプライズを歌うというものでした。「雪だるま作らない？」「作るに決まっているでしょ」「家族の私たちはいつもいっしょ、私とあなた」というような流れを彼女は考えていました。[66] しかし実際のエンディングは《雪だるまつくろう》のリプライズではなく、《生まれてはじめて》のメロディと《雪だるまつくろう》のメロディをつなげてオーケストラ・スコアにしたものでした。映画全体の流れからすれば、ここで歌を入れるのは耳障りになったかもしれないとロペス自身も納得しているようです。ただ将来的にステージ・ミュージカルになった場合は歌になる可能性があることを示唆しています。[67]

さて次は『アナと雪の女王』のスコアについて考えみましょう。スコアを担当したクリストフ・ベックは、ジョン・カース監督による2012年のディズニー短編映画『紙ひこうき』のスコアにも関わっ

(65) 浮田久子『アナと雪の女王』サウンドトラック，ライナーノーツ.

(66) Gwynne Watkins, “Frozen Composers Assess 6 Fan-Created Homages to Their Songs,” *Vulture*, 15 January 2014, http://www.vulture.com/2014/01/frozen-bobby-lopez-kristen-anderson-lopez-rate-fan-song-versions.html, accessed on 2 September 2015.

(67) 前掲資料.

ており、このプロジェクトに参加したのは２０１３年の2月でした。(68) つまりロペス夫妻よりも早くからプロダクションの進行について知っていた可能性があります。

ほかの映画でもそうなのですが、シリアスな場面には歌ではなくスコアが活躍することが多いです。たとえばクリストフとアナが狼に追われる場面では歌などを歌う余裕はありません。また、後半は内容がどんどんシリアスになるので、歌は一切登場しません。また前述の通り、映画本編の終わりにも歌がありません。ソングライター・チームとスコアの作曲家が別々というパターンで作られたヒット作品には『ライオン・キング』がありますが、この映画では冒頭で流れた《サークル・オブ・ライフ》が最後に戻ってきます。しかし『アナと雪の女王』の場合は、いかにもミュージカルという感じのエンディングは映画本編にはなく、代わりに登場するのは《生まれてはじめて》と《雪だるまつくろう》のメロディです。「愛」をつかさどるアナのひたむきな心が勝利したこと、そして彼女が姉のエルサと仲良くいっしょになること（「雪だるまをいっしょに作ること」はその象徴だったといえるでしょう）が成就し、城が本当に意味で開放され、「運命の人」との未来も感じさせるようになっています。

スコアでもう1つ指摘しておきたいのは、映画のトーンを決めるのに大きな役割を果たす民族音楽の要素です。その1つはノルウェーの民族楽器ブッケホーンの使用です。映画ではトロールたちが登場するシーンで使われている角笛のような音がそれです。独特のポルタメントが印象的です。なおこの旋律はトロールたちのテーマ音楽になっており、両親が幼いアナをトロールたちのところに連れて行き、彼らと出会う場面で聞かれます。また映画の後半において、アナが危機的な状況になっていることをトロールたちが告げる場面にも聞かれます。

(68) Filmmusicreporter, “Christophe Beck to Score Disney’s ‘Frozen,’” *Film Music Reporter*, 19 February 2013, http://filmmusicreporter.com/2013/02/19/christophe-beck-to-score-disneys-frozen, accessed on 12 September 2015.

またスコアには声楽も入っており、その歌唱にはキュールニングという技法が使われています。これはスカンジナビア半島に残る伝統的な歌唱法で、牛飼いの声ともいわれています。女声の高い音域で牛を呼び集めるなど、コミュニケーションの道具として声を上げるものです。(69) 映画ではノルウェー人のクリスティン・ハルスという人が参加し、永遠の冬を象徴する氷がアレンデール王国を覆(おお)うシーンなどで使われています。(70)

『アナと雪の女王』は、『ライオン・キング』同様、ソングライター・チームとスコアの作曲家は違う人たちでした。また、スコアのクリストフ・ベックは、本編最後に挿入歌との関連づけをするメロディのアレンジをおこないましたが、基本的に歌とスコアの関係は、アシュマン／メンケンがコラボレーションした作品ほど強くないといえるかもしれません。それでも《レット・イット・ゴー》という近年にはないヒット・ソングが生まれ、「歌うディズニー・アニメ」として、本作がインパクトを持っていることは否定できないでしょう。

(69) *Kulning: Herding Calls from Sweden*, http://www.isvroma.it/public/pecus/rosenberg.pdf, accessed on 11 September 2015.
(70) Jennifer Wolfe, "Disney Releases Dynamic Soundtrack for 'Frozen.'" *AWN com*. http://www.awn.com/news/disney-releases-dynamic-soundtrack-frozen, accessed on 15 July 2014.

第7章

ピクサー映画の音楽

ピクサー・アニメーション・スタジオは1986年に誕生しました。スティーヴ・ジョブズがルーカス・フィルムのCG部門を1000万ドル（約10億円）で買収し、これをピクサーと名づけたのがはじまりです。はじめはCMや短編アニメーションなどを制作していましたが、1991年にはディズニーと契約し、劇場用長編アニメーションを3本企画製作することになります。そして1995年『トイ・ストーリー』が北米公開されることになりました。

『トイ・ストーリー』（1995）

『トイ・ストーリー』は、ピクサー初の長編作品であり、3Dアニメーションの可能性を世間に知らしめたエポックメイキングな作品であったといえます。音楽的には、その後のピクサー作品における音楽のあり方を示す上で、やはり1つの規範を示すことになった作品といえるかもしれません。その音楽に決定的な影響を与えたのは、ジョン・ラセター監督だったといえるでしょう。実はラセターは、そもそも『トイ・ストーリー』を『アラジン』や『ライオン・キング』のようなディズニー路線のミュージカルにすることには反対だったからです。「私たちは当時ポピュラーだったアニメ映画のようなことはしたくなかったのです（中略）7つの歌が登場し、プリンセスが恋人を探していて、シリアスなメイン・キャラクターと愉快な脇役たち、世界征服を狙う悪役登場といったミュージカルを作りたいとは思いませんでした。私たちは違いを出したかった。私たち自身のものをやりたかった」とラセターは言いました。(1)

(1) Karen Paik, *To Infinity and Beyond!: The Story of Pixar Animations Studios* (San Francisco: Chronicle, 2007), 106.

彼の「非ミュージカル・アニメ」制作のアイデアは、『トイ・ストーリー』の映画との兼ね合いでも明らかでした。登場するおもちゃは幻想世界のおもちゃではなく、子ども部屋にある本物のおもちゃだと考えたからであり、ミュージカルは、その設定になじまないと考えていたのです。(2)また『トイ・ストーリー』が「友情」の物語であったということも大きな理由でした。「これは友情の映画なのだ。自分がそうであることを認めないタイプの人々を扱うものであり、歌にする要素が少ないのだ。ウッディに"I Want"ナンバーは歌えない。(3) 彼は利己的で自己中心的であり、自分が何者であるのかもわからない。」そして友情映画というものは感情をあらわにするものではなく、「相手をこづいて『お前なんて嫌いだ』と言うもの」だというのがラセターの考えでした。当然、そのようなシチュエーションであれば、感情を舞台風に歌い上げるアリアはないほうがよいという判断になったのでしょう。(4)

一方当時ディズニーのアニメーション部門の副部長であったトーマス・シューメイカーは、ラセターに向かって「ねえジョン、登場人物はいつ歌い出すの?」と尋ねたのだそうです。(5)『リトル・マーメイド』の成功により、ディズニー・アニメの発想から抜け出せにくくなったこともあるでしょう。(6) ディズニー側としても、ミュージカル映画にしないということは、あまり心地よいものではなかったようです。ディズニーはミュージカル形式のアニメ映画で名声を獲得し、映画主題歌や映画音楽で数々の賞を受賞してきた輝かしい歴史と伝統があるからです。ディズニー経営陣は歌がなければならないと迫ったということもあり、「これで『トイ・ストーリー』は終わりかなと思った。(中略)歌があれば感情移入がすぐできるとは思う。しかしウッディとバズが物語の途中で突然歌い出すというのはしたくなかった。それはぼくらが作ろうとしている映画じゃない。」ラセターは、

(2) "'Toy Story: The Inside Buzz (From the EW Archive: December 1995)" *Entertainment Weekly* 29 June 2010 http://www.ew.com/ew/article/0,,299897,00.html (accessed on 1 March 2012).
(3) 「"I Want"ナンバー」とは，通常ミュージカルの最初のほうに置かれ，自分の望みや夢を高らかに歌い上げるナンバーのことです．
(4) "'Toy Story': The Inside Buzz"
(5) 前掲資料．
(6) Paik, 106.

当時のことを、そう振り返ります。(7)

ここで解決策を提案したのは、ディズニー社の音楽スーパーバイザーであるクリス・モンタンでした。彼は映画において歌を使う方法には、ミュージカル以外にもいろんなやり方があると指摘します。そして歌を物語中に使っている映画の中から、『トイ・ストーリー』にも使えそうな歌の使い方がないかを模索することになりました。そこでサイモン&ガーファンクルの歌が映画とは切っても切れない関係にある『卒業』、あるいはキャット・スティーヴンスの歌が使われている『ハロルドとモード／少年は虹を渡る』などが挙げられ、ラセターもコレならいけると確信したようです。いずれの映画においても、歌が映画の感情・ムードを伝える上で重要な役割を果たしながら登場人物は歌わないという方法が使われていました。結局『トイ・ストーリー』においては、これらの映画をモデルとして、映画音楽の担当者には「感動の瞬間をメロディで表現する」よう頼むことになりました。(8) そして「ねえジョン、登場人物はいつ歌い出すの?」と言ったシューメイカーも、登場キャラクターが人間の姿をしており、物語も現代であるということを理解し、おとぎ話とは違う路線であることを確信することになりました。(9)

そしてラセター監督はプロジェクトにシンガー・ソングライターのランディ・ニューマンを起用しようと決めました。監督はニューマンの歌の「感動的でウィットに富み、風刺に満ちている」ところが気に入っていたのです。(10) そうして映画における方向性も決まり、プロジェクトはスムーズにいくかのように思われました。しかし、実際には映画における歌の問題はそれだけではありませんでした。ニューマンがピクサーのプロジェクトに参加することについて、ディズニー側には懸念材料があったのです。それはニューマンが一度もアニメ映画の音楽を担当したことがなかった

(7) 前掲書に引用されたラセターの発言，106ページ．
(8) プロダクションのボニー・アーノルドの発言．『トイ・ストーリー』Blu-ray音声解説．
(9) 『トイ・ストーリー』Blu-ray，特典映像．
(10) "'Toy Story': The Inside Buzz"

ということでした。そこで、ニューマンに10分ほどの場面に音楽をつけることで、その実力を確認するという試験をおこなうことになります。ニューマンはこのテストに見事合格。ディズニーもニューマンにやらせてみることに賛同し、正式にゴーサインを出します。そしてディズニーは『トイ・ストーリー』の音楽を実写のアクション・ムービーと同じようにつけるというラセターの主張に従い、キャラクターは誰も歌わず、主題歌・挿入歌は映画の主題の背景を与える方向で進めることが正式に認められたのでした。(11)

ちなみにランディ・ニューマンは自分の音楽が、そもそも「ポップ的」であり、「ブロードウェイのハーモニーは好きじゃない」と言っていました。彼はミュージカルを、オペラの作曲家に例えて「できの悪いプッチーニ」みたいなものだと考えていました。(12) 一方彼は自分の音楽は粗野で、自分を抑えなければいけないとも考えていました。「ディズニーの歌で『クソッタレ』は言えないよね」とニューマンは述懐しています。

ニューマンがさっそく取り組んだのはオープニングで聞かれる《君はともだち》で、これは一晩で作り上げられました。そしてできた曲をピアノの弾き語りで聴かせ、歌に込められた思いを早い段階からスタッフと話し合います。(13) カントリー・ミュージック風の素朴な感覚を持った《君はともだち》は、この映画の中心である「友情」を表現する歌になりました。(14) 冒頭ではアンディとウッディの関係を（アンディとウッディとのふれあいの場面が歌に載せて登場します）、そしてエンディングではウッディとバズの関係を（映画本編の最後ではウッディとバズが仲良くする場面があります）表しています。(15) 脚本とストーリーボードを担当したアンドリュー・スタントンは、この映画の冒頭において、できるだけ早く「アンディとウッディの絆を示す必要があったが、話の

(11) なお，ディズニー社によるこのような「テスト」を受けたのはランディ・ニューマンがはじめてではありませんでした．アラン・メンケンもディズニーの『リトル・マーメイド』に参加したときがはじめての映画音楽の仕事だったため，同じようなトライアルをやらされました．そしてメンケンを採用しての結果はみなさんご存じのとおりです．
(12) "*Monsters, Inc.*'s Composer Randy Newman: 'I Score Because I Care.'" *Animated View* http://animatedviews.com/2009/monsters-inc-s-composer-randy-newman-i-score-because-i-care/, accessed on 24 July 2013.
(13) ラルフ・グッゲンハイム，音声解説．Blu-ray.
(14) 前掲資料.
(15) ジョン・ラセター，音声解説．Blu-ray.

展開上時間を割くのは無理だった。それをランディの曲が表現」したと述べています。[16] プロダクションのボニー・アーノルドによると、ニューマンの《君はともだち》によって、映画の「時代設定や現実感が際立った」とアーノルドは述べています。

《君はともだち》は、曲を作ったランディ・ニューマン自身による歌で、どことなくリラックスした彼の声が飾らない魅力となっています。また映画の物語の舞台となっているアメリカらしさも醸(かも)し出しています。結果として、この主題歌はヒットソングにもなり、今でも『トイ・ストーリー』が成功した要因の1つとして語り継がれているといえるでしょう。

『トイ・ストーリー』には、このほかにも挿入歌が2つあります。そのうちの1つは《すべてがストレンジ》。これはスタイル的にはロックンロールを目指して作られました。[17] アンディの興味がウッディからバズへと移っていく様子を描いたモンタージュを背後にして歌われるのですが、もちろんアンディのその行為について、ウッディは何もすることができません。

ラセター監督によりますと、当初ウッディは徐々におもちゃ仲間での主導権を失うプロットになっていたそうで、現在とは見せ方が違っていたそうです。しかしディズニーのトーマス・シューメイカーがモンタージュはどうかという提案をします。バズはそもそも人気番組のキャラクター商品であり（実は『トイ・ストーリー2』ではウッディもかつてはそうだったことが明らかにされます）、「おもちゃの世界を超えた変化を描こう」と思ったのだそうです。「子どもはおもちゃをもらうと関連グッズも欲しがる」というのが注目点でした。モンタージュでは、部屋全体がバズのキャラクター・グッズでいっぱいになっていきます。おもちゃとして自分が遊んでもらえないことの悲しさを伝えるには、このように音楽と一体となった状況の変化を描写するのが、とても効果的だと思わされます。

(16) アンドリュー・スタントン，音声解説．Blu-ray.
(17) Randy Newman, “I Score Because I Care.”

そしてもう1つは《幻の旅》です。バズが自分は実は空が飛べず、単なるおもちゃなのだという真実をテレビCMで知ることになります。バズはその真実が受け入れられず、本当に空が飛べないことを自分で確認することになるのです。その歌詞はすべてが幻、夢から覚めて現実を知る、自分はどんなに信じていようと空が飛べないことに変わりはないといった、ウッディがバズに告げていた境遇が本当であるからこそ納得できるのですが、夢を追い求めるという視点でのみ聴くと、意外と辛い内容になるのかもしれません。

ニューマンは、この作品ではじめてアニメーションのスコアに挑戦したのですが、アニメーションの世界は、通常のドラマの世界と違うということを感じたといいます。それは「大きな違いではない」とはいえ、キャラクターが動くときは、音楽のほうでも、そういった動きを表現しなければならないということでした。[18] いわゆるミッキーマウジングということになるのだと思うのですが、実際音と映像の細かなシンクロ、音楽スタイルのすばやい転換などは、この作品でもうまく使われています。映画の冒頭の西部劇風の場面でも音楽はめまぐるしく場面は変わりますし、アンディの誕生日に起こるおもちゃたちの騒動の場面にしても、短編映画音楽で名を馳せたカール・ストーリングのような、いろんな音楽スタイルが混在し、テンポがくるくる変わるオーケストラ音楽が堪能できます。

ちなみに『トイ・ストーリー』のエンディングは、当初、クリスマス用の絵本を手にバズがカラオケを歌うパーティーにする予定だったそうです。残念ながらこのアイデアは採用されませんでしたが、どうやら『トイ・ストーリー2』で、ウィージーが歌うエンディングとして実現したようです。

(18) Kevin Courrier, *Randy Newman's American Dreams*, (Canada: ECW, 2005), 229.

『バグズ・ライフ』（1998）

『トイ・ストーリー』がおもちゃの世界を描いたのに対し、『バグズ・ライフ』は、アリをはじめとした、小さな虫たちの世界が舞台になっています。もともとは『トイ・ストーリー』のスタッフがランチをしていたときに「虫の生活」が話題となり、ジョー・ランフトとアンドリュー・スタントンが『アリとキリギリス』というイソップ童話をもとに作ったストーリーをジョン・ラセター監督とともに作り上げたということだそうです。(19)

『バグズ・ライフ』の歌・スコアの作曲を担当したのは、『トイ・ストーリー』に引き続きランディ・ニューマンでした。ラセター監督によりますと、ニューマンは物語の構想段階から、この映画に参加しました。そして全体の物語からいくつかのテーマを設定し、ニューマンは実際の映画を見ずにテーマ音楽を作りはじめたといいます。アリの主人公フリックやアリの島のアッタ姫、サーカス団などのキャラクターをラセターやアニメーターが説明し、ニューマンはテーマ曲を作るのに集中します。(20) そのようなやり方は、ソングライターとしての才能を持っていたニューマンにはややすかったのか、手応えを感じるものとなったようですし、事前にキャラクターに合わせたテーマを考えたため、楽曲そのものに「深みが増した」とニューマンはラセターに語ったそうです。(21)

『バグズ・ライフ』には『トイ・ストーリー』のように本編で聞かれる挿入歌はありません。ブルース風な《タイム・オブ・ユア・ライフ》はエンディングのクレジットにのみ登場します。(22) 2作目からして、ディズニー路線とは完全に袂（たもと）を分かったことが明確になります。

スコアに目を転じてみますと、映画冒頭はアメリカの作曲家アーロン・コープランドの管弦楽曲

(19) 志田英邦『PIXARぴあ』, 50.
(20) ジョン・ラセターは，完成した映画ができるはるかに前に，イメージの書かれた複数のボードを見せました．それらのイメージは映画のイメージとは限らなかったそうなのですが，これらのボードを見せることによって，どのような映画を考えているのかを訴え，そしてランディが感情を表現する言葉について考えてもらい，それに集中して音楽に取り組んでもらおうとしたのでした．Richard Cromelin, “Randy Newman Has a Friend in Pixar,” *Los Angeles Times* 3 November 2001, http://articles.latimes.com/2001/nov/03/entertainment/ca-65374.
(21) Newman, “I Score Because I Care.”
(22) *Disney Song Encyclopedia*, 202.

を思わせるすっきりとした響きの中に民謡風の旋律が現れ、ズームアップしながらアリの世界が表現されていきます。そして、エンディングに流れるニューマンの歌《タイム・オブ・ユア・ライフ》の旋律を使ったスコアが登場します。スタイルががらっと変わるのはフリックが「発明品」を使って種を収穫する場面。スイング・ジャズの楽しい響きになります。この映画では舞台がどこかは明らかにされていません。しかし不思議とフリックが「助っ人」探しにやってきた（ニューヨークのタイムズスクエアをモデルとしている）街でも同じ音楽が使われています。フリックとニューヨークの関係は不明ですが、映画の舞台設定はアメリカの田舎とニューヨークということになりそうです。

一方、この作品の悪役であるバッタのホッパーは恐ろしく無慈悲な存在として鮮烈な印象を残します。彼らの一味の登場においては、『トイ・ストーリー』にはなかった悪役の登場に合わせ、ニューマンは不協和音を積極的に使い、ホッパーの存在感を引き立たせ、アリたちの恐怖を表現しています。

この悪役の描き方を含め、ニューマンは『トイ・ストーリー』以上に、ダークな色彩を持った音楽を書くことになったといえるかもしれません。そして相対的には、非常に幅の広い作風の音楽を、この映画に提供することになったといえるのではないでしょうか。

『トイ・ストーリー2』（1999）

『トイ・ストーリー2』は、1995年の大ヒット作『トイ・ストーリー』の続編です。もともとは、ディズニーでよくおこなわれていたOVAアニメとして話が進んでいましたが、ピクサーはきちんとした劇場用作品として進めることを希望し、いわゆる「続編」としては高い評価の作品に仕上がることになりました。

『トイ・ストーリー』のキャラクターや設定がそのまま引き継がれることは自明でしたので、通常はもっと時間を置いておこなわれるキャラクター紹介は省略することができました。観客は第1作目の仲間たちのやり取りを期待しており、音楽担当にランディ・ニューマンが選ばれたのは、自然なことといえるでしょう。

オープニングですが、第1作では、ウッディや仲間たちが登場する一種の西部劇でした。おもちゃを扱う子どもの空想世界ですので、その展開は奇想天外ということになるのでしょう。『トイ・ストーリー2』の場合はバズ・ライトイヤーが主役ですが、第1作と比べて、このオープニングには映画のメイン・プロットとの強い関係がありません。ただ「これは何の映画だろう」という意外性を観衆に与え、悪役ザーグを登場させます。その迫力は音楽によって、より強まります。バズが主人公ですから、音楽もSF映画のようになっているということでしょうか、シンフォニックなスコアが使われているのが特徴的です。ジョン・ウィリアムズの『スター・ウォーズ』やキューブリック監督の『2001年宇宙の旅』で使われたようなリヒャルト・シュトラウスの《ツァラトゥストラはこう語った》の冒頭を彷彿(ほうふつ)とするような音楽が使われています。

この映画では、アンディのお気に入りのおもちゃであるウッディが実はコレクターズ・アイテムだったということが物語の要になっています。《ウッディのラウンドアップ》は、ウッディが、かつて絶大な人気を誇っていたことを示す歌で、カウボーイ・ソングのスタイルで書かれています。

ウッディは1950年代に放送された、自分を主人公にしたテレビ番組と、それに関連した大量のグッズをアルズ・トイ・バーンというおもちゃ屋の店主の家で見ることになります。そしてそのグッズの中には、テレビ番組の主題歌が収められたレコードを再生するレコード・プレイヤーもありました。このレコードに収録されていたのが、《ウッディのラウンドアップ》で、ライダーズ・イン・ザ・スカイがカウボーイ・ヨーデルを取り入れ、ウエスタン風のナンバーとして、これを歌っています。なお映画のエンディング・クレジットにおいても、全曲が歌われています。

ウッディはさらにジェシーというパートナーの存在を知ることになります。ウッディと同じ、かつては子どもに大切にされていたのですが、持ち主の女の子が大人になると見捨てられ、寄付されてしまったカウガールの人形です。《ホエン・シー・ラヴド・ミー》(23)は、この映画に登場するジェシーの境遇を切々と歌い上げるナンバーです。この人形から人間への気持ちを伝えるナンバーは、ジェシーのフラッシュバックの内容をシンプルな形で伝える感動的なバラードで、サラ・マクラクランが歌っています。(24)『トイ・ストーリー2』のプロット上の弱点は、ハッピーエンディングの結末が見えてしまうということでした。ディズニー社のエドウィン・キャットムルはこう指摘しています。「この映画はディズニーとピクサーから配給されます。だからウッディは最後にもとの家族のもとに戻るのだってことをみんながわかっているのです。その結末がわかっていたら、緊張というものはどこにもありません。ですから、ウッディが博物館に行く選択肢もあるのだということを信じさせないといけないのです。(25)」このために用意されたのが、ウッディのおもちゃの中でも見捨てられた存在であるペンギンのウィージー、そして《ホエン・シー・ラヴド・ミー》という歌だったのです。

(23) 浮田久子「Disney Music Song ホエン・シー・ラヴド・ミー」『ディズニーファン』第11巻第7号，46ページ.
(24) なお，この曲は映画本来の文脈を離れ，恋人との別れをテーマにしたラブソングとしても歌われるようになります．そしてブライアン・サザーランド，スティーヴ・ティレル，マイケル・クラウフォード，ケリー・バトラー，ジョーダン・プルーイットらがカバーしています．*The Encyclopedia of Disney Songs*, 223.
(25) Paik, 152.

ジョン・ラセターは、次のように言っています。「私たちはいつも、ジェシーがウッディに、エミリーが彼女にとってのアンディであったということを訴えるシーンを考えていました。そしてこれが大切だと信じていました。それはストーリー展開の上でとても大切だからです。そこには感情がこもっています。でもなぜかうまくいきませんでした。どんなシチュエーションにしても、うまくいかなかったのです。しかし、この本編から離れたストーリーの頂点が、歌を入れるという考えが浮かんだ箇所だったのです。私がランディ・ニューマンと会って、このシーンについて話したとき、私は言いました。『ランディ、この歌にはハッピー・エンディングがない。この歌は心から愛する誰かについてのもの。人生がその人と強く結びついているため、その人なしの人生が想像できないというものなのです。しかし、お互いにどんどん、どんどん、どんどん成長し、もう自分はその人を完全に捨ててしまうしかないというところまで到達してしまった』。そうしたら彼はすばらしい歌を書きました。バンクーバーにいて、彼がサラ・マクラクランとその曲を録音するのに立ち会ったのは、私の全キャリアの中でももっともすばらしいものでした。それはもう、魔法としか言いようがありません」[26] ウッディは冷静に考えればおもちゃにすぎないのですが、そこには「人間的なジレンマ」が表現されます。[27] 映画そのものがおもちゃたちを擬人化しているといえばそれまでなのですが、おもちゃが人間だったらどう思うだろう、と考えながらプロットや挿入歌を考えなければならないということであり、また歌や音楽というものが、感情移入に欠かせない存在であるということでもあります。

さて《君はともだち》は、『トイ・ストーリー』第1作にも使われ、強い存在感を示しましたが、第2作ではエンディング・クレジットにおいて、ペンギンの人形ウィージー役、ロバート・グーレ

(26) 前掲書, 152.
(27) 前掲書, 154.

の歌によって披露されます。ウィージーは第1作には存在していなかったおもちゃなのですが（設定は、ずっとアンディの部屋にあったことになっています）、映画の終わりには、アンディのおもちゃの仲間になったのでした。

ニューマンがグーレに自分が歌ったCDを送ったとき、グーレは映画で使われたものと同じじゃないと不満をもらしたそうです。ニューマンはそれに対し、映画の性格に合わせて、より滑稽に歌ったと答えました。それでグーレも自分も同じように自由に録音スタジオで歌ってみせたのですが、実際の演奏を聴いて、悪乗りしすぎるところもあったらしく、ニューマンがあわてて録音しなおしたというエピソードもあるそうです。

『トイ・ストーリー2』はスコアの音楽スタイルもバラエティ豊かになりました。オープニング・シーンのシンフォニックなスコアのほか、アルズ・トイ・バーンでバービー人形のコレクションに遭遇したシーンでは、ザ・サファリーズの《ワイプアウト》を想起させるフレーズが挿入されています。またクライマックスでは西部劇を意識した箇所があります。ウッディが飛行機の荷物として運ばれたジェシーを助けにいく場面なのですが、監督のラセターが「画面に見えるものは無視して。ここは西部劇だ。」と音楽スタイルをわざわざニューマンに指定することになります。(28)もともとウッディとジェシーはテレビ西部劇の主人公ということもあるのですが、これまで彼が、その本来のアイデンティティを前面に発揮した場面というのは意外にも少なかったのです。今回はブルズアイというウッディの馬も登場し、格好のカウボーイのシーン誕生に相成ったわけです。西部劇は実写映画では廃れた存在になりましたが（先住民への配慮があるのでしょう）、アメリカ文化として、人々の心の中に根強く残っているということなのでしょう。

(28) ジョン・ラセターの発言.『トイ・ストーリー2』Blu-rayディスクに収録された音声解説.

『モンスターズ・インク』（2001）

ピクサー社が次第に成長し、多くの作品を並行して作るようになっていく中で、ジョン・ラセターを制作総監督とし、ピート・ドクターがはじめて監督した作品が『モンスターズ・インク』です。この心温まるユーモラスな映画の音楽を担当したのは、２つの『トイ・ストーリー』、『バグズ・ライフ』に引き続きランディ・ニューマンでした。ニューマンは和声や対位法といった自身の作曲技術を伸ばすにはよい作品と考えて音楽を引き受けたものの、自分から進んで書くような作品ではないだろうという認識を持っていました。(29)

この映画のオープニングは、『101匹わんちゃん』を思わせる、アニメと音楽のみでできたストレートなものです。主人公が紹介されたり物語設定が打ち立てられたりはしませんが、コミカルな映画のトーンが伝わってきます。

物語は２人のモンスターが主人公になっています。毛むくじゃらのサリーと１つ目のマイクは、モンスターズ株式会社で不思議なドアを使って子どもたちの部屋に侵入し、眠りにつこうとする子どもたちを恐怖に陥(おちい)らせて悲鳴を集め、それをエネルギーに変換するという仕事をしています。しかし『モンスターズ・インク』は決してホラー映画ではありません。サリーやマイクの普段の姿がとてもかわいいということもありますが、仕事としてモンスターたちは楽しんでやっている、自分たちの仕事は楽しいのだというムードを作っています。ジャズのスイング・リズムとリラックスしたメロディ（エンディング・テーマとなっている《君がいないと》のインストゥルメント・バージョンです）によるランディ・ニューマンの音楽が、映画のオープニングでは重要なムード作りを果たしています。

(29) “I score Because I Care.”

音楽による性格づけとして面白い例は、ブーでしょう。人間の子どもであるブーは誤ってモンスター界に連れて来られてしまい、それがサリーとマイクのドタバタ劇へと発展します。人間や人間が持っているものはモンスターにとってすべて「有害」と考えられているからです。もちろんブーはとてもかわいい女の子ですが、サリーやマイクにとっては、まるで時限爆弾のような存在となります。ブーという人間はモンスター界では「禁断の存在」であり、そもそも連れてきたことがバレてはいけないので、その方向からのスリルも発生します。このため、ブーを巡って右往左往するサリーとマイクのドタバタ劇のスコアはまるでシリアスなアクション・シーンのような音楽になっています。この緊張感あふれるシーンやアクション・シーンは、「A－C－B－G#」というベースラインのモチーフが繰り返し用いられているのが特徴です。ところが同時に、かわいい女の子としてのブーの側面も表現されており、ドタバタ劇の中にもサリーとブーの関係は、少しずつ深まっていきます。ブーの眠りの場面など、人間的なかわいらしさを強調する箇所では、心温まるサウンドが選ばれ、またサリーとブーがモンスターと人間という垣根を越えて心を通じ合わせていくようになると、それがさらに強調されています。

『モンスターズ・インク』の物語本編には歌がありません。唯一の歌らしい歌といえば、エンド・クレジットに流れる《君がいないと》が挙げられます。[30] このサリーとマイクによるナンバーは、友情の喜びを反映した歌で、音楽スタイル的には20世紀を代表するエンターテイナーで歌手のアル・ジョルソンと、ジャズ・トランペッターのルイ・アームストロングの「競演」のようになっているという指摘もあります。[31] そこには友だちどうし、支え合うような言葉のやり取りもあるのですが、[32] こういった歌の合間にちょっとしたセリフを入れるのはヴォードヴィル（アメリカでは舞

(30) 前述したとおり，アカデミー賞歌曲賞を受賞したこの曲は，冒頭に，ジャズ・スタイルによるインスト・バージョンで演奏されています．
(31) Courrier, *Randy Newman's American Dreams*, 307.
(32) Newman, "I Score Because I Care."

台上におけるバラエティ・ショーのようなものといえるでしょう）から来たスタイルだともいわれています。[33] 友情といえば『トイ・ストーリー』のウッディとバズにも通ずるところがありますが、このセリフを歌の合間に入れるスタイルで、よりにぎやかなものになっているともいえるでしょう。[34] また伴奏にはバス・ハーモニカやバス・アコーディオンなどが入っており、ジャズっぽいスタイルで作曲され、リラックスしています。ランディ・ニューマン1人の歌唱とは違い、（口を開けて歌わないものの）登場人物たちによる歌唱ですから、物語の延長線上に自然に受け入れられる歌となっているといえるでしょう。[35]

『ファインディング・ニモ』（2003）

『ファインディング・ニモ』は、ランディ・ニューマンの音楽世界から飛び出した最初の作品といえるでしょう。スコアを担当したトーマス・ニューマンは何を隠そうランディ・ニューマンの従弟でしたが、そのスタイルは、ランディのものとは大きく異なっていました。トーマスは、この映画によって、ピクサー・デビューを果たすことになるのですが、ディズニー社のこの決定は、映画音楽のファンからは意外なものに思えたようです。[36] なぜなら、トーマス・ニューマンのスコアは、「ほろ苦く、悲劇的で、ゆううつ。ときにはまったく不快なことさえ」あったと考えられたからでした。[37] しかし、この映画の監督をしたアンドリュー・スタントンがニューマンに感じていた音楽の印象も「ほろ苦い」でした。彼によれば、トーマス・ニューマンにおいて「美しさと悲しさは、互いに遠く離れて

(33) *The Disney Song Encyclopedia*, 92.
(34) 前掲資料.
(35) 前掲資料.
(36) Thomas Glorieux, Review of "Finding Nemo" original soundtrack, *Maintitles: Film Music Community!* http://www.maintitles.net/reviews/finding-nemo/, accessed on 10 January 2015.
(37) 前掲資料.

いるということが決してないのです。シーンの二重性を捉えることが彼の一番の強みなのです。『ファインディング・ニモ』に、その能力が必要とされていました。」とスタントンは述べています。(38)実はスタントン監督は台本を執筆する前から、ニューマンという作曲家を考えており、ニューマンの映画音楽をヘッドフォンで聴きながら台本を執筆していました。「執筆前から作曲家にこだわったのははじめて」ということです。(39)

ただ抜擢(ばってき)されたトーマスは、やはり従兄のランディが、それまでピクサーの4つの作品を知っており、それらの作品を楽しんでいたために、そのピクサーの仕事をすることは、「とても尻込みさせること」でもあったようです。(40)

一方冒頭にも述べたとおり、『ファインディング・ニモ』のスコアは、『トイ・ストーリー』とは大きく違っていました。その1つは、エンディング・クレジットを除けば、歌が1曲もないということです。また、全編を通して何度も現れる主要テーマも、明確なメロディを持っていないということが特徴といえるでしょう。

この映画は場面場面に細かく音楽がつけられており、音楽が鳴っていないようなところでも、背後に何か楽器の音が入っていたりします。サウンドトラックを聴けばトラックが分けられていますが、実際の映画ではいくつもの音楽が、簡単な音によってつながれていることがあります。しかしながら、映画全体を貫くテーマというのは存在しており、その代表が「ニモのテーマ」あるいは「ニモの卵」と呼ばれるものです。DVDではチャプター2の途中からはじまる静かなピアノの音で、映画のタイトルが画面上に現れる前後になると、はっきりとストリングスで演奏されます。このテーマは合計6回登場し、映画に統一感を与えます。

(38) 『ファインディング・ニモ』OST，ライナーノーツ．ページ番号なし; Finding Nemo: Production Notes.
(39) 『ファインディング・ニモ』DVD，音声解説におけるスタントンの発言．
(40) Review of Finding Nemo. *Filmtracks* http://www.filmtracks.com/titles/finding_nemo.html, accessed on 27 June 2016.

第1回目	0：04：14周辺から	「ニモのテーマ」の最初の提示（キー＝F）
第2回目	0：47：54周辺から	水槽に入れられたニモが父親のマーリンのことを思い寂しがる場面（フルート。ほとんど聞こえない）（キー＝A♭）
第3回目	0：59：23周辺から	父親のマーリンがニモを救い出そうと悪戦苦闘していることがナイジェルから伝わり、ニモがそのことを誇りに思い喜ぶ場面（ストリングス。ニモの感情にフォーカスするため、ナイジェルの話の声の音量が小さくされる。）（キー＝A♭）
第4回目	1：10：11周辺から	クジラの中に飲み込まれたマーリンとドリー（健忘症のナンヨウハギ）。ドリーがマーリンを励ます場面（ピアノのイントロ・フレーズのみ）（キー＝F）
第5回目	1：29：17周辺から	網にかかった魚たちを助けたニモが網の下敷きになっていて、死んでしまったと思いきや無事でほっとした場面。ニモが卵だった場面がフラッシュバックしているところにも注目（オーボエによる演奏。楽想としての提示で、旋律的にはあまりはっきりしていない）（キー＝F）
第6回目	1：31：24周辺から	ドーリーがサメのブルースたちと別れてから、エンディングまでを締めくくる音楽として。（キー＝A♭）

これらを見てわかるとおり、「ニモのテーマ」は、父親のマーリンと息子のニモの両方に関連づけられており、マーリンがニモのことを思うときにも、ニモがマーリンのことを思うときにも、2人が親子の深い絆で結ばれる場面にも、このテーマが使われています。ただし物語上で扱われている感情が父親のほうに近い場合はキーがFであり、ニモに近い場合はA♭になっているのが特徴です。ただこの「ニモのテーマ」は明確にメロディを提示しようというものではなく、どちらかというと淡いモチーフのようなものになっています。

以上、トーマス・ニューマンのスコアの特徴は、ソングライター出身のランディ・ニューマンとは大きく異なるものといえるかもしれません。全体を貫くテーマを1つ持ちながら、個々の場面には、それぞれに対応する音楽が作られているのが、その特徴といえるでしょう。

『Mr.インクレディブル』(2004)

スーパーヒーローたちの活躍を扱った、この映画の音楽を担当したのはマイケル・ジアッキーノという作曲家でした。ジアッキーノは、この映画を期に映画音楽の仕事を本格的にはじめた作曲家です。彼は以前、J.J.エイブラムス監督による『エイリアス』(2001)を期にテレビ・ドラマの仕事をはじめ、その前はゲーム音楽の仕事をしていました。今回ピクサーの仕事をするようになったきっかけは、監督のブラッド・バードがジアッキーノのテレビでの仕事を知り、そこに彼が求めていたサウンドがあったからでした。また、かつてジアッキーノと仕事をしたことのある何人かが、たまたまピクサーで働いていたため、バードの決断があと押しされたということもありました。ジアッキーノは、無名の作曲家に着目するバードを、かつてテレビの仕事をくれたエイブラムスと重ね合わせ、こういった直感的な信頼を、ハリウッド業界では極めて稀(まれ)なことだと述べています。(41)

バード監督がジアッキーノと最初に面会したとき、彼はジアッキーノがどんな音楽を聴いて育ったかを尋ねます。(42) そこでジアッキーノは『ピンクパンサー』や『スター・ウォーズ』『科学少年J.Q.』『原始家族フリンストーン』『宇宙家族ジェットソン』『トワイライトゾーン』など、幼いころから好んで聴いてきた映画やテレビ番組の音楽を挙げました。そこでバード監督とジアッキーノがわかったのは、両者とも1960年代のジャズ・オーケストラを使ったサウンドが好きだということでした。ジアッキーノによりますと、バード監督が求めていたのは、『007』や『ピンクパンサー』の映画にあった、ビッグバンド風のジャズ・オーケストラからあふれ出るエネルギーでした。ただ、ジャズ・オーケストラのサウンドは単なるノスタルジーではなく、この映画の物語に

(41) Dan Goldwasser, "Incredibly Lost with Michael Giacchino," *Soundtrack.Net*, http://www.soundtrack.net/content/article/?id=132, accessed on 25 January 2012.

(42) この段落の記述は，前掲資料と，次の資料を参考にしました.
Michael J. Lee, "RadioFree Interviews: Michael Giacchino: The Incredibles" 17 October 2004, *RadioFree.com*, http://movies.radiofree.com/interviews/theincre_michael_giacchino.shtml, accessed on 25 January 2012.

ふさわしいもので、また、よくあるパロディのような使い方は避けたいと思っていました。もちろんこの映画が1960年代に根ざしていることも大きく、基本理念やデザイン、色合いに、この時代の要素が現れていました。

この映画では、どういう場面に音楽が使われ、どういう場面に音楽が使われていないかを考えるのが面白いところです。たとえばこの映画の冒頭はMr.インクレディブル、イラスティガール、フロゾンの大活躍を見せる場所で、派手に音楽がなっています。「The Incredible」のタイトルとテーマ音楽が同時に登場するドラマチックなやり方は、その後ジアッキーノが関わった『カーズ2』でも使われた手法です。

一方スーパーヒーローたちが社会から忌み嫌われる存在となり、彼らが「普通の生活」を強要されてからのボブ（Mr.インクレディブル）の仕事の場面や、家族の場面では音楽がパッとなくなります。スーパーヒーローの特殊スーツ製作に燃えるデザイナー、エドナ・モードとMr.インクレディブルの場面にも基本的には音楽が入っていないのですが、イラスティガールであるボブの妻ヘレンが、いよいよ本来のヒーローとして、夫であるMr.インクレディブルを助けにいかなければならないというシーンで音楽がはじめて聴こえてきます。またボブとルシアス（フロゾン）がこっそりヒーロー仕事をやる場面（火災現場）では、スーパーヒーローとしての彼らのアイデンティティを発揮し、救出アクションの場面でもあるので、音楽が使われています（この救出劇が終わって家に帰ったボブが自分のテーマ音楽を鼻歌で歌い、ご満悦の様子がうかがえます）。このように、『Mr.インクレディブル』では、アクション・シーン、サスペンス・シーンなどに集中して音楽を使っている傾向があります。

一方後半になって、悪役のシンドロームに捕らえられたMr.インクレディブルをシンドロームの秘書ミラージュが助け、2人の人間的な側面が捉えられたり、イラスティガールである妻ヘレンとMr.インクレディブルであるボブがキスをするシーンなどでは、叙情的な音楽が入ります。ここでは前半で見られた冷めた夫婦生活とは違った感情の動きが表現されています。ジアッキーノはこの映画の音楽は「激しい曲」と「心温まる曲」に分類されるということですが、この場面の音楽は後者に当たるのでしょう。その後、映画はインクレディブル一家によるアクション・シーンが連続するため、『007』風のテーマやアクション向けの音楽が繰り返し流れます。スーパーヒーローの本領発揮ということになりますが、ここでも音楽が重要な役割を果たしていることに注目したいところです。

『カーズ』(2006)

ピクサーのアニメでは2007年の『レミーのおいしいレストラン』までは、アメリカを舞台としており、2008年の『WALL・E/ウォーリー』までは現在を扱っていました。この『カーズ』も登場人物はすべて車になっているのですが、その舞台設定は、やはりアメリカということになりそうです。ここでの自動車は実用的な機械というよりも、文化の象徴として登場しているともいえるでしょう。もちろん自動車は擬人化されているので、登場人物に人間的な感覚や感情を持たせることが可能であり、アメリカ中西部の架空の町に住むキャラクター、そしてそれらを取り囲むさまざまなビジネスや人の営みも、この映画の対象になっています。

主人公のマックィーンは若手のレーサー・カー。《リアル・ゴーン》は、スピードを競うことが人生のすべてであるマックィーンを表しているようです。またそれは、都会に生きる現代社会を象徴するかのようです。夜のレースを終わって、ピストン・カップ王座決定戦に向かうときに流れるのは《ライフ・イズ・ア・ハイウェイ》です。トム・コクランが1991年にリリースした楽曲ですが、ここではラスカル・フラッツというグループが歌っています。ダイナコ400からカリフォルニアでおこなわれる王座決定戦へとトレーラーを牽引するトラックのマックが高速道路を走るときの「ドライビング・ミュージック」として使われています。監督のジョン・ラセターは、この映画を作りはじめたころから、音楽はとても重要な役割を果たすと考えており、楽しいドライビング・ミュージックを多く取り込もうと考えていました。(43)《リアル・ゴーン》が「ピストン・カップ」史上初の新人チャンピオンを狙うマックィーンを表したのであれば、これはそのマックィーンがスター選手としてカリフォルニアへと向かう境遇を現しているといえるのでしょう。

マックィーンは、マックの居眠り運転によって、はぐれてしまうのですが、そこに登場するのが暴走族。彼らはヒップホップのドライビング・ミュージックを持っています。そしてマックを居眠り運転へと誘うのに、サキソフォンの入ったムーディーなポップ調のドライビング・ミュージックを使っています。この辺の音楽ジャンルの選択も面白いところですね。

さてはぐれたマックィーンは「ルート66」沿いにあるという設定の架空の町ラジエーター・スプリングスに迷い込んでしまいます。この地を象徴する映像として現れるのが黄色の点滅信号です。時間の流れが高速道路とは違うことを感じさせるこの場面では、ハンク・ウィリアムズの《心のき

(43)『カーズ』Blu-rayに収録されたラセターの音声解説.

ずなを解いてくれ》が遠くのラジオかレコード・プレイヤーから聞こえてくるように流されています。ここではアップビートのロックとは違った、カントリー・ナンバーが、「田舎っぽさ」、そして、そのゆったりとした時間の流れを醸(かも)し出しています。

その後、マックィーンはレッカー車のメーターとの友情を深め、町医者(整備士)のドック・ハドソンの真のアイデンティティに気づきます。マックィーンは女装の自動車のサリーと親交を深めていく中で、ラジエーター・スプリングスの歴史と魅力を発見し、田舎町の人々を勇気づけ、繁栄していたころの町の活気を取り戻していきます。ここで古いロックンロールやオールディーズが流れてきます。冒頭のレース・シーンで聴かれる現代のロックとは違った、懐かしい響きとして、たとえばジャズのスタンダードナンバー《ルート66》(チャック・ベリー版)が流れ、これがクラシック・カーのキャラクターといっしょになると、いかにも古き良き時代のアメリカという感覚が醸し出されてきます。1950年代から60年代前半のアメリカ(の白人社会)がもっとも豊かだったと、ノスタルジアを伴って振り返ることができるということなのでしょう。

《アワ・タウン》はルート66沿線の町に高速道路ができて迂回(うかい)されてしまうまでの人々の気持ちの変化を歌に託しています。ラセター監督によると、ルート66を旅して高速道路ができるまでの様子を、あちこちの町を取材し、感動的なエピソードも多く集まったそうです。しかしそのエピソードを盛り込もうとすると、あまりにも内容が複雑になるので、どういう風に映画本編のストーリーに織り込んだらよいか、悩んだそうです。そして最終的にランディ・ニューマンに歌を作ってもらい、そこに昔の町の姿を登場させることになりました。実際にできあがったランディ・ニューマン作詞作曲によるこの挿入歌は、移り変わっていく町の変化に乗せて歌いつづることで、かつて抱い

ていた希望と現実との差を、まざまざと感じさせることに成功しています。(44)

次に『カーズ』のスコアについて考えてみましょう。特にピストン・カップにおけるレースの場面はそこで使われているスコアの音楽スタイルと、その意味づけを考える上でとても面白い実例になります。マックィーンはロックのビートに合わせて再び懸命にレースに取り組むのですが、過去の独りよがりなレーサーではありません。短い間ながらも自分を大きく育ててくれたドック・ハドソン、親友となったメーターなど、ラジエーター・スプリングスの車たちのことを忘れることはできません。レース中にマックィーンは、この田舎町のことを思い出します。すると音楽もロックから一変、カントリー風になります。「心ここにあらず」の感じが音楽によってより明確になる1コマといえるでしょう。

このほか『カーズ』では、音楽ジャンルが持つ文化的背景が登場キャラクターと結びつけられている部分があります。サージとフィルモアがその例といえるでしょう。サージは退役軍人で、ジープということになっていて、毎日は起床ラッパと国旗掲揚、朝礼ではじまります。一方フィルモアはヒッピー（フォルクスワーゲンのバン）で、ジミ・ヘンドリックスが奏するアメリカ合衆国国歌でこの起床ラッパを台なしにするというものです。愛国主義的なキャラクターと、1960年代後半に起きたカウンターカルチャーをジョークの種にしているということでしょう。

ロックといってもさまざまな時代があるわけで、それは当然時代やそのときの文化と結びついています。どういうスタイルの曲が特定の場面に現れるか、挿入歌に何が使われているかということは、アメリカの車の文化とも関連しています。

そのほか、サウンドトラックに含まれている楽曲を挙げてみますと、ブラッド・ペイズリーの歌

(44) 前掲資料.

うナンバーが2つあります。《ビハインド・ザ・クラウズ》はラジエーター・スプリングスにあるFlo's V8 Cafeで短く聞こえてくるナンバー。《ファインド・ユアセルフ》は、エンディング・クレジットに登場します。

なお、この映画のスコアでは110人からなるオーケストラが使われ、マンドリンやギター、ハーモニカなども使い、カントリー／ブルーグラス的な音色も加えられたとのことです。(45) なおブルーグラスはカントリー・ミュージックの伝統に連なるアメリカ音楽のジャンルで、その最盛期は1940年代といわれています。

『レミーのおいしいレストラン』(2007)

『レミーのおいしいレストラン』は当初ヤン・ピンカヴァのもとで制作が進んでいたのですが、途中でピンカヴァが降りることになり、『Mr.インクレディブル』のブラッド・バード監督がこれを引き継ぐことになりました。そして、音楽もマーク・シャイマンという作曲家が担当することになっていたのですが、バード監督が指名する形で、マイケル・ジアッキーノが起用されることになりました。(46) ただバード監督がプロジェクトを引き継いでから完成までには1年半ほどしかなく、その間に台本の書き換えや、それに伴うストーリー・ボードの描き直しなど、かなり急ピッチで進むことになりました。音楽についてもテンプ・トラック（仮の音楽が入ったもの）が入った部分もあったのですが、まさに「とりあえずついていた音楽」で、それらは必ずしもブラッド監督が望む

(45) "Cars: Production Notes," *Pixar Talk*, http://www.pixartalk.com/feature-films/cars/cars-production-notes/, accessed on 3 March 2016.
(46) Jérémie Noyer, "Michel Giacchino Cooks Up Tasty Tunes for Ratatouille!" *Animated Views* (25 February 2008), http://animatedviews.com/2008/giacchino-scores-with-ratatouille/, accessed on 25 May 2013.

べくあったものではありませんでした。[47] ジアッキーノによるとバードはいつもこの映画にはどんな音楽が必要かわからないと言っていたそうですし、以前まで進んでいた映画がかなり違ったものであったそうで、ジアッキーノ自身も音楽の方向性で悩んだようです。現在私たちが観る完成形のサウンドトラックにも幅広いジャンルの音楽が使われているのですが、それはジアッキーノがプロジェクトに参加してからの試行錯誤の結果であったと推測されます。

さて、バード監督の『Mr.インクレディブル』がスコアのみで進めていく映画だったのに対し、『レミーのおいしいレストラン』には挿入歌（ジアッキーノは「タイトル・ソング」と呼んでいます）があります。[48] フランスの歌姫カミーユが歌う《ごちそう》です。ジアッキーノによりますと、最初ブラッド監督らは、「最初は何か古めかしい、典型的なフランスの歌のようなもの」を映画の場面に欲しがっていたそうです。しかしジアッキーノは、「この映画ならではの、何か特別なもの」で「一般的にフランスっぽいとされるクリシェ[49]のようなものではないもの」を入れるべきだと考えます。[50]「この映画はほかのものとは違っていて、特別なもの」と彼は考えていましたし、「映画は永遠に残るかもしれないものだから、できれば何年も生き残るもの」を作りたかったといいます。

実はこの《ごちそう》という曲は、旋律のほうが先にできました。その旋律は、映画のためにジアッキーノが書いた最初のもので、最終的には映画を通して何度も現れる、この映画のテーマとなる旋律でした。しかしジアッキーノがバード監督から歌の話が出たときは、これとは別の、いろんな可能性を試行錯誤していたといいます。しかし「なんでこんなにいろんなことを試そうとしているのだろう、メインとなっているテーマを使って、このメロディを歌にすればいいじゃないか」とい

(47)　前掲資料.
(48)　前掲資料.
(49)　「クリシェ」は「決まり文句，常套句」と訳されるようですが，ここでは「いかにもという感じの音楽」のことを指しているのではないかと考えられます.
(50)　Noyer.

う結論に至り、スコアで使われていた旋律による挿入歌が誕生することになりました。(51)これは主題歌・挿入歌を先に作りスコアをあとで作るという、通常のディズニーの音楽の作り方とは逆になります。

映画の真ん中に歌を入れることを提案したのは、ジアッキーノによればブラッド監督でした。コックになりたいネズミのレミーの活躍によって、見習いだったリングイニは名コックとなり、グストーのレストランが再評価されただけでなく、実は天才シェフのグストーの息子だったということもわかり、レミーとリングイニがこのままうまくコラボレーションしていけば、幸せな未来が開かれるということが、コラージュとして描かれていきます。このように、主人公のレミーとリングイニのコラボレーションが、うまい形でリングイニの成功につながった場面で歌われるのが《ごちそう》という曲です。もちろん、その後の映画には、波乱万丈が待ち構えているわけですが。レミーとリングイニ、女性コックのコレット、料理評論家のイーゴを含めた、本当のハッピーエンドが訪れたときにも《ごちそう》は登場します。この映画本編の最後に歌を再登場させることを提案したのもブラッド監督でした。(52)

ちなみにジアッキーノが《ごちそう》の歌い手としてカミーユを選んだ方法は、インターネット検索によってでした。「フランスの女性ヴォーカリスト（female French vocalist）」というキーワード検索を彼がかけたところ、かなりの数がヒットしたそうです。そして、いろんなページを訪ねては実際の音を聴き、そこで出会ったカミーユの作った歌や歌声にすっかり魅了されました。それで彼女に連絡を取り、映画のために歌ってくれないか、と尋ねたのです。そして歌を歌ったカミーユのほうも、バンクーバーでおこなわれた録音セッションにおいて特定の詞の歌い方や和音について

(51) 前掲資料.
(52) 前掲資料.

意見を述べたそうで、彼女の音楽性も挿入歌の性格に大きく影響したことがうかがえます。(53)

前述したように《ごちそう》の旋律は、もともとスコアに使われていたものでした。では、この旋律が登場するシーンを検討してみましょう。まず、リングイニの作った特別料理が評判になり、彼の料理が次々とお客さんから注文されるというシーンにおいて、このテーマが速めのテンポで登場します。次に、イーゴやいよいよやって来る段になったのに誰も協力してくれないという状況において、レミーの父親が息子の料理にかける情熱を理解し「料理はできないが家族だ」と、レミーを助けようとする場面にも《ごちそう》の旋律が登場します。いずれもレミーの、パリ一番の料理人となりたいという夢が実現に向けて一歩前進する場面に使われているといえるでしょう。意外に感じられるのは、リングイニの母からの手紙とＤＮＡ鑑定書を料理長のスキナーのもとから奪い取ったレミーが、スキナーから追いかけられ、ちょっとしたアクションになるシーンで旋律が使用されていることです。この場面では、レミーだけではなくリングイニの「成功」にもこのテーマが関わっているように感じられます。

そのほかのスコアについても考えてみましょう。映画における音楽は、舞台設定を観客にすばやくわからせる役割を持っていると思われますが、この映画の場合、冒頭に登場するテレビ・ニュースから流れるのは、フランス国歌《ラ・マルセイエーズ》で、物語の舞台となっているフランスやパリという場所を、いち早く音楽で打ち立てようとしています。(54)そして「料理といえばフランス、パリ。グストーはそのパリ一番の料理人」だということがナレーションによって伝えられていきます。その背後には、アコーディオンを使ったフランスのポピュラー音楽の一種であるミュゼットが聞こえてきます。観客は、これらのフランス的要素によって、物語の舞台に一気に引き込まれます。

(53) 前掲資料.
(54) 実はディズニーとピクサーのクレジットが出る部分でも，カミーユの歌声に続いて，《ラ・マルセイエーズ》の旋律をほのめかす断片が演奏されています．バード監督によると，これは「見る人に，冒頭からフランスを感じてもらう」ためでした．『レミーのおいしいレストラン』Blu-ray所収のブラッド・バード監督による音声解説.

アコーディオンを弾いたのは『ドクトル・ジバゴ』『シンドラーのリスト』『トイ・ストーリー2』『パイレーツ・オブ・カビリアン』などでも音色を聞かせたジャズアコーディオン奏者フランク・マロッコでした。(55)

しかし、そのような人間世界の舞台設定を説明するオープニングが終わると、映画の舞台は人里離れた村へと移ります。そしてナレーションの声の主が自らネズミであると宣言すると、ゲシュトップフト奏法によるホルンの音が鳴らされます。この音とともに、舞台はレミーが住む、どこかしら薄汚れたネズミの世界を描いていくことになります。ネズミたちが一目散に逃げる場面では、ネズミはロマ（ジプシー）のように描かれているのですが、(56) 音楽のほうも、いわゆる「ジプシー音楽」を思わせるスタイルのものが使われています。

ただネズミのレミーは、ネズミでありながら人間とコミュニケーションが取れることになっています。キャラクターの動きにも人間的なものが当然求められ、その人間的要素が強調される場面では、レミーは4本足ではなく、2本足で歩くようになります。またレミーの感情も、その身振り手振りやセリフとともに、音楽で表現されます。もちろんネズミとしてのアイデンティティを失ってしまっては、リアルさが消えてしまいますので、ときどき彼がネズミということを思い起こさせる必要があります。

このネズミとしてのレミーと人間のような感情を持ったレミーの両方がよくわかるシーンがあります。それは家族と別れ別れになったレミーが地下の下水道の排水管を上へ上へとたどっていくシーンです。4本足ですばやく動くネズミのレミーは、小気味よいフルートのパッセージで表現されています。しかし最終的に屋根上にまで登ったレミーは、パリの街並みを一望し、自分が憧れの

(55) Noyer.
(56) 『レミーのおいしいレストラン』Blu-ray所収の，ブラッド・ルイス（制作）による音声解説．

街にいることに気づきます。この場面ではネズミらしい動作を現していた音楽がパッと姿を消し、感動し2本足で立つレミーの、希望や夢といった心の中にある人間的なものが、すてきな夜景と音楽によって描かれています。なお、この一連の場面において使われたネズミとしてのレミーを表現する小気味よいパッセージは、グストーのレストランに飛び込んだレミーが走り回る場面ではハイスピードのアクション・ミュージックの旋律となっています。とんだアクシデントでレミーは料理をすることになってしまうのですが、まだこの場面では夢を実現させる感情的なシーンにはなっておらず、レミーはまだネズミという存在であるということが、この旋律の選択になったとジアッキーノは述べています。またセーヌ川沿いの歩道で瓶の中から解放されたレミーがリングイニから逃げ出そうとするシーンにも使われています。やはりネズミとしてのレミーを表現するものといえるでしょう。

そのほか、リングイニとレミーが共同作業をする場面に一貫して使われるメロディもあります。リングイニがレミーを「操り人形」として調理するようにできるまでのトレーニング・シーンです。このコミカルな「リングイニのテーマ」は、レミーがリングイニのアパートにやってきて、リングイニが自転車を片づけようとするシーンで最初に現れ、次の朝の朝食をレミーが準備するシーンや、グストーのレストランの冷蔵庫の中で空腹のレミーがチーズをぼんやり眺めるシーンなどにも登場しています。口笛を吹くのはオーケストラのメンバーの1人、ボビー・シュールゴールドでした。(57)

なお『レミーのおいしいレストラン』は料理を扱う映画ですが、料理のおいしさを実際に観客が味わうことはできません。画面上の絵と音によって、味を伝える工夫が必要になります。音楽

(57) Noyer.

的な工夫としては、レミーが食材を頬張る場面につけられた音楽にそのような工夫が見られます。映画の最初のほうで、レミーはおばあさんの家に忍び込みますが、そこでチーズとイチゴを食べます。まずチーズを口にすると、ラテン系のパーカッションとコード進行が聞こえてきます。次にイチゴを一口食べると、今度はアコーディオンの美しいメロディが奏でられます。さらにその両方を一度に口に入れると、ラテンのリズムとアコーディオンのメロディがドッキングした、エキサイティングな音楽が演奏されます。チーズとイチゴという2つの食材の組み合わせがとてつもなくおいしいハーモニーを奏でるかのような感覚が、画面の変化とともに伝わってきます。

『レミーのおいしいレストラン』は、ピクサーがはじめてアメリカ以外を舞台にした作品で、「フランス情緒」を打ち立てるために、シャンソンやアコーディオンを使用し、《ラ・マルセイエーズ》を引用しました。一方で主人公のレミーは、ネズミでありながら、人間と共同作業をするため、動物らしいしぐさを描写する一方で、人間的な感情を出すためにも音楽をうまく使いました。作曲者のジアッキーノはさらに、料理のおいしさを伝えるためにも音楽を効果的に用いています。

『WALL・E／ウォーリー』(2008)

2004年、『ファインディング・ニモ』(2003)はアカデミー賞長編アニメ賞を受賞しました。そのアカデミー賞授賞式で祝杯を挙げるため劇場のバーに行ったアンドリュー・スタントン監督は、彼の次の作品となる『WALL・E／ウォーリー』のことを考えたといいます。彼は音楽についても『ファインディング・ニモ』で仕事をしたトーマス・ニューマンに声をかけます。そして、そのときからすでに「今度の映画はSFにミュージカルの『ハロー・ドーリー！』（1969）を盛り込んだもの」だとスタントンはニューマンに説明したそうです。(58) つまりスタントン監督がニューマンに仕事を持ちかけたとき、映画のオープニングに使う曲目は具体的に決まっていたことになりそうです。

実はスタントン監督は、『ファインディング・ニモ』の制作を終え、次の作品に取りかかろうとしていた2003年のはじめには、映画の最初に古めかしい音楽を宇宙空間の映像に当てることを考えていました。(59) そこには明確な理由はなかったのですが、直感的にピンとくるものがあったようです。ただ、そういった「未来的なもの」と「過去」とのぶつかり合いのようなものを表現するにしても、過去を表現するのに何を選ぶのかという問題があります。スタントン監督が最初に思いついたのは、1930年代のフランスのスイング・ミュージックでした。しかしシルヴァン・ショメ監督のアニメ映画『ベルヴィル・ランデブー』（2002）が、ちょうどフランスのスイング・ミュージックを使っており、それを真似（まね）するわけにもいかなくなったのです。結局、別の音楽を探ることになりました。(60)

そこで、少年時代に学校でミュージカルを演じた経験のあるスタントン監督は、ミュージカルのスタンダード・ナンバーをあれこれ探します。そして iTunes に『ハロー・ドーリー』を見つけて聴いたところ「どこかに（out there）」というフレーズに突き当たります。このフレーズがぴったり合うと思ったスタントン監督は、近しい仲間に音楽をつけた映像を見せていたそうなのですが、その過程で、彼がこの曲についてピンと来た理由がわかったといいます。それはこの曲にはナイー

(58) 森本康治『WALL・E／ウォーリー』サウンドトラック Avex AVCW-12706（日本盤），解説書．

(59) Alex Billington, “Interview: Wall-E's Writer and Director Andrew Stanton,” *FirstShowing.net* http://www.firstshowing.net/2008/interview-wall-es-writer-and-director-andrew-stanton/, accessed on 16 September 2014; Mariana McConnell, “Interview: WALL-E's Andrew Stanton,” Cinemablend, http://www.cinemablend.com/new/Interview-WALL-E-s-Andrew-Stanton-9323.html, accessed on 16 September 2014.

(60)『ウォーリー』Blu-ray（日本盤）に収録されたアンドリュー・スタントン監督のコメント; Chris Willman, “‘WALL-E’: How He Found ‘Hello, Dolly!,’” *Entertainment Weekly*, 14 July 2008, http://www.ew.com/article/2008/07/14/wall-e-how-he-found-hello-dolly, accessed on 9 September 2015.

ブさがあるということでした。自分たちが住む小さな町の外に出たことがない青年たちが、まだ見たこともない世界へ飛び出し、人々の生活を知り、都会に行ってすてきな少女にキスをするというのです。その内容が『WALL・E／ウォーリー』の主人公ウォーリーとぴったり重なったのでした。そしてスタントン監督は次に、ウォーリーや映画の本質をつかむべく別の曲を探します。そして再び映画『ハロー・ドーリー！』を見て《ほんの一瞬のこと》という曲を見つけたのでした。スクリーン上では男女が手を握っており、これこそ「君が大好きだよ」というメッセージを伝えるしぐさだとスタントン監督は考えます。

さて『WALL・E／ウォーリー』冒頭に聞こえてくるのは映画版『ハロー・ドーリー！』よりマイケル・クロフォードが歌う《日曜は晴れ着で》という歌で、最初はその歌が映画にどのように関連づけられているのかまったくわからずにものごとが進みます。宇宙空間とミュージカル・ソングの組み合わせは、無機的な無限空間とノスタルジックな歌の組み合わせともいえるでしょうか。意外な組み合わせなので、興味を引かれます。意外な組み合わせといえば、たとえばスタンリー・キューブリック監督の映画『2001年宇宙の旅』におけるヨハン・シュトラウス2世のワルツ《美しく青きドナウ》と宇宙空間の映像の組み合わせが思い起こされそうですが、この『WALL・E／ウォーリー』の場合は、それに似た意外性を持ちながら、なおかつ引用されている歌があとの布石にもなっていることが注目されます。

『WALL・E／ウォーリー』の前半にはセリフがほとんどありません。ゴミ処理ロボットであるウォーリーは人間のまったくいない地球上で、毎日ゴミを黙々と片づけるだけだからです。しかし、地球の環境を調査に来た白い最新型ロボット、イヴと遭遇し、ウォーリーが地球を飛び出し宇宙船アクシオム号で人間に出会うことで、ウォーリーは少ない言葉と声のイントネーションによってコミュニケーションを交わすようになります。また音楽は、画面上のアクション（たとえばイヴを連れてきた宇宙船が登場する場面）や登場人物の心の動きとシンクロしています。ですから『WALL・E／ウォーリー』における音楽は、既成の、場面にあった音楽を、映画を見ながら即興的につけていくといったサイレント映画の音楽のつけ方とは異なっています。スコアを担当したトーマス・ニューマンにしても、この一風変わった映画の前半に音楽をつけることについて、他の映画と「仕事の仕方が違うかどうかはわかりません」「映像を見て、その映像に曲をつけ、それが自分にとってうまくいっているかどうかということについては変わりがありませんから」と語っています。(61)

そうはいっても、音楽が持つ役割については「物語上、より大きな責任がある」ことをニューマンは感じていました。彼はこの映画におけるセリフが少ない分、音楽が「物語を語る要素として」より頼りにされるという認識を持っていたのです。ただ、あまりそのことを重く考えすぎると、プレッシャーになり、仕事はできなかっただろうといいます。そこで従兄であるランディ・ニューマンがトーマスにアドバイスをします。そのアドバイスは最初の10分だけ見ろ、それ以上は見るな、それ以上見ると映画に飲み込まれてしまうぞ、というものでした。(62)

この映画は一見サイエンスフィクションであり、そして無機質と考えられるロボットを主人公としながらも、人間的な要素であるラブ・ストーリーの要素が盛り込まれています。そして音楽はロボットに人格があると思わせるのに大きく役に立っています。たとえばウォーリーの1日の過ごし方を描いたシーンでは、彼が人間のように寝ぼける場面から朝の営みをはじめようとする背

(61) "ScoreKeeper Chats with Composer Thomas Newman!!," *Ain't It Cool News*, 17 September 2008, http://www.aintitcool.com/node/38356, accessed on 15 September 2014.

(62) 前掲資料．なお，スタントン監督は，言葉にならない「ビープ音，ガーガー音，ブーンという音」などには意味があり，特定の言葉を伝達すると考えていました．そこで台本には通常の映画のようにロボットたちのセリフを書いたそうです．ただしそれらのセリフを括弧に入れ，言葉そのものは話さないようにし，ビープ音やガーガー音を，それらのセリフのアクセントと関連づけて発音させたようです．

後で、オーボエのオスティナートを使ったコミカルなテーマ音楽が流れます（伴奏は弦楽器のピチカートをサンプリングしたものでしょう）。一方、イヴにもテーマがあり、3拍子による優しいストリングスの響きが聞かれます。こちらにはハープにオスティナート音型が現れます。スタントン監督とニューマンの間には、このテーマが女性的になっているかどうかということについてのやり取りがあったといいます。(63) またいずれのテーマにしても、トーマス・ニューマンは、はっきりとした旋律よりも、モチーフの反復を使うことが多いようです。(64) それは『ファインディング・ニモ』もそうでした。

さらにウォーリーはイヴに対して好意を感じており、そのため、ルイ・アームストロングの《バラ色の人生》が引用されていたり《はじめてのデート》という、1970年代のポップ・ソングのような曲が用意されていたりします。後者についてですが、スタントン監督によると、もともとウォーリーとイヴのデート・シーンには映画『明日に向かって撃て』の音楽が当てられていました。「この曲のちょっと変わったところがデート・シーンの奇妙なところに合う」とスタントン監督は考えていましたが、トーマス・ニューマンが「それよりもっとこのシーンによく合う曲を作るから、やらせてくれ」といったそうです。(65) ウォーリーがイヴに対する「想い」を持つことは、この映画の後半において、予期せぬ出来事が続く要因になるのですから、この2台のロボットの関係をきちんと確立しておくことはとても大切です。

物語の後半は、アクシオム号に登場する人間たちとロボットのやり取りになります。そしてウォーリーが地球から持ち込んだのは植物だけではなく、彼が自分の楽しみとして録音していた『ハロー・ドーリー！』の楽曲でした。地球上における過去の人間生活を知らないアクシオム号の

(63) "ScoreKeeper Chats with Composer Thomas Newman!!"
(64) 前述したイヴのテーマは，ウォーリーとイヴの仲がより近くなる場所で繰り返されます．たとえば，植物のサンプルを葬り去るために自爆した宇宙カプセルからウォーリーが生還したことを喜ぶイヴが，ウォーリーと２人で踊る場面でもこの旋律が使われています．
(65) 『WALL・E／ウォーリー』Blu-rayディスクに収録されたスタントン監督の音声解説．

艦長は、ウォーリーが『ハロー・ドーリー！』を楽しむ姿を録画したイヴの映像によって「踊り」を知り、イヴもウォーリーがなぜ自分につきまとってくるのか理解するのです。人間としての生きる楽しさと愛情が音楽によって伝わってくるということでしょう。そして映画本編の最後には、ウォーリーの望みがかなえられたように《ほんの一瞬のこと》が登場します。ここに観客はロボットどうしの愛情の結実を感じることになるのです。

そのほか『WALL・E／ウォーリー』の音楽で既成曲の引用として面白いものには、リヒャルト・シュトラウス作曲の交響詩《ツァラトゥストラはこう語った》の冒頭部分の使用でしょう。アクシオム号の艦長は、このアクシオムを実質的に支配している自動操縦装置のオートと対決する道を選ぶことになるのですが、艦長の人間としての第一歩を示すように、自分の足で立つ瞬間に、《ツァラトゥストラはこう語った》の冒頭部分が流れます。これは人間と機械の対決というプロットを考えれば、スタンリー・キューブリック監督の『２００１年宇宙の旅』と関係があるようです（スタントン監督自身、この曲を「『２００１年宇宙の旅』の曲」と言及しています(66)）。スタントン監督によると、この曲は当初ギャグとして入れたそうですが、テスト上映で歓声が上がり、感動のあまり立ち上がった人もいたそうです。「この曲がすごく効果的だというのを目の当たりにしたので、これほど観客にウケているのだから、変更など絶対にしないで、使用料でも何でも払って、この曲を使おう」ということになりました。(67)

なお、スコアを担当したニューマンは多彩な音色を使うことでも知られています。この映画においても、通常のオーケストラの楽器のほか、ギター、チェレスタ、ヴァリハ（マダガスカル生まれの竹筒型チター）、エオリアン・ハープ（自然に吹く風を利用して弦を鳴らす大型の弦楽器）。ジュ

(66)　前掲資料.
(67)　前掲資料.

ンジュン（アフリカの打楽器）などが使われたそうです。(68)

『カールじいさんの空飛ぶ家』（2009）

『カールじいさんの空飛ぶ家』はマイケル・ジアッキーノがピクサー映画に音楽をつけた第3作目になりました。『Mr.インクレディブル』同様、挿入歌が一切ないスコアのみの作品です。「ピクサー映画ですばらしいのは、映画を観ると、アニメーション的な視点ではなく、登場人物の視点から考えることだ」と述べるジアッキーノですが、彼はこの映画の音楽においても、通常の実写映画のように、スクリーン上に登場するキャラクターを本物の人間とみなして取り組みました。(69) 特に主人公のカールについては、78年間生きてきた人間は、いったいどんなスタイルの音楽に接したかということを考えました。その結果1930年代のスイング・ジャズが選ばれます。(70)

映画は主人公カールの少年時代、冒険家マンツが登場するニュース映画が上映されている映画館からはじまります。ボブ・ピーターソン監督によると、この架空のニュース映画（newsreel）のスタイルは、音楽も含めて「『キングコング』など白黒の冒険映画」を参考にしたそうで、映像を故意に下手に見せているように、音楽もちぐはぐな印象を与えようとしたといいます。そこで2人の監督（もう1人はピート・ドクター監督）は「冒険風」「ミステリー風」「ロマンス風」など、いろいろな曲調を盛り合わせようと考えました。(71)

ニュース映画を見たカール少年は、すっかり冒険家マンツになったつもりです。そして「なりき

(68) 森本『WALL・E／ウォーリー』OST，解説書.
(69) "Michael Giacchino on Composing Up + No Physical CD," *Upcoming Pixar*, 22 May 2009, http://pixarplanet.com/blog/michael-giacchino-on-composing-up-no-physical-cd, accessed on 2 March 2015.
(70) 前掲資料.
(71) 『カールじいさんの空飛ぶ家』Blu-ray収録のドクター監督とピーターソン監督による音声解説.

り少年」が映画館から帰っていく場面に流れているのが、ニュース映画に登場した旋律です。この劇中劇ともいえるニュース映画の音楽には歌詞がつけられ、エンド・クレジットでは《アドベンチャー号》という歌にもなっています。

映画本編でニュース映画のテーマの次に登場する旋律は、エリーの旋律です。おんぼろな空き家の中でエリーが1人で冒険ごっこに夢中になっているシーンには、エリーのテーマのコード進行（F－F7）がずっと流れています。さらにエリーがカールに自己紹介をするときに、このコード進行に乗せたエリーの旋律の基礎となる動機（F－A－F－E）が登場します。そのようにして、エリーのテーマが自然に導入されるのですが、『カールじいさんの空飛ぶ家』においては、このエリーの動機・旋律がとても重要な役割を果たしています。このF－F7というコード進行はとてもシンプルで、エリーのテーマとなる旋律が明確に聞こえてこないところにも多数登場しています。従って観客はいつの間にか、エリーに関連したコード進行、エリーの動機、さらにエリーのテーマ旋律を継続的に聴いていることになります。エリーの動機がどんな場面で登場しているかについては、のちほど述べます。

このエリーの動機がきちんとした旋律として登場するのは、大人になったエリーとカールの結婚式から死別までを描いた「結婚生活」というシーンです。この4分あまりのシーンには「これ以外なく、もっぱらこのテーマだけ」とピート・ドクター監督が指摘しているように、エリーのテーマのみが一貫して使われています。[72] しかも単に同じ旋律を単純に繰り返すのではなく、まるで変奏曲のように、最初に提示された旋律が、さまざまなテンポや楽器の音色で奏でられていきます。冒頭（イントロ部分）ではクラリネットとサキソフォンが、まるでグレン・ミラーの《ムーンライト・

（72）『カールじいさんの空飛ぶ家』DVDに収録された音声解説.

セレナーデ》のような美しいハーモニーでワルツをスタートさせています。それに続いてミュート・トランペットがエリーのテーマを奏で、コミカルな響きで甘い新婚生活を描きます。しかし妻のエリーに子どもができないことがわかるシーンでは、F－A－F－Eのテーマを奏するクラリネットの音が伸ばされて、流れがいったんストップします。この悲しい場面に続いて、F－A－F－Eのテーマがマーク・ガスバロによるピアノ[73]によってメランコリックに提示されます。実に心に響く音楽です。

このように「結婚生活」の一連のシーンは基本的にエリーのテーマを一貫して使いながらも、楽器の選択、テンポの伸縮によるペース配分などの工夫によって、セリフなしに音楽で進めていきます。全体の流れは4分あまり。この短い間に2人の人生の起伏すべてをつづらねばなりません。ジアッキーノは「数秒で」悲しみを表現しなければならない場面と、おおらかに喜びを表現してもよい場面とがあり、そのバランスを取るのが難しかったと述べています。[74] 彼はストーリー・ボードの段階からこのシーンを見ているのですが、すでにその段階から、結婚後の2人の物語は感情に強く訴えました。「好きな人を失うこと」は「私たちすべてに起こること」であり、カールとエリーという映画の登場人物の中だけに終わるものではないとジアッキーノは感じました。[75]

ドクター監督にとっても、これは単なる日常を追ったものではなく、カールの思い出の中にある（美化された）日々の記録であり、そこには「絶対に心に響く曲」が欲しかったといいます。特にエリーの存在は「物語を支える原動力」であり、音楽を聴くたびに、エリーのことを感情の面で思い出してほしかったとも言っています。人生の起伏を伝えながらも、一方では全体に甘美にまとめることも、ここではとても大切になります。

(73) 『カールじいさんの空飛ぶ家』サウンドトラック・アルバム（Intrada D001372702）の解説書に記されている演奏者名.

(74) "Pop & Hiss Goes to the Movies: Michael Giacchino on the 'Emotional Time Bomb' of 'Up,'" *Pop & Hiss: The L. A. Times Music Blog*, http://latimesblogs.latimes.com/music_blog/2009/12/pop-hiss-goes-to-the-movies-michael-giacchino-on-the-emotional-time-bomb-of-up.html, accessed on 9 September 2014.

(75) Mart Ciafardini, "Exclusive: Interview…Film Composer Michael Giacchino," *Goseetalk.com: A Conversation beyond the Silver Screen*, http://goseetalk.com/interview-film-composer-michael-giacchino/, accessed on 9 September 2014.

前述したように、「結婚生活」に登場したエリーのテーマは、映画全編を通して、さまざまな形で登場します。主要な箇所を列挙してみましょう。

22：00　エリーの思い出が詰まった家とともに。カールが何万もの風船で旅立つシーン(76)
48：25　ラッセルの境遇を聞き、彼の心にカールが触れたシーン
1：00：59　マンツの山から逃げる主人公たち（家もいっしょに逃げる）
1：11：32　エリーとの思い出にふけりながら冒険ブックのページをめくるカール。ピアノによる演奏。
1：14：12　ラッセルを救出するため家の中のものを捨てて家を軽くするカールのシーン（新しい冒険への旅立ち）
1：17：14　ラッセルを救出しようとカールがやってくるシーン

これらの場面以外にもエリーのテーマが聴かれます。その多くは、カールが亡き妻との思い出に浸るメランコリックなシーンに登場しますが、物語の中で家に言及する場面や感情のこもった場所、アクション・シーンにも登場します。場面上にエリーの姿はなくとも、観客にはエリーの存在、あるいはその思い出を抱えたカールの家の存在が、常に耳を通じて伝わってくるのです。

さて一連の「結婚生活」の次に訪れるのはカールの朝の目覚めです。カールのしゃがれ声や杖、腰がボキッと鳴る音に続き、リフトを使って階段を下りるカールの姿のバックに流れてくるのは、フランスの作曲家ビゼーのオペラ《カルメン》からの〈ハバネラ〉です。メロディやリズムも、どことなくユー

(76)　この場面では映画『80日間世界一周』のテーマ音楽のようにエリーのテーマがアレンジして登場しています．ドクター監督たちは「妻との約束」を果たし彼女との「つながりをもう一度感じる」ために，詩的で美しい旅たちとして，エリーのテーマをワルツで聞かせようと考えたそうです．『カールじいさんの空飛ぶ家』DVDに収録された音声解説．

モラスですし、そのオペラ・アリアにしても、自由な恋に気ままに生きるカルメンの心情を歌っているということがわかると、「独り身カールの気ままな暮らし」というニュアンスが伝わってくるかもしれません。この音楽の導入によって、結婚生活の心温まるシーンからカール1人の気ままな生活を描くコメディ・タッチな場面へとトーンを変えることにうまく成功しています。

続いて物語を大きく進める要素として、ボーイ・スカウトのラッセルの登場があります。彼が登場するときに演奏される「ラッセルのテーマ」は、実はエリーのテーマと同じコード進行の上に作られています。ただ旋律はエリーのよりもコミカルな性格を持っており、ファゴットで演奏されています。エリーとラッセルのテーマ、2つのコード進行を同じにしたのは、カールの人生で冒険をともにする相手がエリーからラッセルに変わったことを指し示しているようです。もちろんカールはそんなことは思っていませんし、観客もこの時点では、あとの展開を知りません。

さらに伝説の鳥ケヴィンがラッセルとたわむれるときに流れる音楽にも、ジアッキーノはラッセルのテーマと同じ（つまりエリーのテーマと同じ）コード進行を使っています。旋律ははっきりしませんが、リズムはラテン風になっており、エリーやラッセルのテーマの別バージョンといえるかもしれません。そして犬のダグが登場する場面では「F－F－F－C」という、やはりコミカルなテーマが、ラッセルのテーマを演奏したファゴットで演奏されます。この動機につけられたコード進行はエリーやラッセルのテーマとは別なのですが、このテーマはラッセルと無関係ではありません。空を飛んだカールの家にラッセルが入ってきて、ラッセルがその家の舵を切る場面の背後に、このファゴットの旋律はすでに流れているからです。ただダグのテーマとしてこの動機が別に使われている場面はあります。たとえば映画の終盤に向かい、ポーチの下に隠れていたダグが「いてもいい？」

とカールに懇願する場面、そしてアドベンチャー号のアルファと対決するアクション・シーンにおいてダグが主導権を握った瞬間に、ダグの動機が短く流れています。こうして考えると、エリーのテーマから派生してラッセルのテーマはできており、そこからさらにケヴィンやダグのテーマも派生しているといえるのではないでしょうか。

ではマンツはどうかというと、彼のテーマか直接的には明確ではないものの、中盤にカールがマンツと出会う場面でアドベンチャー号のテーマが流れています。アドベンチャー号とマンツは、カールにとっては憧れと冒険の対象であり、このテーマが出てくるのは自然といえます。このテーマは、映画のクライマックスでは短調になり、アクション・シーンでも多く使われています。たとえばカールがケヴィンを連れて、アドベンチャー号をよじ登る場面には、このテーマが使われています。さらにケヴィンを捕まえるのに気が狂ったようになったマンツがカールの家に入ろうとライフルの銃床で玄関の戸を叩く場面にも登場しているので、マンツのテーマ＝アドベンチャー号のテーマということなのでしょう。

このように『カールじいさんの空飛ぶ家』では、キャラクターごとにテーマとなる旋律が割り振られています。その中でも物語上では大人になってからセリフを一言も話さないエリーがカールの思い出として美化され、映画全体を貫くように登場しているのが印象的です。そしてこのエリーの動機からは、前述したように他のキャラクターの動機も生み出されています。一方ではマンツのニュース映画から派生するテーマもあります。このエリーの系列とマンツの系列の動機が主要な動機になると思われますが、いずれも映画『カールじいさんの空飛ぶ家』の大きなテーマである「冒険」へとつながっているということがいえるでしょう。主題歌・挿入歌は一切ありませんが、全体としては動機

を効果的に使った、感情の起伏に富んだ、音楽的にも工夫のある映画といえるのではないでしょうか。

 『トイ・ストーリー3』（2010）

『トイ・ストーリー2』は第1作の裏をかいて、バズの活躍するSFタッチの劇中劇としてはじまりました。これに対し、3部作の最後を飾る『トイ・ストーリー3』の場合は、第1作冒頭で見られた西部劇を再び映画冒頭に登場させます。観客にとって、これは原点回帰となり、安心感があるかもしれません。しかし、この劇中劇はかなり白熱する展開となっています。この映画のクライマックスのスリルを予感させるものなのかどうかはわかりませんが、数々のどんでん返しを含む、西部劇のクライマックス・シーンのようです。それまでの経緯はすっ飛ばして、動き続ける機関車の上での悪役との最終決闘という場面。スリリングなオーケストラのスコアにはマカロニ・ウエスタンの要素も入っています。さらに途中からは突然ロックな音楽になったり、明らかに西部劇というジャンルに属さない展開になります。もちろんこれらは、観客が知るおもちゃたちが登場するがゆえにできるウルトラな展開といえますし、いかにも子どもがおもちゃ遊びのときに考えつくような多分にご都合主義的な内容といえるのかもしれません。それにしても、ランディ・ニューマンが、ここまでのアクション・スコアを書くというのは、3部作の中では稀（まれ）ではなかったでしょうか。

その劇中劇ですが、実はアンディが小さなころに遊んでいたときのものということになっており、第1作との結びつきを感じさせます。ところが画面はすぐにビデオに録画されたアンディとなり、そのビデオは、これまでの主人公であるアンディのおもちゃたちの「かつての姿」ということになります。ここで登場するのが第1作からずっと使われている《君はともだち》という主題歌です。ここで《君はともだち》は第1作から脈々と続くアンディとウッディの関係を再確認したあと、モンタージュとして登場する映像から、成長するアンディの姿を追体験するということになります。

もちろんこの主題歌は、前作、前々作同様、アンディとウッディの友情、あるいはアンディとおもちゃ、ウッディと他のおもちゃたちとの友情を示すものと考えられますが、この主題歌が終わると、声変わりを経た17歳のアンディが登場し、映画を観る人間にも、パソコンをいじるアンディと、ミュージック・プレイヤーで音楽を楽しむ成長したモリーに、月日の流れが感じられる演出になっています。このあと、アンディとおもちゃたちの関係はどうなるのかは、多くの人にとって気になるプロットといえるでしょう。

そのアンディとおもちゃたちの関係に関するプロットは1つの筋として貫徹しながらも、おもちゃたちには、映画を通して、大きな冒険物語がほかにもあります。1つはサニーサイド保育園という託児所からの脱出劇であり、もう1つは4歳の少女ボニーと新しい仲間たちとの出会いです。脱出劇に関しては、託児所のおもちゃ世界を強権で仕切るピンク色のクマのぬいぐるみロッツォのキャラクターを表現する音楽がありますし、バズ・ライトイヤーはスペイン語・モードになってしまい、なぜか音楽もラテン・アメリカ／スペイン風になっていきます。

その後の物語本編の音楽について考えてみますと、まずサニーサイドにおける子どもたちの（おもちゃ側の視点による）性格づけがとても面白く、おもちゃをぐちゃぐちゃに扱う幼い「イモムシ組」の場合は、その容赦（ようしゃ）なく襲いかかる子どもたちが（おもちゃたちにとっての）恐怖の対象として描かれています。もちろん人間の立場からすれば、おもちゃというのは、特に幼い子どもは乱暴に扱うことなどまったく恐怖にはならないのですが、音楽は明らかに、おもちゃたちの恐怖の感情に寄り添った書き方になっており、それゆえおもちゃたちの惨めな境遇に感情移入できます。

ロッツォが支配するサニーサイドからの脱出劇はコミカルな部分もありますが、ロッツォの仲間たちに見つからないようにするためのスリルあふれるものです。またゴミ処理場から絶体絶命の危機までの流れは、とても緊張感のあるシーンであり、これがおもちゃのアニメであることを忘れ、人間のライブ・アクション並みのヘビーなオーケストレーションを使ったスコアになっています。

もちろん最終的に避けられないアンディとの別れ、そしてボニーにと引き継がれる心温まる感動的なシーンもあります。ここではアンディとの究極の別れとなり、観衆への訴えも、音楽を伴ってとても強くなっています。救出劇の危機にあったヘビーなオーケストラは一掃され、ここではフルートやハープ、そしてピアノによるセンチメンタルなシーンと、まったく違ったタイプの音楽が鳴らされています。また、アンディがボニーに自分のおもちゃを紹介するシーンには《君はともだち》の動機がそっと現れ、おもちゃと別れるアンディと、ボニーとの間に生まれる新しい「友情」が音楽によっても描かれることになります。

『トイ・ストーリー3』を担当したランディ・ニューマンは、この作品にて第83回アカデミー賞の長編アニメ部門・主題歌部門受賞、作品部門ノミネートを受けます。音楽スタイルの幅広さについて考えれば、おそらく3作の中ではもっとも幅広く、ドラマの各場面に要求されるものに応えた力作といえるのではないでしょうか。

『カーズ2』（2011）

ウォルト・ディズニーは続編の制作に対して抑制的であったのに対し、これとは一線を画すつもりではじめたピクサーは、続編制作についてもディズニー社ほど躊躇（ちゅうちょ）なく作っています。その結果、『トイ・ストーリー』3部作は、いずれもが高い評価を得ており、「続編路線」が成功するということをピクサーは示したといえるでしょう。残念ながら『カーズ2』は『トイ・ストーリー』の続編ほどの評価を得ていないようですが、第1作とはまったく違う路線の楽しみ方のできる映画になったようです。

もちろんマックィーンとメーターの友情という要素は前作から引き継いだといえるのですが、メインのプロットは、メーターやフィン・マックミサイルによるスパイ作戦やアリノールや油田に関わる陰謀となっているため、第1作に比べると、音楽的に訴えるのは、スパイ系映画風の音楽ということになりました。

その音楽を担当したのは『Mr.インクレディブル』でレトロなヒーロー映画風の音楽を聴かせたマイケル・ジアッキーノでした。彼はこの『カーズ2』においても、1960年代のレトロなエレキ・サウンドを使っています。リーランド・ターボが潜入捜査をする冒頭場面から、ベンチャーズのトレードマークのような「テケテケテケテケ」が聞かれますし、映画全編に繰り返し現れる「A♭–F–B♭」のモチーフとともに『Cars 2』のタイトル・ロゴが登場します。このモチーフは、フィン・マックミサイルをはじめとしたスパイ・チームの活動についてまわることになります。

マックィーンはもともとレーサーですから、この映画でもグランプリで大活躍を見せます。ただ、第1作のようなマックィーンの「人間的な成長」にはあまり焦点が当たっておらず、彼がレースに勝利するかどうかというのも、本質的にはあまり大きな意味を持っていません。そうはいっても、東京、フランス、イギリスという3つの国を舞台にするため、それぞれの国に付随する音楽がありますし、グランプリを中継するアメリカ・スポーツ番組風の中継も織り込まれています。ラジエーター・スプリングスから東京への旅はモンタージュになっており、この場面で流れるのが《ユー・マイト・シンク》というナンバーです。もともとはニューウェーブ系のバンド、ザ・カーズ（!）が1984年にヒットさせた楽曲ですが、これをオルタナティブ・バンドのウィーザーがカバーしています。(77) 東京はモダンな街として扱われており、ときおり外国人が考える日本を表す典型的な場所は現れるものの、お箏（こと）や三味線の響きが出てくるわけではありません。そういう点ではフランスのアコーディオン、イタリアのマンドリンなどとは違った音楽的な扱いを受けているといえるでしょう。

一方、この作品の実質的な主人公となっているメーターも、今回はスパイ活動に巻き込まれていきますが、冒頭から繰り返される「A♭–F–B♭」というスパイのモチーフは、ずっとマックミサイルに関連づけられています。しかし彼が自分らしく振る舞ってもよいということに目覚めて以降、バンジョーによって演奏されるのが面白いところです。DVDの1：28：19では、メーターのアクション・シーンということで、バンジョーで「テケテケテケテケ」が演奏されているのが聞こえてきます。

登場キャラクターがいずれも車であるため、アクション・シーンは自然と「カーチェイス」になっていますので、全体にカーチェイス・アクションの緊張感みなぎる音楽が聞かれるのも特徴とい

(77) 森本康治『カーズ2』サウンドトラック Disney (Avex) AVCW12839, ライナーノーツ, ページ番号なし.

えるでしょう。ただ一応ラジエーター・スプリングスも第1作目からの流れとして登場するため、ここだけランディ・ニューマンが作った音楽スタイルを踏襲しているのが面白いところではあります。

『メリダとおそろしの森』(2012)

『メリダとおそろしの森』には、それ以前のピクサー作品と若干異なるところがあります。まず舞台となっているのが現代ではなく中世で、歴史的な要素を強く持っているということです。場所もアメリカ(あるいはアメリカにもとづいた架空の場所)ではなく、スコットランドです(アメリカ以外の国を主な舞台とするのは『レミーとおいしいレストラン』と『カーズ2』くらいです)。またディズニーでは一般的な主人公の「プリンセス」がピクサー作品初の主人公で、現実的な話ではなく魔法使いが登場するなど、おとぎ話としての要素も強い作品となっています。

主人公のメリダは将来の王位継承者として、毎日のように母であるエリノア王妃から厳しいしつけを受けていましたが、週の1日だけ、王族のための教育から解放される日がありました。自由の身で「自然体になった」メリダは「本来の自分」に存在する勇敢さを発揮します。そして馬にまたがり、得意の弓を射て森を駆け抜け、峡谷をよじ登って炎の滝を眺め、ダンブロッホ王国の自然を体いっぱいに楽しみます。(78) この一連の場面に乗せて流れてくるのがアレックス・マンデル作曲、マンデルとマーク・アンドリュース監督の作詞による《タッチ・ザ・スカイ》です。もと

(78) 『メリダとおそろしの森』Blu-ray(ウォルト・ディズニー・スタジオ・ジャパン VBBS1397)に収録されたアンドリュース監督によるコメント.

もとはこの場面の「仮の歌」として作られたものでしたが、制作スタッフが好きになり、制作総指揮のジョン・ラセターやスタントン監督も、この曲を絶賛したといいます。(79)『メリダとおそろしの森』は冒頭からアイルランドの民族楽器イリアン・パイプスやフィドル、ホイッスルが使われ、伝統的な色彩が強いのですが、この歌では、現代的な感覚が現れます。それはこのメリダが歴史的ファンタジーの中の登場人物とはいえ、その女性像には、より現代的なものが求められていることと無関係ではなさそうです。

アレックス・マンデル作詞・作曲による《イントゥ・ジ・オープン・エア》は、映画の中盤、魚捕りのシーンで流される歌です。これまで川で泳ぐ魚など捕ったことがない（クマになった）王妃は、自分の娘が魚捕りの能力を持っていることに感心し、メリダのほうも久しぶりに母親としてのエリノアと楽しいひとときを過ごします。エリノアとメリダの新たな関係が感動的に、そして短い時間で効果的に歌に乗せて描かれます。

なお《タッチ・ザ・スカイ》と《イントゥ・ジ・オープン・エア》は、いずれもスコットランド生まれのジュリー・ファウリスが歌っています。アンドリュース監督は物語の舞台となった土地の歌手に歌ってもらい「うまく仕上がった」と満足していますし、(80) 制作のキャサリン・サラフィアンは《イントゥ・ジ・オープン・エア》についてメリダの歌声として望まれる美しさ、透明感、率直さ、誠実さが聞かれたとファウリスを称賛しています。(81) ２００５年にソロデビューしたファウリスはゲール語が話されている集落で育ち、伝統的な音楽や踊りに親しんだといいます。彼女はまた、バグパイプ、ホイッスル、オーボエ、コーラングレ、アコーディオン（ボタンキー・アコーディオン）などの楽器も演奏するなどの才能も持っています。(82)

(79) 前掲資料.
(80) 前掲資料.
(81) "Sounds Of The Highlands; Disney-Pixar's 'Brave' Transports Moviegoers to Ancient Scotland with Oscar®-Nominated Composer Patrick Doyle, Plus Performers Julie Fowlis and Birdy [with Mumford & Sons]," *PR Newswire*, 21 May 201. http://www.prnewswire.com/news-releases/sounds-of-the-highlands-disney-pixars-brave-transports-moviegoers-to-ancient-scotland-with-oscar-nominated-composer-patrick-doyle-plus-performers-julie-fowlis-and-birdy-with-mumford--sons-152256415.html, accessed on 4 August 2014.
(82) 前掲資料；浮田久子『メリダとおそろしの森』サウンドトラック（日本盤）UWCD8073の解説書；"About Julie," http://www.juliefowlis.com/about/about-julie.pdf, accessed on 19 February 2015.

そして《ラーン・ミー・ライト》は、本編の終結部からエンド・クレジットへとつながっていく間に歌われます。メリダの結婚相手を連れてきた氏族たちが帰り、メリダとエリノアがいっしょに乗馬する大団円を小気味よいテンポでつづっていきます。

ここまで紹介してきた3つの挿入歌には、映画に現代的な雰囲気を与え、聴衆を惹きつける効果がありそうですが、映画の中盤に聞かれる挿入歌《いにしえの子守歌》には、より深い意味がありそうです。この曲はメリダが幼少時代にエリノアから歌って聞かされた子守歌で、ハープ、フィドルの優しい伴奏に乗せて歌われます。映画の音楽を担当したパトリック・ドイルの息子パトリック・ニール・ドイルが作詞をし、彼の英語詞をドナルド・マクロードがゲール語に翻訳しています。この子守歌の旋律はスコアにも盛り込まれているのですが、それについては、改めて検討します。

ちなみこの子守歌を作曲したお父さんのほうのパトリック・ドイルは、子守歌を歌ったペイジ・バーカーを、幼少時代のメリダ役の声優として推薦しました。子守歌を収録したあと、試しにメリダの声を当ててもらったところ、彼女は演技が未経験だったにもかかわらず「見事な表現力」を持っており、幼少時代のメリダ役の声優を大勢オーディションしたものの、バーカーが一番自然で、採用されました。(83)

この映画のために作られた歌には《モルデューの歌》という歌もあります。プロジェクトの早い段階で作られたこの2分ほどの歌は、ファーガス王役のビリー・コノリーをはじめとする大勢の男声による斉唱で録音されています（サウンドトラックにこのバージョンが収録されており、歌い手は「ビリー・コノリーと出演者」とクレジットされています）。しかし映画本編では、氏族たちがメリダとの婚約を求めて集った酒宴の席で、その断片のみがにぎやかに聞かれるだけです。映画

(83) 『メリダとおそろしの森』Blu-rayに収録されたアンドリュース監督によるコメント.

の共同監督スティーヴ・パーセルが述べているように、歌詞の内容は、かつてファーガス王の左足を食いちぎった黒クマのモルデューをどうやって殺して料理するかという非常に恐ろしい内容なのですが、それを楽しく歌っているのが、この勇ましい1曲です。

次にスコアについて検討していきましょう。前述したとおり『メリダとおそろしの森』には、それまでのピクサー作品とは違った要素がいろいろあったわけですが、そのせいか映画音楽を担当する作曲者にもパトリック・ドイルという、ディズニー／ピクサーには初登場の人が採用されました。ランディ・ニューマン、トーマス・ニューマン、マイケル・ジアッキーノに続く4人目の作曲者ということになります。ドイルはスコットランド生まれですが、その血筋の半分はアイルランドだそうで、そうしたこともあり、ドイルは2つの国の伝統を常に意識していました。(84)

2009年、パトリック・ドイルは、のちに共同監督となるブレンダ・チャップマン、プロデューサーのキャサリン・サラフィアンにアプローチされます。ドイルは映画のチームとサンフランシスコで会い、すぐに打ち解け合い、正式な仕事の依頼を受けます。(85) ドイルはこの作品以前にもアニメに関わったことがありました。ワーナー・ブラザーズ・アニメーション初の劇場用長編アニメ作品『魔法の剣 キャメロット』(1998)や、フランス・ベトナム共同制作アニメ『イゴール』(2008)です。(86)今回ピクサーとはじめて仕事をするということで、ドイルはピクサーのスタジオへ何度も足を運び、ストーリーボードから作られていった映画のさまざまな場面に接し、登場人物が身に着ける衣装や動き方などについて教わりました。(87) そして制作が進むにつれて、映画で歌われている《いにしえの子守歌》などの基本的なアイデアを構想していきます。(88)

ちなみにドイルは実写とアニメ映画の音楽上の違いについて、特に大きな違いはないという認識

(84) Daniel Schweiger, "Interview with Patrick Doyle," *Film Music Magazine*, 12 June 2012, http://www.filmmusicmag.com/?p=9644, accessed on 7 September 2014.
(85) この段落の情報は，次の文献を参照しました．Mauricio Caschetto, "The Brave Music of Patrick Doyle: Exclusive Interview," *Colonnesonore*, http://www.colonnesonore.net/contenuti-speciali/interviste/2233-the-brave-music-of-patrick-doyle-exclusive-interview.html
(86) Schwaiger, "Interview with Patrick Doyle."
(87) 前掲資料.
(88) 前掲資料.

で臨みました。両者に共通する要素として彼が考えていたのは物語性と登場人物で、これら2つが、個々の音楽作品が独自性を生み出すために特に必要な要素だといいます。(89)

さて『メリダとおそろしの森』は、少しでも早い段階からスコットランドらしさを醸(かも)し出そうと、本編に入る前のピクサーのロゴ部分、すなわち電気スタンドのルクソーJr.が飛び跳ねるシーンにバグパイプの音を入れるという案がありました。以前にもマイケル・ジアッキーノが音楽を担当したピクサー作品では、しばしばクレジット部分に独自の音楽を入れるということをおこなっていますが、結局この作品では、採用されませんでした。(90) しかし民族色を前面に打ち出そうとするドイルの方向性は確かにあり、特に顕著なのはバグパイプの使用でしょう。メリダの結婚相手として3つの氏族の息子と親が集まるにぎやかな場面で、バグパイプのアンサンブルが派手に鳴らされます。またバグパイプの一種である、アイルランドのイリアン・パイプスも、あちこちで旋律を聞かせています。そのうちもっとも記憶に残るのは、メリダがエリノアに促され、古くからの伝説はいかに大切かを城内の王族たちに教え説きつつも、今後は結婚相手を自ら選ぶべきだと宣言する場面で、彼女の堂々とした演説の背後にイリアン・パイプスによる旋律が聞こえてきます。

そのほか民族色を与えるものとしては、ケルトのフィドル、ペニー・ホイッスル（ティン・ホイッスルと呼ぶこともあるそうです）、ハープがあり、アイルランド音楽に使われる太鼓バウロンなど、打楽器による迫力ある音楽も聴かれます。このうちフィドルとペニー・ホイッスルが華々しく登場するのは、父ファーガス王がモルドューと戦い片足を失ったことや三つ子の弟ができたことなどをメリダが語る背後に、8分の6拍子の踊りのリズムに合わせて聞かれます。雲が晴れたあとスコットランド北部の高地の風景が続き（アンドリュース監督によると、これはミュージカル映画『サウ

(89) Caschetto, "The Brave Music of Patrick Doyle."
(90) 『メリダとおそろしの森』Blu-ray音声解説.

ンド・オブ・ミュージック』へのオマージュなのだとか）、観客は一気に物語の世界へと引き込まれていくのですが、このプロセスには音楽もひと役買っています。この踊るようなテーマは、アーチェリー大会の開始時にも聞かれます。

『メリダとおそろしの森』という映画は他のピクサー作品と同様、基本的にはミュージカル路線を取っていません。そのため登場人物は口を開けて歌うということはありません。挿入歌の旋律がスコアに登場するということもほとんどないのですが、例外はあります。《いにしえの子守歌》です。これは映画の中盤で、回想場面に登場した歌なのですが、これが映画の終盤にリプライズされます。魔法が解けず、エリノアがクマのままの姿で夜が明けようとする場面。まずはアンダースコアに忍び込ませる形で《いにしえの子守歌》の旋律が登場。最初は弦楽器独奏で演奏され、続いてエマ・トンプソン（エリノア）の独唱、そしてペイジ・バーカー（メリダの幼少時代の声）が加わってきます。エリノアとメリダの親子関係は物語の根幹となるものですので、スコアに挿入歌を入れてクライマックスを作ったということになるのでしょう。２人の絆が音楽に乗せて修復されていくのです。

今回『メリダ』のスコアを演奏したのはロンドン交響楽団でした。彼らが世界レベルのオーケストラであるという認識をドイルは持っており、自信を持って作曲できたといいます。幻想的でノスタルジックな、そしてあたたかさも怖さも併せ持った幅の広い音楽を聴かせています。

『モンスターズ・ユニバーシティ』(2013)

『モンスターズ・ユニバーシティ』は、『モンスターズ・インク』(2001)の前日談として作られた映画です。ピクサーにとって、前日談を題材にした映画を制作するのはこれがはじめてでした。(91) マイク・ワゾウスキ(マイク)の幼少時代と、彼が大学生の時代にジェームズ・P・サリバン(サリー)やランドール・ボッグス(ランディ)らと出会い、その後どのような関係になったのかがわかる作品で、そして、のちにプロの「怖がらせ屋」となるキャラクターを中心に、1980年代のカレッジ・コメディ(その典型の1つは落第生の生活を楽しく描く映画)を彷彿(ほうふつ)とさせながら、彼らの大学時代を描いたのがこの『モンスターズ・ユニバーシティ』という映画です。

この映画でダン・スキャンロン監督が求めていたものの1つは「大学らしさ」でした。一流のプロのモンスターになるための職業訓練が大学である必要はないのかもしれませんが、ストーリーボードの段階でスタッフの誰かがマイクとサリーの大学時代に言及したらしく、それが現在の映画につながることになりました。(92)

その大学らしさを演出するためにランディ・ニューマンが作ったのが、モンスターズ・ユニバーシティ(MU)の校歌でした。これはニューマンが最初に書いた音楽の1つでしたが、スキャンロン監督は、ランディが最初にこのテーマを作曲したのはとても賢いと感じたそうです。(93) それは映画を通して校歌のメロディを繰り返し登場させることで観客が旋律を口ずさむほどに覚えてくれる可能性があること、またこの旋律によって大学に「人格」が与えられるのではないかという期待があったからでした。(94)

(91) Dave Trumbore, "Producer Kori Rae Talks MONSTERS UNIVERSITY, Creating Pixar's First Prequel, Casting Helen Mirren, Crafting John Ratzenberger's Role and More," *Collider* 10 May 2013, http://collider.com/kori-rae-monsters-university-interview/, accessed on 4 March 2015.
(92) 『モンスターズ・ユニバーシティ』Blu-ray(アメリカ盤)Disney 110870 に収録されたスキャンロン監督の音声解説.
(93) 前掲資料.
(94) 前掲資料.

この校歌が映画本編のために最初に登場するのは、映画のタイトルが表示されるところです。ドラム・コーのリズムと華やかなブラスの響きに乗せて、怖がらせ屋になろうと強い決意を抱いたマイクがいよいよ憧れのMUに入学するという雰囲気が高まってきます。このドラム・コーというのは、日本でいうマーチング・バンドのようなもので、管楽器とスネアドラム、テナードラム、バスドラムによるアンサンブルです。筆者はアメリカのフロリダ州立大学というところに在籍していたのですが、この大学のアメフトチームは強いことで全米的に有名でした。そしてこのドラム・コーはアメリカではアメフトなどのスポーツ試合に登場し、大学チームの応援歌を演奏するというイメージが強いものです。あまり日本ではドラム・コー＝大学というイメージは湧かないかもしれませんが、アメリカの大学に在籍したことのある人であれば、このドラム・コーのドラムを聞くと、すぐに大学時代を思い起こします。なお『モンスターズ・ユニバーシティ』にはカリフォルニア州コンコードを本拠地にするブルー・デビルスというグループが参加しました。このグループのディレクターを務めるスコット・ジョンソンは、「ドラムだけで多彩な音色を表現できる」面白さがドラム・コーにはあると述べています。(95)

MUの校歌はこれ以外にも登場します。マイクがキャンパスに足を踏み入れるという場面で高らかに演奏されるのがこの旋律ですし、大学の授業1日目がいよいよはじまろうとする場面で流されるのもMUの校歌で、マイクをはじめとした学生たちの心の高ぶりを感じることができます。またこの映画の大部分を占める「怖がらせゲーム」では、開会式の場面と、決勝戦の場面にも校歌の旋律が登場しています。特に後者では、斉唱によって歌詞をつけて歌われています。ストーリー監修のケルシー・マンが、ここで校歌をもう一度出すことを提唱したそうですが、彼は学生時代、

(95)『モンスターズ・ユニバーシティ』Blu-ray（アメリカ盤）に収録された特典映像.

卒業式のような格式の要求される行事においてはいつも校歌を歌っていたことを思い出したそうです。(96)映画には採用されませんでしたが、ハーモニーをつけて合唱したバージョンも録音されており、サウンドトラックに収録されています。

大学らしさといえば、ドイツの学生歌《ガウデアムス（いざ楽しまん）》が『モンスターズ・ユニバーシティ』のスコアには引用されています。子ぶたの姿をしたモンスター、アーチーがマイクのMU帽子を加えて逃げていくシーンで、この旋律が登場します。

そのほか、ニューマンが映画のために考えた音楽として注目したいのが、キャラクターごとのモチーフです。マイクの動機はクラリネット独奏による、どことなくコミカルな旋律で、最初に登場するのは、幼少のマイクが遠足でモンスターズ・インクへ行き、スクール・バスから降りる場面です。そして晴れてモンスターズ・ユニバーシティの学生になった彼が、さまざまなサークルの勧誘の中、キャンパスを歩く場面にも登場しています。サリーの動機は、デレク・ナイト教授の授業中、遅刻して登場するサリーの場面で聞かれます。「サリーにはゆったりとしたギターの音楽が似合う」というランディ・ニューマンですが、♫ ♪♪♪ ♪というリズムが伴奏に使われている点では、マイクとサリーの動機は似たような性格を持っているといえるでしょう。(97)

これらの動機は主人公たちのそれぞれの性格を表すのに役立っていると思われますが、映画の中盤からはあまり使われず、ウーズマ・カッパのテーマが重要な動機になります。「落ちこぼれ」となったサリーとマイクは起死回生として「怖がらせゲーム大会」に参加します。２人はサークル単位で大会に参加する決まりに従い、「落ちこぼれ」学生の集まり、ウーズマ・カッパというサークルに所属することになります。マイクとサリーは、最初はなかなか噛み合いませんが、やがてサー

(96)『モンスターズ・ユニバーシティ』Blu-ray（アメリカ盤）に収録されたマンとスキャンロン監督の音声解説.

(97)『モンスターズ・ユニバーシティ』Blu-rayボーナス・ディスクに収録された特典映像においてランディ・ニューマンはマイクの動機について「彼は努力家で，すぐ感情に走るタイプだ．夢を追い求めて傷つく．だから少しだけ切ない．彼がバスを降りるときはピアノ・ソロではじまり，キャンパスに足を踏み入れたらクラリネットに変わる」と述べています．しかし実際に映画で使われているスコアからは，彼が述べている場面では，マイクの動機ははっきりとせず（ピアノの音は確かにあります），またキャンパスに足を踏み入れてから流れてくるのは，校歌のアレンジのようです．クラリネット独奏で彼の動機が聞かれるのは，ここにも指摘したとおり，彼が大学構内を眺めながら歩いていくシーンまで待たねばなりません．

クルのみんなと団結して大会に挑むようになります。そして登場するのが、ウーズマ・カッパを表す音楽です。

ウーズマ・カッパの動機が最初に登場するのは、図書館員の目を盗んでペナントを取るゲームでウーズマ・カッパが勝ち抜けた場面です。サリーは勝ち抜きのためにマイクが考えた作戦にしびれを切らして大騒動を引き起こしますが、最終的にチームが一致団結してつかんだ勝ち抜けの達成感が、ここでは表現されています。その後チームは他のモンスターたちから屈辱的な扱いを受けるのですが、モンスターズ・インクを見学したあと立ち直り、一念発起します。お揃いのユニフォームもできあがり気分が高揚するところでは、ドラム・コーのリズムに乗せて、彼らのテーマが再び高らかに演奏されます。

このテーマは怖がらせゲーム大会の決勝戦にも登場します。対戦相手サークルのロアー・オメガ・ロアーとの全面対決にハラハラするシーンが続きますが、観客としてはウーズマ・カッパを応援しているわけで、それをさり気なく支えてくれるのが、スコアに織り込まれたウーズマ・カッパのテーマなのです。

さてこの映画が前作『モンスターズ・インク』と共通している点は、モンスターが人間にたいして恐れを抱いているという設定です。映画の終盤、マイクとサリーが人間世界に潜入するシーンでは、この設定が重要になります。スキャンロン監督が「逆ホラー映画」と呼んでいるこの場面では、映画のこの時点まではあまりなかった追跡アクション・シーンが展開され、『モンスターズ・インク』において使われた「A–C–B–G#」という動機も登場します。しかしマイクとサリーが互いの境遇について心を開いて語るシリアスなシーンには音楽が使われていません。ディズニーやピクサーの映画では音楽の鳴っている時間はとても長いので、「音楽を流さない」というのは、そこに大きな決断があったことを感じさせます。

『モンスターズ・ユニバーシティ』のスコアはソニーの「バーブラ・ストライサンド録音スタジオ」において、106人編成のオーケストラによって録音されました。ブルーレイ特典映像には、録音現場で楽譜を直すランディ・ニューマンの姿も収録されています。

あとがき

本書は2006年に出版した『ディズニー映画音楽徹底分析』をもとに大幅な修正を加え、その後に公開された映画を含め、大幅に加筆したものです。また本書には『徹底分析』にはなかった人物索引と曲名索引が付けられています。

修正・加筆を行った結果、『徹底分析』が256ページだったのに対し、本書は400ページにもなりました。新しく扱った作品には、まず2005年の『チキン・リトル』以降のディズニー作品があります。そして年代的にはもっと前に遡るのですが、『モンスターズ・ユニバーシティ』に至るピクサーの作品も加えました。特にピクサー作品に関しては、前書を刊行した後「ピクサーは入っていないのか」と尋ねられたこともあり、ディズニーとピクサーの関係が非常に近い現在、この声に答え、両方を含めるべきだと考えました。ただピクサーは歌の使い方がディズニーとは違いますし、作品によっては歌を全く使わずスコアのみで進めていくというものもあります。そのため執筆内容も、ディズニー作品のものとは若干違っています。

人物索引と曲名索引についてですが、今回作成したこの2つの索引によって、ディズニーに関わった、あるいは影響を与えた人たちの存在が見えてくるでしょう。また、「あの曲はどの映画の曲だったかな」ということが調べられるようになりました。これらの索引を眺めますと、本当に幅広い音楽スタイルの音楽が、いろんな人によって作られ、そこに至るには、多種多様な音楽の影響を作曲家たちが受けていたことが見えてくるのではないかと思います。

前作『徹底分析』と共通した特徴には、できるだけ音楽に焦点を絞って書くという方針があります。ディズニーに関しては、ビジネス関係の本や、ウォルトの人となり、あるいはディズニー・ランドを含めたパークについてなど、様々な本がありますが、この本では、できるだけ個々の映画作品と音楽について書かれた資料に触れるように心がけました。映画のあらすじなどが書かれていないことが不親切だと感じられるかもしれませんが、そこはあえて省略し、その分いろいろな文献を調べたり、ＤＶＤ等で繰り返し作品を観て探求することに注力しました。その執筆過程において、筆者はディズニー映画のクリエーターたちの豊かな創造性、そして映画の知識に圧倒されました。もちろん成功作品の背後には論理的には説明できない「魔法」のような作用があることは否定できません。しかし、そういうことが起こる素地として、スタジオに所属する一人ひとりがたゆまない努力をし、建設的な議論をしていることがわかってきます。すべての映画が順風満帆に制作された訳ではありませんが、やはり一定のレベルを保つことができるクリエーターたちに対する信頼が老舗の映画制作会社にはあるものです。

前回同様今回もスタイルノートの池田茂樹さんには大変お世話になりました。改訂増補の話は随分前からいただいていましたが、何年も経ってしまいました。筆者の遅い仕事を辛抱強く待っていただき、感謝します。ただ待っていただいたおかげで、『アナと雪の女王』という大ヒット作が出て、それを執筆範囲の区切りとできたことは、幸運だったかもしれません。

また筆者の原稿を読んで、言い回しのわかりにくさや事実関係についての問題点を細かに指摘して頂いた薄井真生さんにも、心から感謝します。薄井さんには索引の作成の実務を担っていただき、表記の統一にもご尽力いただきました。もちろん内容に誤りがある場合、その責任は筆者である谷口にあります。

そして改めて、この本につながるきっかけをいただいた木村元（アルテスパブリッシング）さん、住谷史雄さんにもお礼申し上げます。

最後になりましたが、日々の生活と研究活動を支えてくれる妻・縁（ゆかり）に心から感謝します。どうもありがとう。

２０１６年　盛夏の横浜にて

谷口昭弘

れ

ろ

わ

ひ

ふ

し

す

せ

曲名索引

ら

り

る

れ

ろ

し

す

け

こ

さ

人物索引

数字

アルファベット

A

C

R

かな

あ

い

う

え

索引／INDEX

著者：谷口昭弘（たにぐち あきひろ）

略　歴
富山市生まれ。新潟大学、東京学芸大学大学院を経て、米国フロリダ州立大学博士課程にて音楽学を学ぶ（Ph. D.）。現在フェリス女学院大学グローバル教養学部心理コミュニケーション学科教授、国立音楽大学非常勤講師。専門はアメリカのクラシック音楽。『レコード芸術ONLINE』『音楽現代』など音楽雑誌に執筆多数。

ディズニー・ミュージック
——ディズニー映画(えいが) 音楽(おんがく)の秘密(ひみつ)

発行日 2016年9月22日 第1版第1刷
2025年4月1日 第1版第2刷
著 者 谷口昭弘(たにぐちあきひろ)
発行人 池田茂樹
発行所 株式会社スタイルノート
〒185-0021
東京都国分寺市南町2-17-9-5F
電話 042-329-9288
E-Mail books@stylenote.co.jp
URL https://www.stylenote.co.jp/

装 画 長谷川洋子
装 幀 Malpu Design（清水良洋）
印 刷 シナノ印刷株式会社
製 本 シナノ印刷株式会社

ISBN978-4-7998-0153-6 C1073